中国劳动力市场

演进、贸易发展与就业

郭界秀◎著

中国经济出版社
CHINA ECONOMIC PUBLISHING HOUSE
北 京

图书在版编目（CIP）数据

中国劳动力市场演进、贸易发展与就业／郭界秀著．
—北京：中国经济出版社，2019.4
ISBN 978－7－5136－5617－7

Ⅰ.①中…　Ⅱ.①郭…　Ⅲ.①劳动力市场—研究—中国
②贸易发展—研究—中国　Ⅳ.①F249.212　②F722.9

中国版本图书馆 CIP 数据核字（2019）第 060739 号

责任编辑　张梦初
责任印制　巢新强
封面设计　华子设计

出版发行　中国经济出版社
印 刷 者　北京九州迅驰传媒文化有限公司
经 销 者　各地新华书店
开　　本　710mm×1000mm　1/16
印　　张　14.5
字　　数　260 千字
版　　次　2019 年 4 月第 1 版
印　　次　2019 年 4 月第 1 次
定　　价　52.00 元
广告经营许可证　京西工商广字第 8179 号

中国经济出版社　**网址** www.economyph.com　**社址** 北京市西城区百万庄北街 3 号　**邮编** 100037
本版图书如存在印装质量问题，请与本社发行中心联系调换（联系电话：010－68330607）

摘要

本书研究了中国二元劳动力市场演进过程中，劳动力市场就业配置对我国出口贸易发展的影响，以及出口贸易发展对劳动力就业规模、结构和劳动力工资产生的相应效应。

近年来，中国经济发展的内外环境趋紧，外部市场增长乏力造成出口压力上升，内部增长动力不足导致就业形势更加严峻，在日趋复杂的内外经济环境中，努力克服内外环境的不利影响，“稳中求进”，实现经济内外均衡发展成为宏观经济调控的基本目标。开放条件下，贸易发展是影响内部经济均衡的重要因素，对劳动力市场的就业规模和结构会产生直接影响，而劳动力市场通过对劳动力要素的配置效应也会对一国贸易发展产生重要的影响。我国经济正处于承前启后，进行战略性调整的关键时期。在此进程中，考虑到中国劳动力市场的二元特征和动态演进的基本进程，从二元劳动力市场演进的历程和现状研究贸易与就业间的关系，以及如何实现贸易稳步增长和贸易结构转型升级的同时不断扩大就业、改善就业结构，是一个具有较强理论和现实意义的课题。

本书分析界定了二元劳动力市场的内涵。劳动力市场问题研究存在统一市场和分割市场两条思路，二元劳动力市场是分割市场问题研究最具代表性的理论。我们认为二元是一种高度简化的处理，是广义的理解和界定，它反映了劳动力市场分割的一般特性，既包含了早期一级劳动力市场与次级劳动力市场分割的狭义内涵，又涵盖了现实劳动力市场多元分割的基本特征。中国二元劳动力市场在演进中的分割不同于成熟市场经济国家，受经济转型过程中制度性因素和市场性因素的双重影响，我国二元劳动力市场既具有计划经济时代沿承下来的传统制度性限制导致的劳动力城乡二元分割的特征，又表现出基于劳动力自身特质性因素影响的城市一级劳动力市场和次级劳动力的二元格局，还体现出所有制性质差异造成的劳动力就业分割等多个方面的表现形式。

本书研究了中国二元劳动力市场演进的机制，并分阶段模型化了演进的基本路径。中国劳动力市场的发展是一个动态演进的过程，在渐进式体制变革的进程中，纵横向数据比较分析发现，劳动力市场的演进主要体现在：劳动力配置方式发生了根本性的转变，市场化的配置机制逐渐发挥出决定性的作用；劳动力流动性大大提升，劳动力在地区、乡城、产业和行业间的流动规模和范围空前扩展；劳动力市场配置效率持续改善，劳动者就业灵活性不断提高，不同所有制单位劳动力报酬差异呈现出明显收敛趋势；劳动力素质水平有了长足提升，接受更高水平教育劳动力的比例在不断提高；劳动力运行的制度保障措施日益完善，规范劳动力市场运行的法律法规体系不断健全。中国劳动力城乡之间二元体制分割的格局在不断发生变化，市场性因素主导所塑造的劳动力市场分割格局日益显现，中国劳动力市场呈现出多元分割的基本形态。我国劳动力市场演进过程中，劳动力市场分割程度逐步弱化，市场分割形式日益多元化，制度性因素与市场性因素对市场分割的影响此消彼长，劳动力特质性和供求相对状况变化的影响在逐步上升，城市次级劳动力市场日益发达，成为吸纳农村劳动力向城市转移的主要市场。我们通过局部均衡与一般均衡相结合的分析方法，分阶段地考察了中国劳动力市场不同阶段分割形态的变化及劳动力市场运行的特征，发现早期制度性的分割阻碍了劳动力在不同市场间的自由流动，导致不同市场间劳动力工资水平的显著差异。随着制度性限制的弱化和劳动力市场管制的放松，劳动力市场分割的形态发生了巨大变化，中国劳动力市场一体化程度不断提高，市场性因素对于劳动力配置的作用开始强化，劳动力市场间的流动性增强，劳动力工资差距开始收缩，我国劳动力市场配置效率持续提升。我们相应数据的比较分析支持了模型的基本结论。

我们认为中国劳动力市场发育的过程一定程度上是我国市场经济发展历程的一个缩影，劳动力市场配置方式和配置绩效的转变，反映出中国渐进式改革的不断尝试与突破，劳动力市场分割形态的演变历程反映了我国社会主义市场经济发展的基本轨迹，揭示了中国未来进一步改革与发展面临的约束和应当继续调整的思路。

本书系统梳理了贸易与就业关系方面的研究文献。对现有文献不同视角的分类梳理揭示了贸易影响就业机制的复杂性，现代贸易理论对于贸易与就业间关系的研究更加细致。贸易的发展不仅能够影响一国就业规模的变化，导致就业量发生有利或不利的变化；也会对一国就业结构产生多方面的影响，使熟练技能与非熟练技能劳动力就业相对状况发生改变，影响到劳动力的流动性，并对不同性质的工作产生差异化的影响；还会影响就业波动，使劳动力就业稳定性发生变化，进而对劳动力的工资水平和工资差距产生明显的影响。一国劳动力市场的运行特征反过来也会对一国贸易发展产生相应的影响，成为一国参与贸易比较优势的基础，从而对一国贸易规模扩大和贸易福利的增加产生深刻的影响。基于不同国家和不同方法的研究在结论上存在显著差异，对于贸易影响就业和工资的性质与强度上甚至得出了相反的认识，这可能反映了国家间经济发展阶段和发展水平差异的影响，并且这种影响的不同还与被研究对象国内其他因素彼此存在着紧密联系。从研究方法看，传统的基于国家和产业层面的考察开始逐渐转向企业层面微观视角的探究，反映出异质性企业贸易理论对现代贸易问题研究的深刻影响。虽然在研究方法与结论上存在不少争议，但是多数研究均得出支持贸易增加一国福利的结论。贸易发展与劳动力之间的关系远比一般性贸易模型所描述的复杂，二者之间明显存在复杂的双向影响关系，基于不同类型国家从不同视角展开的现有研究成果对本书的研究具有重要借鉴意义。我们认为在全球化加速推进的背景下，发展中国家通过扩大开放，深度融入世界经济的过程中，单纯地利用要素禀赋的优势基础可能不足以保障开放经济利益的实现，一国开放经济政策的调整必须与国内要素市场政策的调整结合起来，才可能实现更为有利的结果。

本书构建了一个分析劳动力市场演进、就业配置与贸易发展的理论模型，并对之进行了实证检验。通过分析我国改革开放前后贸易发展状况的差异，我们认为这很大程度上是由发展战略选择所内生出的不同经济体制导致了要素配置效率的差异，尤其是劳动力配置方式和配置效率的根本差异导致了不同的发展结果。大量的制度问题研究表明，经济开放伴随的资源配置效率的改变与一国制度质量间存在复杂的联系，理解影响贸易发展的现实因素需要考虑制度质量的影响。劳动力要素作为最活跃、最重要的投入要素之一，其配置效率及由此产生的对贸易发展的影响，同样会受到制度质量的影响，制度与劳动力、资本、技术等国家特质相结合的综合因素决定着一国贸易发展的基本状况。中国劳动力市场在从计划经济向市场经济转型的过程中，还存在一定的管制，这增加了劳动力流动的额外成本，对于劳动力要素的配置具有明显的消极影响。劳动力市场管制的存在导致了劳动力市场调整的刚性，使劳动力在配置的过程中缺少应有的灵活性，会阻碍就业的顺利实现，增加社会的失业，造成劳动力要素配置效率的低下，进而对贸易扩张和经济发展产生不利影响。劳动力市场管制作为限制性的制度规则，会通过对就业的影响决定该国的要素禀赋配置的整体效率，进而影响该国参与国际生产与分工过程中的贸易模式和贸易利益。中国改革开放以来，劳动力市场演进所伴随的劳动力跨地区和跨行业的大规模流动，实际上正是由劳动力市场管制放松所诱发的劳动力配置方式和配置效率变化的结果。

我们通过分解中国劳动力市场演进过程中劳动力配置影响出口贸易发展的基本机制，分别利用总体样本和分阶段样本面板回归方法，论证了不同劳动力配置机制对中国出口贸易的影响。劳动力就业规模的增加、城市集聚效应和劳动力跨地区流动和市场灵活性的上升都对出口贸易产生了显著的促进作用，使我国劳动力要素禀赋的比较优势得到了充分发挥，是我国获得开放条件下巨大贸易利益的基础。分阶段的回归结果表明，在不同的时段，由于我国开放经济政策的调整时序安排和进度的差异，特定时期劳动力市场特定机制对出口贸易影响的性质和强度存在明显差异，基本的发现在于劳动力市场分割程度越严重，劳动力资源配置效率越低，不仅会抑制我国出口贸易的发展，不利于我国贸易利益的创造和实现，也会造成劳动力资源的极大浪费。劳动力市场分割的弱化是我国劳动力资源配置效率提高的重要前提，是推动我国出口贸易和经济发展的重要基础。同时，中国吸引 FDI 存量的增加对出口表现出微弱的抑制作用，这可能是因为早期利用外资在实现加工贸易发展的同时，抑制了一般贸易的发展，随着 FDI 存量的上升和国内企业的成长，外资对出口扩张的拉动作用在增强。人均产出水平的提高对出口贸易的较强拉动作用，反映出资本积累、技术进步和生产率水平提高所产生的综合积极影响。

本书通过构建了一个 VAR（2）模型，对变量间关系进行了 Granger 因果检验，并进行了脉冲响应分析和方差分解，论证了贸易与就业间的内生关系。在中国劳动力市场的动态演进过程中，出口贸易的发展与劳动力就业之间存在双向的因果影响，贸易发展既受到就业规模、就业结构和劳动力市场灵活性变化的影响，又会反过来对劳动力市场演进、就业增长和就业结构变化产生重要影响。劳动力就业规模的增长是中国出口贸易扩张的重要原因，这是我国改革开放以来利用要素禀赋优势实现贸易发展的关键，在就业规模扩张的同时，劳动力由第一产业向第二产业的流动对出口产生了积极影响，且第二产业在增加就业方面存在“天花板”效应，技术进步对出口贸易发展影响较弱，单纯地依靠低技能劳动力成本优势推动贸易发展缺乏持久动力。就业规模的变化和就业结构的调整都是在劳动力市场运行灵活性提高的基础上实现的，更加灵活的劳动力市场有助于我国劳动力禀赋优势的发挥和出口贸易的发展，同时出口贸易发展也会对劳动力市场的灵活调整产生积极影响，更加灵活的市场有助于发挥出口对就业扩张的“乘数”效应。

我们认为，受劳动力特质性和客观市场性因素的影响，劳动力市场分异、分化基础上的多元分割是我国劳动力市场发展演进的基本趋势。加快我国统一劳动力市场建设，应进一步消除劳动力市场运行的制度限制和体制障碍，降低劳动力配置成本，发挥市场配置劳动力资源的决定性作用，强化政府的监督职责和服务功能。推动贸易的多元平衡发展对于应对外部经济波动，缓解内部经济下行压力，改善就业具有重要意义，在保持出口规模稳定增加的同时，要加快出口贸易结构升级，充分发挥技术进步和劳动力素质水平提升对贸易发展的贡献。要促进中小企业与大企业出口贸易的平衡发展，引导企业增加出口的同时，加强对国内市场的开拓。要实现加工贸易与一般贸易、货物贸易与服务贸易的协调发展，推动出口与进口间的平衡发展，并将推动出口市场的多元化与国内区域贸易均衡发展相协调。应深化人才教育体制改革，加强人才培训体系建设，使人才的供给与经济社会需求相匹配。要深化产业结构改革，加快产业转型升级，为贸易转型、就业增长和就业结构改善提供支持。

在本书的研究中未来依然存在一些有待拓展的研究方向。资本积累、技术进步对中国贸易发展和就业的影响，在理论和实证上都有较高的研究价值和现实意义，劳动力就业配置对我国贸易模式变化的影响也有待深入考察。

目录

1 导 论

1.1 问题的提出

20 世纪 70 年代末以来，中国采取主动对外开放、积极融入经济全球化进程的策略，开放经济发展取得了前所未有的成功，实现连续 30 多年平均 9% 左右的经济增速，同期经济增速不仅快于世界经济平均增速，也高于国际上大多数国家和地区的经济增速，国际经济地位和人民物质生活水平得到了显著提升，迅速实现由低收入国家向中等偏上收入国家的成功转型，并逐步向高收入国家行列迈进，经济发展创造了世界经济发展史上的新奇迹。与快速的经济增长相比，我国出口贸易扩张取得了更大的进步，1980—2010 年出口年平均增速达到了 16.44%，不仅快于同期全球出口贸易 7.68% 的增速，也远远高出我国同期经济增速。[①] 在中国开放经济发展的过程中，出口贸易的发展被普遍视作推动经济增长的“三驾马车”之一，出口贸易发展通过促进就业、资本积累、技术进步和制度质量改善，成为影响经济增长的重要因素，也是推动中国从低收入国家迅速迈入中等偏上收入国家行列的重要动力。随着我国出口贸易规模的快速扩张，出口贸易发展对整体经济运行的影响不断增强，在 2008 年国际金融危机的波及下，全球经济增长放缓，外部市场需求疲软，导致我国出口快速扩张的势头受到明显抑制。自我国出口增速由 2011 年的 20.32% 下滑至 2012 年

① 数据来源：http：//unctadstat. unctad. org/wds。

7.92%开始，我国整体出口扩张呈显著下滑趋势，2013年、2014年、2015年增速分别下跌至7.82%、6.03%和-2.88%的低水平。与出口贸易增速下滑相对应，我国经济增速也明显回落，2011年至2015年经济增速分别为9.2%、7.8%、7.7%、7.4%和6.9%，我国开放经济发展面临着较大的下行压力。受出口和经济下滑的影响，我国就业形势也显得格外严峻，结构性的就业困局亟待破解：一方面，农村地区剩余待转移劳动力大规模存在与城市劳动力需求相对旺盛间的矛盾依然较为突出；另一方面，城市“民工荒”与高校毕业生就业难形成鲜明对比。我国劳动力市场供求错配的局面依然明显，就业优先战略成为政府宏观经济调节的重要目标。

开放条件下，出口贸易发展与就业间关系一直是学界关注的重要主题。根据主流贸易理论的分析，中国出口贸易的发展是充分利用了自身劳动力要素禀赋优势的基础上取得的。中国丰裕的劳动力要素禀赋导致中国在劳动密集型产品或与产品生产相关的劳动密集型生产环节上表现出比较优势，在开放条件下的国际市场体系中，会根据要素禀赋优势进行专业化生产，并向世界市场出口相应的产品或生产工序，在此过程中会产生积极的就业促进效应。的确，从我国出口总量中加工贸易所占的较高比例和出口产品中劳动密集型产品占主导的结构来看，新古典贸易理论对于中国出口贸易发展动因的逻辑分析是基本成立的。但是这种分析是基于完全竞争市场假设展开的，这意味着劳动力要素是同质的，在我国贸易发展的过程中，劳动力要素的流动是自由无摩擦的，贸易发展对于劳动力的影响性质也将是同质的，贸易导致丰裕要素获益的同时，对应着的是所有劳动力获益这样一个不切实际的基本结论。

中国开放经济的发展是在计划经济体制深刻影响下的二元经济结构基础上起步的，我国经济与贸易的发展本身伴随了一个市场培育的过程，在市场培育的进程中，我国现实的市场分割严重，不仅会影响到劳动力要素的就业配置，也会对我国出口贸易本身产生重要影响，很大程度上制约我国出口贸易规模的扩张和贸易结构的转型升级。并且劳动力要素本身也非完全同质的，因此在贸易发展的过程中，贸易对我国劳动力就业的影响是复杂的，这种影响还受到我国劳动力市场动态演进的约束。所以我们认为现实地考察中国贸易发展过程中贸易与劳动力就业间的关系，必须考虑我国劳动力市场动态演进的基本现实对劳动力就业的影响，必须考虑我国劳动力市场分割的基本特征可能产生的制约作用。

在日趋复杂的内外经济环境中，努力克服内外环境的不利影响，“稳中求进”，实现经济内外均衡发展成为宏观经济调控的基本目标。开放条件下，贸易发展是影响内部经济均衡的重要因素，贸易规模和结构的变动对劳动力市场的就业规模和结构会产生直接影响，而劳动力市场通过对劳动力要素的配置也会对一国贸易发展产生重要的影响。目前，我国经济发展正处于承前启后，进行战略性调整的关键时期，在此进程中，中国如何实现贸易的稳步增长和贸易结构的升级，同时不断地扩大就业、改善就业结构？考虑到中国劳动力市场的二元特征，从二元劳动力市场演进的历程和现状研究贸易与就业间的内生关系将是一个具有较强理论和现实意义的课题。

1.2 二元劳动力市场概念的界定

很久以来学术界就已认识到，劳动力市场研究是一门特殊的学问（Sapsford，Tzannatos，2000）。对于劳动力市场问题的研究主要循着两条思路展开：第一条是统一劳动力市场情形的分析，第二条是分割劳动力市场问题的研究。第一条分析思路是以马歇尔（Marshall，1890）、克拉克（Clark，1900）等为代表的新古典经济学家在统一的完全竞争市场前提之下提出的边际生产力理论，利用供求均衡分析方法，解释劳动力市场均衡工资水平的决定及劳动力要素配置状况的，在劳动力要素同质的情况下，市场上对劳动力的充分自由竞争和劳动力的自由流动将会实现劳动力要素的最优配置，供求的变化通过工资的调整自动恢复到均衡状态，因此劳动力市场不会出现非自愿失业问题。

虽然竞争式分析方法在一定程度上反映了整体劳动力市场运行的基本

特征，证明了市场机制在劳动力要素配置中的决定性作用和效率优势，但是对于经济社会中长期存在的失业、收入差距、贫困和就业歧视等现实问题，却无法作出合理性解释，因为几乎所有的劳动力市场研究都已表明，劳动力市场在某种程度上是分割的，而不是一个简单的竞争性整体（Leontaridi，1998）。因此从20世纪50—60年代开始兴起了劳动力市场分割现象和问题的研究，形成了较具影响的劳动力市场分割（Labor Market Segmentation，LMS）理论，构成了劳动力市场问题研究的第二条思路。劳动力市场分割理论学派多种多样，但基本都认识到，劳动力市场分割是一种世界性的普遍现象，在不同的国家，受制度、经济、文化、宗教和社会等各种因素的影响，整体劳动力市场可以区分成两个或两个以上的带有不同运行特征的子市场或分市场，各子市场之间劳动力的流动受到主观或客观因素的明显限制，不同的子市场中，劳动者工资的决定机制、工资收入水平、工作环境、市场分割的具体特征表现出较大的差异，劳动力市场分割演化的路径各异，所产生的影响也体现出明显的不同。

劳动力市场分割理论对于不同市场的划分处理，大大提高了经济理论对现实的解释能力。在众多的分割理论研究学派中，不同学者的分析过程存在较大的差异，劳动力市场分割理论的阐发最早至少可以追溯到穆勒（Mill，1885）和凯尔尼斯（Cairnes，1874）的研究著作当中，但是现代劳动力市场分割理论诞生于20世纪60—70年代，它是20世纪早期劳动力市场问题研究的延续，也是对20世纪40年代开始的劳动力市场分割问题研究的系统化和理论化的总结，使其真正开始发展成学术界一股新兴力量，强化了对现实劳动力市场问题的研究。

分割理论的研究中，二元劳动力市场理论最具有学术代表性（Averitt，1968；Bluetone，1970；Doeringer，Piore，1970；1971；Harrison，1972；Piore，1975；Osterman，1975；Vietorisz，Harrison，1973；Wachter，1974；Dickens，Lang，1985；Reich，Gordon，Edwards，1973），是分割理论中被引用最多的理论，较好地解释了劳动力市场分割的一般性特征和原因，引起了学术界的极大关注。与一般性的劳动力市场理论相似，二元劳动力市场理论也强调制度性因素、社会习俗等因素在劳动者就业和工资决定中的重要影响。所谓的二元劳动力市场是根据劳动者的素质特征和市场运行机制将劳动力市场划分为一级市场（Primary Market）和次级市场（Secondary Market）进行研究。

一级劳动力市场的工作属于“好（good）工作”，市场上劳动者工资较高、工作条件优越、就业稳定性高、保障性较好、升迁机会较多，进入一级劳动力市场要求劳动者要具备一定的素质条件，劳动者的升迁一般遵守一定的习俗，按照相应的“论资排辈”规则实现。一级劳动力市场上的雇主一般是一些大公司，主要生产一些资本、技术或知识密集型产品。在这样的市场上较易形成内部劳动力市场，工资不再由工人的边际生产力决定，而是由市场内劳动者所处的工作阶梯的层级决定。进入主要劳动力市场经常与资历原则相联系，工作只有具备特定条件的工人才能获得。

次级劳动力市场上的工作被视作“差（bad）工作”，市场中劳动者的工资水平低、工作环境相对较差、工作的稳定性较低、工作相对艰苦、劳动者升迁机会少、失业风险高。另外，次级劳动力市场上的劳动力之间同质化特征更为突出，雇主在非特质化的劳动力市场上更具主导性，并且次级劳动力市场的劳动者难以进入一级劳动力市场，传统的边际生产力理论在次级劳动力市场上具有很强的解释力，企业的边际产量线构成了劳动的需求曲线，供求的相互作用决定了市场上的均衡工资水平，劳动力在市场均衡所对应的固定工资水平选择就业的部门。

当然，二元劳动力理论对于现实劳动力市场分割的二元处理是一种高度的简化。事实上，每一个劳动力市场上都包含了各种各样的工作类型，在每一个市场内部又存在一定程度上更细的市场分割。例如，二元劳动力市场理论的重要开拓者皮尔瑞（Piore，1975）在一级劳动力市场内部又引入了上层（Upper）劳动力市场和下层（Lower）劳动力市场的概念，与下层劳动力相比，上层劳动力地位更高，报酬更高，升迁的机会更多，一级劳动力市场上劳动力的流动体现为一种向上的流动，这实际上又把整体劳动力市场分割为类似“三元”市场了，奥斯特姆（Osterman，1975）的处理也是将劳动力市场划分为类似的三个部分。因此，二元劳动力市场的内涵经历了一个动态演进和扩展的过程，由最初所代表的一级劳动力市场和次级劳动力市场的分割，逐步演变为内涵更为丰富的三元层面甚至更多元层面分割的研究，成为劳动力市场分割理论中最具代表性和影响力的重要理论。劳动力市场上的二元分割的联系实际上是多元分割联系的抽象和简化，而多元分割的区分又是二元分割联系的多次复制（许英康，2009；何芸，2015）。

由于二元劳动力市场在发展过程中内涵的不断拓展，“二元劳动力市场理论”成为现实经济社会中分割劳动力市场的最简约而又最富解释力的理论（许英康，2009）。这里的“二元”可以视作一种广义的理解和定义，它反映了劳动力市场分割的最一般性特征，既包括了早期一级劳动力市场与次级劳动力市场分割基础上的狭义界定，又容纳了狭义二元基础上市场多元分割的特征。中国劳动力市场在演进中的分割不同于成熟市场经济国家，由于经济转型过程中制度性因素与市场性因素的双重影响，中国劳动力市场既具有计划经济时代沿承下来的传统制度性限制导致的劳动力城乡二元分割的特征，又表现出基于劳动力自身特质性因素影响的由城市一级劳动力市场和次级劳动力构成的二元格局，还体现出由所有制性质不同造成的劳动力就业分割等多个方面。因此，我们这里对于中国劳动力市场分割的界定是基于广义二元劳动力市场的考虑。

1.3 研究思路及内容结构

1.3.1 研究思路

本书立足于贸易与就业间内生关系展开研究，在中国劳动力市场动态演进的过程中，贸易发展与劳动力就业之间存在复杂的双向影响关系，这种双向影响关系本身又受到中国劳动力市场分割及演变的影响。因此我们的研究基于三方面的背景展开，首先，从现实背景来看，近年来我国开放型经济发展面临的内外经济环境趋紧、就业压力加大，内外经济联系更加复杂，贸易与就业间相互影响关系直观地反映出这种复杂的相互影响，这是我们研究的现实背景所在。其次，从历史背景来看，改革开放以来我国劳动力市场动态演进的趋势较为明显，我国二元劳动力市场的结构和特征发生了显著变化，这种动态演进无疑对贸易发展和就业均具有十分重大的影响，这使得我们必须去考察中国劳动力市场动态演进的基本特征，解析导致中国劳动力市场演进的原因和路径。最后，从理论背景来看，20 世纪 90 年代以来，贸易理论研究中制度、企业异质性、劳动异质性的引入修正了传统贸易模式、贸易利益分析的命题，这对于我们现实的考察中国贸易发展的动因、模式和影响提供了新的思路。基于三方面背景考虑，本书着重研究中国二元劳动力市场演进过程中就业配置的变动影响贸易发展的机制和具体表现，并反向考察中国贸易发展影响就业规模、就业结构和劳动力群体间收入差距的机制和效应，通过对于二者间双向影响关系的考察以论证贸易与就业间的内生关系，并为未来相关政策调整提供借鉴。

1.3.2 内容结构

本书的研究主要包括 6 章内容。首先导论部分内容介绍了本书的选题背景和研究意义，然后对所涉及的核心概念——二元劳动力市场的含义作出界定，从而为我们考察中国二元劳动力市场演进作出铺垫，进而概括本书研究的基本思路和内容结构，并对基本研究方法和创新之处作出概括。

第 2 章侧重考察中国二元劳动力市场内生演进的机制与路径。本章总结概括了中国改革开放以来劳动力市场进步的典型化事实，中国劳动力市场的演进至少可以通过劳动力配置方式的转变、劳动力流动性的提升、劳动力就业结构的变迁和劳动力素质水平的提高以及劳动力市场运行的制度保障不断强化等方面来反映。在此基础上，本章分析了中国二元劳动力市场演变的基本趋势，对影响中国劳动力市场演进的动因进行了分析，并考察了中国二元劳动力市场演进的基本机制。最后，本章利用局部均衡和一般均衡相结合的方法，分阶段模型化考察了中国劳动力市场演进的基本路径。

第 3 章是关于贸易与就业间相关研究文献的梳理与评述。鉴于二者间关系研究出现的丰硕成果，本章主要从三个方面进行概括：首先是关注现有研究中关于贸易就业效应考察的结果，从就业规模效应、就业结构效应、就业波动效应以及中国的贸易竞争效应等角度去梳理、比较不同研究成果的异同点。其次是考虑贸易的工资效应，主要关注贸易对工资水平及工资差距变化的影响，通过梳理已有研究成果以得出具有借鉴意义的启示。最后，是反向地考察劳动力市场运行状况通过要素配置的作用对贸易发展的影响，主要侧重于梳理现有研究关于劳动力市场运行对贸易模式、贸易流量及贸易利益的影响所得出的基本结论。通过这三个方面梳理现有研究文献，可发现贸易与劳动力之间存在复杂的双向影响关系，一定程度上二者之间是一种内生的关系。

第 4 章是本书的核心研究内容之一，从理论和实证角度考察中国二元劳动力市场演进过程中劳动力就业配置对贸易发展的影响。首先通过比较中国改革开放前后贸易发展绩效的差异，以探析劳动力配置机制差异可能产生的影响，直观地认识劳动力市场制度性分割对贸易发展的抑制作用。在此基础上，考虑到中国传统二元劳动力市场受到制度限制导致分割的基本特征，梳理了制度与贸易发展关系相关研究成果，为劳动力市场管制影响失业和贸易发展模型构建提供理论铺垫。本章第 3 节构建模型，论证了劳动力市场管制对于就业和劳动力工资产生的影响，并在开放条件下考察了贸易因此可能受到的影响，劳动力市场管制作为对劳动力市场配置的制度性限制，不仅会增加行业和整体失业，提高受管制部门行业的工资水平，还可能扭曲一国要素禀赋所决定的贸易模式，降低一国开放条件下可获得的贸易利益。最后，本章在分解中国二元劳动力市场演进过程中就业配置影响出口贸易发展机制的基础上，利用面板数据模型，分步骤考察了不同机制对中国出口贸易发展的影响，并对实证结果做出解释。

第 5 章作为本书研究的核心内容之一，考察了中国二元劳动力市场演进过程中出口贸易发展的就业效应。第 1 节简单概括出口贸易发展影响就业的基本机制。第 2 节建立 VAR 模型考察中国出口贸易发展与就业间的内生关系，并借助格兰杰因果检验、脉冲响应分析和方差分解剖析二者间内生关系作用的机制及效应。

第 6 章对本书研究的基本成果进行了总结，并在此基础上提出了推动我国贸易发展和促进就业的相关政策建议，最后对未来研究做出展望。

1.4 研究方法及创新之处

1.4.1 研究方法

本书的研究采用理论与实证相结合的分析方法，论证并检验中国出口贸易发展与就业间的内生关系。理论分析的目的在于把握学术发展的动态和前沿，将相关学科理论发展的最新成果引入并借鉴到我们的研究当中，从理论上刻画并证明劳动力市场演进对就业和贸易发展影响的机制和效应。实证分析的目的在于从实践上验证理论研究所揭示机制在现实经济中的有效性及实现的程度，并可直观、定量地考察劳动力市场演进过程中出口贸易与就业配置间的双向影响关系。

在理论分析上，我们将对与课题研究主题相关的已有研究成果作出系统的文献梳理和评述，准确把握现有的理论研究背景，为我们的研究分析提供借鉴和支持，并为在可能的情况下利用中国的实践加以验证作出铺垫。本书第 3 章内容正是基于此对贸易与就业间关系研究成果作出了系统梳理和评述，并在我们之后的相关实证研究中多次涉及。在必要的情况下，我们也会在相关主题实证研究中做出相应的文献梳理和评述。理论模型构建上，我们将使用均衡分析和非均衡分析相结合，局部均衡分析与一般均衡分析相结合，静态分析、比较静态分析和动态分析相结合的综合方法，系统论证劳动力市场演进的动因、机制及其对贸易发展的影响。

在实证分析上，我们主要使用统计比较分析法和计量检验法相结合的手段来进行论证。对中国劳动力市场演进、就业规模、就业结构、贸易规模和贸易结构的分析首先依赖于对相关数据的统计与比较，因此我们使用了大量的图表对有关变量的变动趋势及变量间的关系进行了刻画和说明。计量检验方法的选择将根据数据类型特征和研究的需要确定，分别使用了时间序列数据和面板数据对贸易与就业间关系进行了多视角的检验，分别使用了 VAR 的建模方法并进行了脉冲响应分析和方差分解，多使用面板回归分析方法以验证相关命题在中国的实践情况。

1.4.2 创新之处

本书的理论和实证研究是建立在国内外大量现有研究成果基础之上的，我们参考了丰富的相关理论和实证研究文献，力争从理论和实证两个方面对贸易与就业间内生关系作出较为系统的论证分析，以得到尽可能符合中国经济发展实践的全面认识。本书的创新之处主要体现在以下两个方面：

首先，本书从中国经济转型的实际出发，立足中国劳动力市场分割的现实及动态演进的基本特征和趋势，通过劳动力市场演进的缩影式分析，试图全面理解中国市场经济发展的基本动因，探究塑造中国劳动力市场演变的基本因素，并形式化地利用模型刻画劳动力市场演进的基本路径。在中国劳动力市场演进的过程中，劳动力分割的存在和演变是影响中国要素禀赋优势发挥，决定经济发展绩效的重要现实因素，中国经济发展奇迹的取得很大程度上正是与改革开放推动下要素配置机制的根本性变革相联系的，是市场发育所导致的一个必然结果。中国劳动力市场的发育不仅体现在就业增长、就业结构改善、劳动力素质提升和市场配置效率提升等方面上，还体现在劳动力市场分割的表现形式和影响因素的变化上，中国劳动力市场分割变化的基本特征是由传统的制度性限制导致的市场分割向市场性因素导致的多元形式分割转变，通过对劳动力市场演变的动态考察，我们修正了传统贸易理论分析的基本假设条件，对中国贸易发展和就业变化的分析得出了更加符合实际的结论和认识。由此出发，我们对中国贸易与就业间关系的系统分析也更具启发意义，会对政策实践产生更强的指导作用。

其次，我们对于贸易与就业关系的考察是从两个维度展开的：一方面，我们在模型化制度性因素对劳动力市场分割影响变化所导致的不同就业配置对中国出口贸易发展的影响，既论证出劳动力市场演进所伴随的劳动力配置效率提升的基本作用，又揭示出中国改革开放以来利用劳动力要素禀赋优势实现出口贸易发展的基本机制和过程，并分阶段地考察不同机制在特定时期影响强度和性质的变化；另一方面，我们在论证贸易与就业间双向影响关系的基础上，又利用多种计量检验方法考察了出口贸易发展对我国就业规模、就业结构、就业歧视及劳动力工资收入和工资差距的影响，多角度地考察了贸易发展与其他宏微观因素变化所引致的就业配置效应，并在此过程中反映出贸易发展对劳动力市场分割演变产生的影响。两个维度的考察构成了一个有机的整体，共同验证了二者间存在的内生关系。从理论上来看，本书研究涉及新古典贸易理论和最新的异质性企业贸易理论的基本命题，同时考虑了制度经济学、发展经济学和劳动经济学领域相关因素的影响，学科的交叉综合分析使得我们在更宽的视域内深入考察二者之间的内生关系，得出更加全面可靠的结论。从实践上来看，如果理论和实证分析的结论是可靠的，那么本书针对当前的贸易和就业环境所提供的政策启示也将具有较高的实践价值。

2 中国二元劳动力市场演进的机制与路径

劳动力禀赋优势是中国改革开放以来快速融入全球经济一体化进程，实现发展奇迹的重要基础，劳动力市场的快速发展是驱动中国巨大的劳动力资源潜力迅速转化成现实生产力的基本前提。中国劳动力市场发育的历程很大程度上是我国改革开放历史和成就的一个缩影，劳动力市场就业制度的变革代表了中国渐进式改革范式的不断尝试与突破，就业结构的深度调整与变迁反映了经济结构变化的基本轨迹和方向，劳动力市场的持续分割与动态演变揭示了中国未来进一步改革与发展面临的约束和调整的思路。在概括总结中国劳动力市场演进典型化事实的基础上，辩证认识中国劳动力市场分割与演化的特殊性，全面把握影响中国劳动力市场演进的主要动因，准确地剖析中国劳动力市场内生演进的根本机制，是认识我国改革开放成功经验的一扇窗口。针对这些关键问题的系统性研究必将有助于促进我国劳动力市场的进一步发育，缓解我国目前严峻的就业形势，继续加快我国的改革开放事业的发展，破解我国开放驱动发展和产业结构、贸易结构转型升级所面对的各种难题。这是本书研究的根本意义所在。

2.1 中国劳动力市场演进的典型化事实

中国劳动力市场的发展是一个动态演进的过程，在渐进式体制变革的进程中，劳动力市场的演进主要体现在劳动力配置方式的转变、劳动力流动性的提升、劳动力就业结构的变迁和劳动力素质水平的提高等方面，总体来看，中国劳动力市场的演进至少可以通过这几个方面的典型化事实反映。

2.1.1 劳动力配置市场化的决定性作用日益凸显

新中国成立以后至改革开放前的一段时期，我国计划经济体制的确立与实施基本上消除了市场供求价格竞争机制对劳动力配置的影响，形成了国家行政调节形式的劳动力统一计划配置的模式，城市劳动力实行统包统配的全面就业制度，农村地区贯彻实施“大锅饭”特征的人民公社制度，城乡之间限制劳动力自由流动，形成了以户籍制度为基础的分割就业模式和制度。计划配置的就业模式虽然对于重工业发展战略的实施发挥了重要促进作用，但是也逐渐暴露出其低效运行的弊端，制约了劳动力要素活力的发挥和经济发展潜力的释放。

20 世纪 70 年代末开始，各领域的渐进式改革不断深入，劳动力市场建设方面，逐渐减少了国家行政计划手段对于劳动配置的干预与束缚，不断明确劳动力供求双方的独立主体地位，持续强化社会经济主体的自主权，劳动力配置机制市场化的决定性作用日益凸显，我国巨大的劳动力要素禀赋的潜力得到了根本性的释放，劳动力要素的配置效率大大提高。30 多年来，我国劳动力市场的发育最突出的表现在于劳动力配置市场化程度的不断提高，与传统经济体制下的政府计划配置手段不同，城镇劳动力就业开始摆脱对国有经济部门的过度依赖，农村劳动力就业在家庭联产承包责任制的推动下也更加灵活多样。计划经济体制下城镇劳动力统包统分的就业体制，意味着国有经济吸纳了绝大多数的城市就业，并且劳动者就业的稳定性非常高，基本上属于固定工作制。而劳动力市场化的演进降低了政府对劳动就业的直接干预，城镇劳动力配置更多地根据市场供求变化呈现出多元化的就业趋势，国有经济以外其他所有制经济在吸纳就业方面发挥出越来越明显的主导作用。如图 2 -1 所示，城镇就业人员中，国有单位和集体单位占主导的公有制经济成为吸纳就业的主体，在经历了改革初期缓慢增长之后，自 20 世纪 90 年代中期在国有企业改革和其他经济体制改革的影响下，吸纳就业的绝对规模开始下降，而其他所有制经济在吸纳就业方面则呈现出迅猛增长态势。具体来说，个体劳动的数量由 1978 年的

15 万人上升至 2012 年的 5643 万人；私营企业就业数量更是由 1991 年的 68 万人上升至 2012 年的 7557 万人；而国有企业就业人数则由 1978 年的 7451 万人上升至 1995 年的最大规模 11260.5 万人，之后则开始出现持续下降，2014 年降至 6312 万人左右。集体单位就业也大致经历了类似的变动过程，改革伊始至 20 世纪 90 年代初呈现上升趋势，就业规模由 1978 年的 2048 万人上升至 1992 年的 3628 万人，之后开始出现持续快速下滑，至 2014 年则只有 537 万人的规模了。其他单位就业人口由 1984 年的 37 万人开始出现持续突破性的增长，尤其是 20 世纪 90 年代中期以后，更是出现了加快扩张的趋势，至 2014 年已达 1.14 亿人，城市劳动力就业所有制结构日益多元化，就业机制也更加市场化。

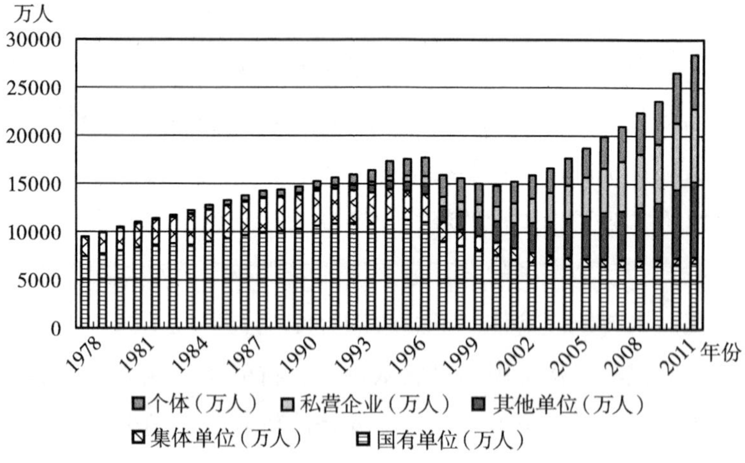

图 2-1　城镇就业人员登记注册类型构成

数据来源：中国劳动统计年鉴（2015），中国统计出版社。

如果从相对比重来看，国有经济在解决城市就业中的作用下降得更为剧烈，如图 2-2 所示，国有部门就业占城镇就业比重，已经由 1978 年的 99.84%，下降至 2013 年的 18.13%。即使在国有经济内部，计划经济时代的固定用工制度逐渐被废弃，企业与劳动力之间的主体地位进一步得到明确，企业有了更大的选人和用人自主权，劳动者也拥有了更多就业自主选择的权利。这表明了政府对于劳动力配置干预的不断下降，同时反映出市场在劳动力配置中主导作用的加强。根据王亚柯、罗楚亮（2012）利用城镇住户调查数据所进行的研究，政府配置在城镇劳动力就业配置中所占的比重由 1995 年的 80.66% 下降至 2008 年的 31.17%。而通过对城镇失业人员寻找工作方式的统计，可以更有力地证实市场机制在劳动力配置中的决定性作用，如表 2－1 所示，进入 21 世纪，城镇失业人口再就业更多地借助市场化的机制来实现，政府安置所占比例在快速下降，2005 年以后则不在统计下岗等待安排人员所占比例，其他各种通过市场机制实现就业的比重则在稳步上升，表明市场机制已经在劳动力配置过程中发挥决定性作用，这大大提高了我国劳动力要素的配置效率。

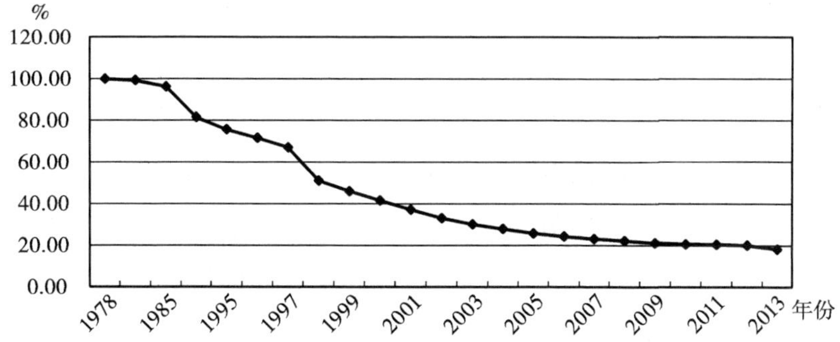

图 2－2　国有经济部门就业占城镇就业比重

数据来源：中国统计年鉴（2015），中国统计出版社。

表 2－1　城镇失业人员寻找工作方式　（%）

年份	职业介绍机构	委托亲友	参加招聘会	刊登广告	浏览招聘广告	自我经营	下岗等待安置	其他
2001	11.6	25.4	2.3	0.4	2.7	7.7	30	19.9
2002	14.2	38.3	—	1.2	—	7.3	18	21
2003	17.9	36.9	—	1.0	—	5.9	17.5	20.8
2004	17.1	45.1	—	2.4	—	11.3	8.5	15.7
2005	15.8	47.5	6.1	0.7	—	10.5	—	19.4
2006	12.9	50.5	8.0	1.3	—	5.5	—	21.8
2007	13.6	53.1	9.8	1.9	—	6.9	—	14.7
2008	12.5	52.4	2.1	9.5	—	7.1	—	16.4

续表

年份	职业介绍机构	委托亲友	参加招聘会	刊登广告	浏览招聘广告	自我经营	下岗等待安置	其他
2009	11.3	53.5	11.6	2.6	—	6.0	—	15.0
2010	13.1	36.7	9.5	0.8	—	15.8	—	24.1
2011	8.9	51.3	9.2	1.2	7.9	7.1	—	14.5
2012	7.00	52.36	7.29	0.99	9.71	7.20	—	15.45

数据来源：（历年）中国劳动统计年鉴，中国统计出版社。

家庭联产承包责任制解除了农村劳动力受集体劳动的制约，激发了劳动力的生产活力，大大提高了其生产效率，极大地降低了农村劳动力对于农业生产活动的依赖，劳动者拥有了更大的自主择业的权利，越来越多的农村劳动力开始涉足于非农经济活动，劳动力的就业选择更趋灵活化。其中，农村劳动力配置市场化机制强化最突出的表现在于，乡镇企业的异军突起和吸纳就业人数的稳步增加，具体就业规模已经由1978年的2829.56万人，上升至2011年的16186.43万人，就业总量占农村就业人口比重由1978年的9.23%，上升至2011年的39.96%，具体的演变过程如图2-3所示，在不断扩张的就业规模队伍中，劳动力再就业主要集中在工业企业、建筑业、交通运输仓储业、批发零售等部门。

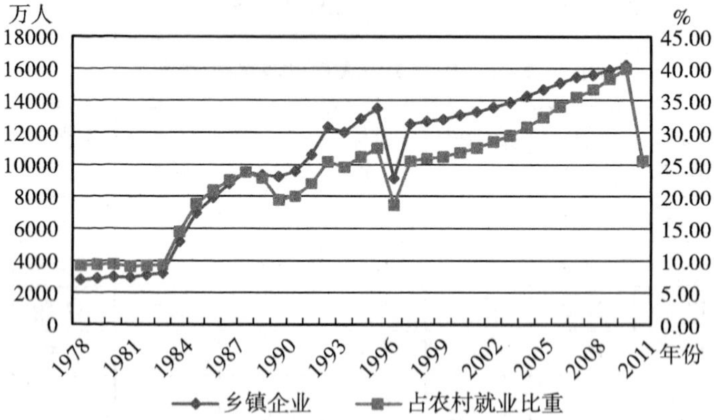

图2-3 乡镇企业就业规模与占农村就业人口比例

数据来源：中国劳动统计年鉴（2013），中国统计出版社。

2.1.2 劳动力流动的规模和范围空前扩展

劳动力流动是市场机制发挥调剂余缺功能的基本前提，但计划经济体制下，劳动力的流动受到了严格的限制，除了根据国家计划需要对劳动力进行的有限调配，劳动者一般没有自由流动的自主权，劳动力在城乡、地区以及行业部门之间不存在自由流动现象，这就消除了劳动力市场存在的可能和产生与发展的必要性，从而形成了城镇劳动力就业于国有经济部门的固定工制度和农村劳动力局限于人民公社内部的集体劳作制度。改革开放以来的劳动力市场建设，发端于制度改革背景下经济社会环境的变化引致的劳动力流动性的加强，随着制度管制的放松，劳动力根据市场供求引导在城乡、地区、产业及行业间的流动呈现不可逆转之势，由此激发了市场自发机制配置劳动力要素的活力和效率，成为劳动力市场一体化建设的重要机制。

（1）*劳动力乡城间的流动*

改革开放后，城市经济发展对劳动力需求的扩张产生了对农村劳动力转移的强大吸引力，联产承包责任制在提高农村劳动力生产率基础上，却造成了农村劳动力过剩，从而产生了把农村剩余劳动力输往城市的推力。随着人口管制政策的放松和就业观念的转变，城乡之间就业机会和劳动报酬的差异导致劳动力由农村流向城市成为一种不可逆转的基本趋势。根据全国农民工监测调查报告的数据统计，2008 年年末中国农民工的总量已经达到2.25 亿人，并且在随后的几年中，依然保持着快速增长态势，至2014 年增至2.74 亿人。农村劳动力凭借其廉价的竞争力优势较好地填补了城市劳动力供给缺口，为城市经济的进一步发展注入了鲜活的动力。因此从20 世纪90 年代开始，我国劳动力就业在呈现出快速增长的同时，农村就业规模和占全部就业比重出现持续下降趋势，而与此相对应的则是城市就业总量以及占全部就业的比重表现出同步快速增长，具体变动的过程和方向可以通过图2 –4 反映。

如图2 –4 所示，我国就业总规模由1978 年的4 亿人迅速增加到了

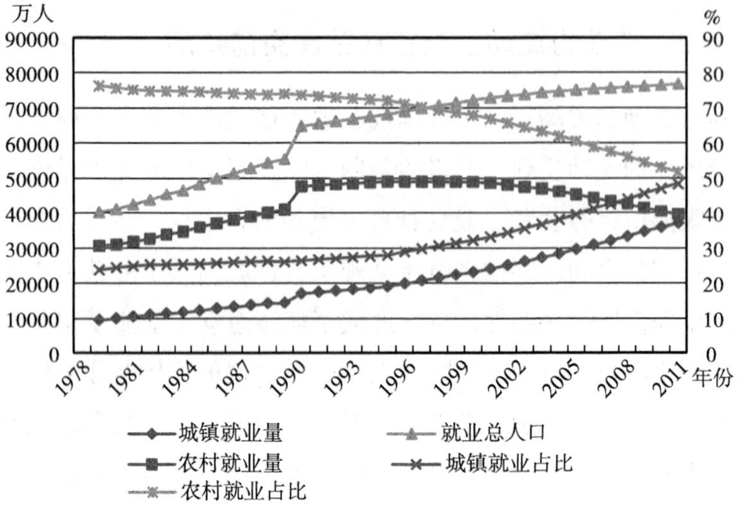

图 2-4 城乡就业规模及比重的变化

数据来源：中国劳动统计年鉴（2013），中国统计出版社。

2014 年的 7.7 亿人。在此过程中，农村就业规模由 1978 年的 3 亿人增至 1997 年的 4.9 亿人高峰之后，开始出现绝对就业规模的持续下降，至 2014 年降至 3.8 亿人，而农村就业占全国就业的比重则由 1978 年的 76.31% 下降至 2014 年的 49.1%。与此同时，城镇就业人口则由 1978 年的 9514 万人，持续上升至 2014 年的 3.9 亿人，占全国就业的比重由 1978 年的 23.69%，上升至 2014 年的 50.88%。农村劳动力向城市的流动成为中国社会经济发展过程中一道独特的风景线。

（2）劳动力地区间的流动

劳动力在乡城之间流动不断强化与扩大的同时，地区之间的大规模流动也逐渐成为劳动力实现跨区配置的重要机制。由于地区之间开放时序的差异和优惠政策支持力度的不同，改革开放后不同地区之间经济发展不平衡的特征日益明显，中西部地区与东部地区经济发展差距和要素禀赋差异导致的经济发展机会的不同，成为推动劳动力跨地区流动的直接动力。伴随劳动力的流动，全国流动人口的规模和范围也开始快速膨胀。根据国家统计局对全国人口流动的统计，我国人户分离人口和全国流动人口规模急剧上升，具体如表 2－2 所示，2001 年我国流动人口规模达到 1.21 亿人[①]，之后更是呈现加快增长态势，2005 年增至 1.47 亿人，其中跨省流动人口达到 4779 万人，2013 年达到了 2.45 亿人次。

表 2－2　全国人口流动统计　　（亿人）

年　份	人户分离人口	流动人口
2000	1.44	1.21
2005	—	1.47
2010	2.61	2.21
2011	2.71	2.3
2012	2.79	2.36
2013	2.89	2.45

数据来源：中国统计年鉴（2014），中国统计出版社。

人口流动很大程度上是由于劳动力跨区流动所致，以北京、上海、广东为代表的广大东部地区率先通过经济政策的改革和对外开放获得了发展的先机，较早实现了经济的起飞和发展，产生了对于劳动力潜在的巨大需求。而与此相对应的是，广大的中西部地区则显现出劳动力相对过剩的态势，在市场机制的作用下，中西部地区与东部地区间劳动力收入差距更加明显，从而导致出现了长期以来，“孔雀东南飞”的流动趋势，大批的劳动力涌向沿海地区选择就业。虽然各地区的劳动力和人口的流动体现出内外双向流动的特征，但是东部地区由于其巨大的劳动力需求和劳动就业上的巨大吸引力，因此成为劳动力净流入和迁入地。以广东、上海、北京为例，这些省市人口变动、迁移情况，有力地证明了劳动力跨地区流动和不断流向东部地区的现象。

如表 2－3 所示，广东省自 1978 年以来，人口迁移规模和净迁入人口基本上保持了上升趋势，人口迁移规模最高在 1993 年达到了 286.26 万人，迁入人

① 根据中国统计年鉴上的解释：流动人口是指人户分离人口中不包括市辖区内人户分离的人口。人户分离人口是指居住地与户口登记地所在的乡镇街道不一致且离开户口登记地半年以上的人口。市辖区内人户分离人口是指一个直辖市或地级市所辖区内和区与区之间，居住地和户口登记地不在同一乡镇街道的人口。

口158.20万人，迁出人口128.06万人，多年来一直保持着净迁入人口的态势。上海市同样出现了较大规模的人口迁移现象，并且迁入人口一直超过了迁出人口，如表2-4所示。北京市常住人口的变化也很好地体现出劳动力流入产生的巨大影响，如表2-5所示，自1978年开始，北京市常住人口规模与拥有北京户籍人口的差距越来越大，北京市常住外来人口处于持续快速增长之中，常住外来人口占北京常住人口比重，由1978年的2.50%，上升至2013年的37.96%，这有力印证了外来劳动力流入的直接重要影响。

表2-3 广东省户籍人口变动情况 （万人、%）

年份	迁入人数	迁入率	迁出人数	迁出率	总迁人数	总迁移率	净迁移人数	净迁移率
1978	81.83	16.29	75.58	15.04	157.41	31.33	6.25	1.25
1980	91.45	17.64	82.09	15.83	173.54	33.47	9.36	1.81
1982	71.63	13.34	65.06	12.11	136.69	25.45	6.57	1.23
1983	66.26	12.14	59.35	10.88	125.61	23.02	6.91	1.26
1984	92.30	16.67	83.31	15.05	175.61	31.72	8.99	1.62
1985	100.10	17.82	84.90	15.12	185.00	32.94	15.20	2.70
1986	85.61	15.02	70.83	12.43	156.44	27.45	14.78	2.59
1987	92.89	16.05	73.26	12.66	166.15	28.71	19.63	3.39
1988	93.82	15.96	73.46	12.49	167.28	28.45	20.36	3.47
1989	95.26	15.94	73.87	12.36	169.13	28.30	21.39	3.58
1990	94.39	15.38	77.07	12.56	171.46	27.94	17.32	2.82
1991	97.23	15.44	83.74	13.30	180.97	28.74	13.49	2.14
1992	135.89	21.21	108.39	16.92	244.28	38.13	27.50	4.29
1993	158.20	24.25	128.06	19.63	286.26	43.88	30.14	4.62
1994	140.93	21.24	115.72	17.44	256.65	38.68	25.21	3.80
1995	108.09	16.04	89.74	13.31	197.83	29.35	18.35	2.73
1996	113.47	16.58	88.88	12.99	202.35	29.57	24.59	3.59
1997	130.94	18.83	98.90	14.22	229.84	33.05	32.04	4.61
1998	117.93	16.69	94.18	13.33	212.11	30.02	23.75	3.36
1999	107.68	14.94	89.13	12.37	196.81	27.31	18.55	2.57
2000	122.72	16.59	95.76	12.94	218.48	29.53	26.96	3.65

续表

年份	迁入人数	迁入率	迁出人数	迁出率	总迁人数	总迁移率	净迁移人数	净迁移率
2001	109.88	14.59	92.34	12.26	202.22	26.85	17.54	2.33
2002	102.26	13.44	81.95	10.77	184.21	24.21	20.31	2.67
2003	105.27	13.70	83.22	10.83	188.49	24.53	22.05	2.87
2004	133.91	17.25	104.26	13.43	238.17	30.68	29.65	3.82
2005	107.21	13.65	70.45	8.97	177.66	22.62	36.76	4.68
2006	145.49	18.25	80.56	10.10	226.05	28.35	64.93	8.14
2007	119.95	14.80	71.67	8.85	191.62	23.65	48.28	5.96
2008	110.56	13.46	79.47	9.68	190.03	23.14	31.09	3.79
2009	96.80	11.64	64.93	7.81	161.73	19.45	31.87	3.83
2010	101.90	12.07	70.48	8.35	172.38	20.42	31.43	3.72
2011	94.47	11.01	65.37	7.62	159.84	18.63	29.10	3.39
2012	97.91	11.34	112.62	13.04	210.53	24.38	-14.70	-1.70
2013	97.86	11.25	77.72	8.94	175.58	20.19	20.14	2.32

数据来源：广东统计年鉴（2014），中国统计出版社。

表 2-4 上海市人口迁移统计 （万人、%）

年份	迁入		迁出		机械增长	
	人口	迁入率	人口	迁出率	人口	增长率
1990	12.18	9.52	10.72	8.38	1.46	1.14
1995	13.12	10.09	6.47	4.98	6.65	5.11
1996	13.01	9.99	6.41	4.92	6.6	5.07
1997	11.47	8.79	5.72	4.38	5.75	4.41
1998	11.73	8.98	5.04	3.86	6.69	5.12
1999	14.06	10.73	5.08	3.88	8.98	6.85
2000	15.16	11.51	5.32	4.04	9.84	7.47
2001	14.63	11.05	5.56	4.2	9.07	6.85
2002	15.41	11.58	4.38	3.29	11.03	8.29
2003	14.92	11.15	3.69	2.76	11.23	8.39
2004	13.93	10.34	2.74	2.03	11.19	8.31
2005	12.96	9.55	3.46	2.55	9.5	7

续表

年份	迁入		迁出		机械增长	
	人口	迁入率	人口	迁出率	人口	增长率
2006	12.86	9.43	3.5	2.57	9.36	6.86
2007	14.69	10.7	3.95	2.88	10.74	7.82
2008	17.28	12.48	4.29	3.1	12.99	9.38
2009	15.72	11.26	4.77	3.42	10.95	7.84
2010	17.22	12.24	4.97	3.53	12.25	8.71
2011	13.15	9.29	5.33	3.76	7.82	5.53
2012	12.96	8.11	5.89	4.14	7.07	3.97
2013	12.12	8.48	6.06	4.24	6.06	4.24

数据来源：上海统计年鉴（2014），中国统计出版社。

表2-5　北京市常住及户籍人口比较　（万人、%）

年份	H	R	RW	RWP	年份	H	R	RW	RWP
1978	850	872	22	2.50	1996	1078	1259	182	14.43
1979	871	897	27	2.95	1997	1086	1240	155	12.46
1980	886	904	19	2.06	1998	1092	1246	154	12.37
1981	901	919	18	2.00	1999	1100	1257	157	12.52
1982	918	935	17	1.84	2000	1108	1364	256	18.78
1983	933	950	17	1.77	2001	1122	1385	263	18.97
1984	945	965	20	2.05	2002	1136	1423	287	20.16
1985	958	981	23	2.35	2003	1149	1456	308	21.12
1986	971	1028	57	5.53	2004	1163	1493	330	22.09
1987	988	1047	59	5.64	2005	1181	1538	357	23.23
1988	1001	1061	60	5.64	2006	1198	1601	403	25.20
1989	1021	1075	54	5.01	2007	1213	1676	463	27.61
1990	1032	1086	54	4.95	2008	1230	1771	541	30.55
1991	1040	1094	55	4.98	2009	1246	1860	614	33.02
1992	1045	1102	57	5.18	2010	1258	1962	705	35.92
1993	1051	1112	61	5.47	2011	1278	2019	742	36.77
1994	1062	1125	63	5.62	2012	1297	2069	774	37.39

续表

年 份	H	R	RW	RWP	年 份	H	R	RW	RWP
1995	1070	1251	181	14.45	2013	1316	2115	803	37.96

注：H、R、RW、RWP分别表示户籍人口、常住人口、常住外来人口、常住外来人口占常住人口比重；常住人口是指在某地实际居住期限在半年以上的人口；常住外来人口是指不具有本市户籍户口，来自北京市行政区划以外的省、自治区、直辖市，且在北京居住期限在半年以上的人口。

数据来源：北京统计年鉴（2014），中国统计年鉴。

（3）劳动力产业间的流动

随着经济的发展和经济结构的变化，劳动力在不同产业间的就业比重一般也在发生相应的变化，根据许多发达国家经济发展的历史，劳动力就业方向的变化主要体现为由第一产业向第二、第三产业的转移，这是一种市场自发选择的结果。计划经济时期的劳动力就业的政策扭曲做法，很长时期内将大量的劳动力限制在了农村农业经济活动的第一产业，而城镇地区为代表的第二产业和第三产业在吸收劳动就业方面的作用受到了明显限制。新中国成立之初，1952年我国第一、第二、第三产业就业比重分别为83.5%、7.4%和9.1%，至1978年三大产业就业比重分别演变为70.5%、17.3%和12.2%，劳动力在产业间的流动受到了严格的限制，劳动力就业产业结构变动相对较小，较大比重的劳动力被限制在第一产业就业。

随着城乡和地区间劳动力流动性的增强，劳动力开始加快在三大产业之间流动，大量的劳动力由第一产业逐渐转移到第二和第三产业，具体的变动如图2-5所示。虽然在改革开放后的很长时期内，第一产业的就业规模不断增加，由1978年的2.8亿人上升至2002年的3.7亿人，之后第一产业就业的绝对规模开始下降，但是第一产业占全部就业的比重则一直保持持续下降之势，由1978年的70.5%的比例下降至2012年的33.6%。与之相对应，第二产业和第三产业就业的绝对规模和相对比重都表现出快速上升之势，第二、第三产业就业占比分别由1978年的17.3%、12.2%增至2012年的30.3%和36.1%，之后虽然第二产业就业占比开始出现下降，但是2013年和2014年所占比例依然分别达到了30.1%和29.9%的水平，就业规模分别由1978年的6945万人和4890万人上升至2014年的2.3亿

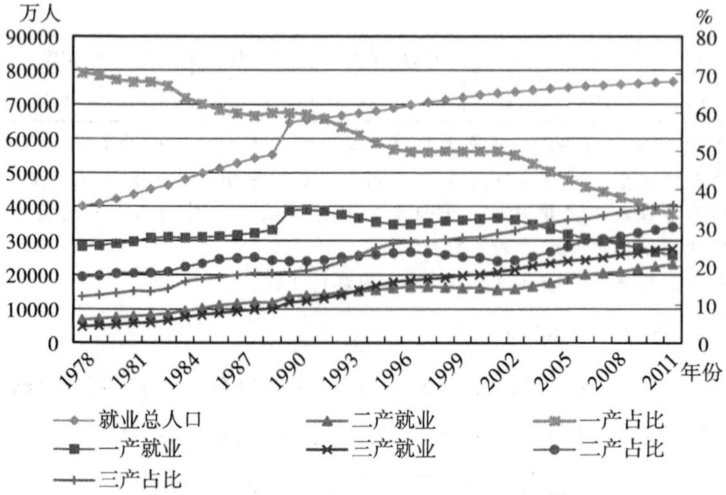

图 2-5　三次产业的就业规模与结构的变化

数据来源：中国劳动统计年鉴（2013），中国统计出版社。

人和 3.14 亿人。

（4）劳动力行业间流动

随着城镇就业规模和相对比重的上升，不同行业间劳动力就业结构发生着渐进的演变，劳动力跨行业流动成为市场机制配置劳动力资源的重要表现。工业化、城市化的加速推进，经济国际化、全球化的深度扩展，以及信息技术的不断更新，对各行业的发展带来了剧烈的冲击和影响，导致行业发展之间出现明显的兴衰更替现象，由此使各行业在吸纳就业的过程中也出现了相应的起伏。与劳动力就业产业结构变化的基本趋势相一致，我国城镇行业就业关系发生了类似的演变，具体变动的过程通过表 2-6 中各行业占城镇就业比重的变化能够清楚地反映。

表 2-6　各行业占城镇就业比重　（%）

Year	A	B	C	D	E	F	G	H	I	J	K	L	M	N	O	P	Q	R	S
1994	4.53	5.99	35.99	1.61	7.29	—	5.63	—	—	—	0.49	—	1.16	—	—	—	2.84	—	6.77
1995	4.37	6.02	35.90	1.69	7.12	—	5.55	—	—	—	0.52	—	1.19	—	—	—	2.90	—	6.81
1996	4.15	5.86	35.11	1.79	7.03	—	5.61	—	—	—	0.55	—	1.20	—	—	—	3.01	—	7.18
1997	4.18	5.70	34.12	1.88	6.90	—	5.66	—	—	—	0.58	—	1.24	—	—	—	3.13	—	7.27

续表

Year	A	B	C	D	E	F	G	H	I	J	K	L	M	N	O	P	Q	R	S
1998	4.43	5.57	30.14	2.23	6.92	—	5.68	—	—	—	0.74	—	1.40	—	—	—	3.76	—	8.64
1999	4.42	5.40	29.30	2.35	6.72	—	5.81	—	—	—	0.80	—	1.43	—	—	—	3.97	—	9.09
2000	4.45	5.04	28.42	2.44	6.72	—	5.86	—	—	—	0.86	—	1.50	—	—	—	4.20	—	9.50
2001	4.33	4.91	27.50	2.58	6.93	—	5.84	—	—	—	0.96	—	1.48	—	—	—	4.42	—	9.86
2002	4.14	4.94	27.13	2.64	7.31	—	5.82	—	—	—	1.08	—	1.48	—	—	—	4.49	—	9.78
2003	4.42	4.45	27.17	2.71	7.60	5.73	5.80	1.57	1.06	3.22	1.10	1.67	2.02	1.57	0.48	13.15	4.43	1.16	10.67
2004	4.20	4.51	27.49	2.71	7.58	5.29	5.69	1.60	1.11	3.21	1.20	1.75	2.00	1.59	0.49	13.22	4.46	1.11	10.80
2005	3.91	4.47	28.16	2.63	8.13	4.77	5.38	1.59	1.14	3.15	1.28	1.92	2.00	1.58	0.47	13.01	4.46	1.07	10.88
2006	3.72	4.52	28.61	2.58	8.44	4.40	5.23	1.57	1.18	3.14	1.31	2.02	2.01	1.60	0.48	12.84	4.49	1.04	10.80
2007	3.55	4.45	28.82	2.52	8.74	4.22	5.18	1.55	1.25	3.24	1.38	2.06	2.02	1.61	0.48	12.65	4.51	1.04	10.74
2008	3.36	4.43	28.17	2.51	8.80	4.22	5.14	1.58	1.31	3.42	1.42	2.25	2.11	1.62	0.46	12.58	4.62	1.03	10.95
2009	2.97	4.40	27.77	2.45	9.37	4.14	5.05	1.61	1.38	3.57	1.52	2.31	2.17	1.64	0.47	12.33	4.74	1.03	11.09
2010	2.88	4.31	27.87	2.38	9.71	4.10	4.84	1.60	1.42	3.60	1.62	2.38	2.24	1.68	0.46	12.12	4.85	1.01	10.94
2011	2.49	4.24	28.36	2.32	11.97	4.49	4.60	1.68	1.48	3.51	1.72	1.99	2.07	1.60	0.42	11.22	4.71	0.94	10.18
2012	2.22	4.14	27.97	2.26	13.19	4.67	4.38	1.74	1.46	3.46	1.80	1.92	2.17	1.60	0.41	10.85	4.72	0.90	10.12
2013	1.63	3.51	29.04	2.23	16.14	4.92	4.67	1.68	1.81	2.97	2.06	2.33	2.14	1.43	0.40	9.32	4.25	0.81	8.65

注：表中字母分别代表如下行业：A—农、林、牧、渔业；B—采矿业；C—制造业；D—电力、热力、燃气及水生产和供应；E—建筑业；F—批发和零售业；G—交通运输、仓储和邮政业；H—住宿和餐饮业；I—信息传输、软件和信息技术服务业；J—金融业；K—房地产业；L—租赁和商务服务业；M—科学研究和技术服务业；N—水利、环境和公共设施管理业；O—居民服务、修理和其他服务业；P—教育；Q—卫生和社会工作；R—文化、体育和娱乐业；S—公共管理、社会保障和社会组织；“—”表示2003年统计口径调整之前，相关新统计部门数据缺失。

数据来源：根据（历年）《中国统计年鉴》和《中国劳动统计年鉴》计算。

从不同行业占城镇就业比重的变化来看，隶属于第一产业的农、林、牧、渔业吸纳的劳动力就业比重明显地在不断下降，表明第一产业在整体经济中地位的相对下降。而作为第二产业主要构成的采矿业和制造业行业，虽然一直吸纳了城镇相对较大的就业比重，但是所占就业比重明显下降，采矿业吸纳就业比重已经由1994年的5.99%下降至2013年的3.51%，而同期制造业的比重则由35.99%下降至29.04%左右。而建筑业由于城市化的加速推进，在吸纳就业方面呈现持续扩张态势，就业比重由

7.29%上升至16.14%。而其他隶属于第三产业的行业部门在吸纳就业方面基本上表现出明显的上升趋势，表明我国第三产业快速发展在解决劳动力就业过程中发挥出越来越大的影响。

2.1.3 劳动力市场配置效率不断提高

劳动力市场要实现对劳动要素的高效配置，要求劳动力市场要具有足够的就业灵活性和充分的流动性，从而能够实现供求双方之间以及供给方间和需求方间的充分竞争，一方面使劳动要素尽可能实现足够高的就业，另一方面保证劳动力尽可能流向报酬最高的地区、部门和相应的企业。

（1）就业灵活性上升

改革开放快速推进的过程中，劳动力整体上的流动趋势是从农村流向城镇，从中西部地区流向东部地区，从第一产业流向第二、第三产业，并且在行业间以及不同所有制之间不断发生就业的调整，在此变化过程中我们可以发现，中国劳动力市场就业灵活性不断提高，劳动者就业稳定性开始逐渐下降，劳动力越来越多地直接通过市场机制来实现配置和调整。从宏观上来看，按照一些学者（赖德胜等，2011）的做法，我们用城镇单位就业人口占城镇就业总人口的比重表示就业稳定性，因为各种类型的单位劳动力就业稳定性相对比较高，单位内部劳动力就业受市场供求的影响相对较弱。通过数据计算发现，1978年以来，我国整体劳动力市场就业稳定性不断下降，改革开放初期，城镇99.84%的劳动力就业于国有或集体单位，之后开始快速下降，2012年各种类型单位就业劳动力比重下降至40%左右，具体变化过程如图2-6所示。这表明劳动力就业多元化趋势日益明显，反映了劳动力市场灵活性的增强，更多的劳动力就业于单位形式以外的非正规就业部门。另外从城镇登记失业率来看，同样可以明显体会到中国劳动力市场就业灵活性的上升，1978年以来，我国城镇登记失业开始出现更大幅度波动，由最高的1979年的5.4%，下降到1985年最低的1.8%，并开始呈现明显上下波动趋势，图2-6中的变化轨迹可清晰判断不同年份对应的具体失业率状况，这同样反映出城镇劳动力市场配置机制灵活性的上升，反映了市场供求竞争机制对劳动力配置主导作用的显现。从微观上来看，王亚珂、罗楚亮（2012）利用中国收入分配课题组的城镇居民住户调查数据，统计分析发现了类似的证据，20 世纪 80 年代末期以来，城镇稳定就业中固定工和长期合同工形式的稳定就业比重开始明显减少。1988 年城镇稳定就业的比重为 95.60%，而到 2008 年，这一比例已下降至 73.94%，相比，以短期合同工、无合同的临时工等形式的非稳定就业比例则快速增加，由 1988 年的 4.40%，上升至 2008 年的 26.07%。

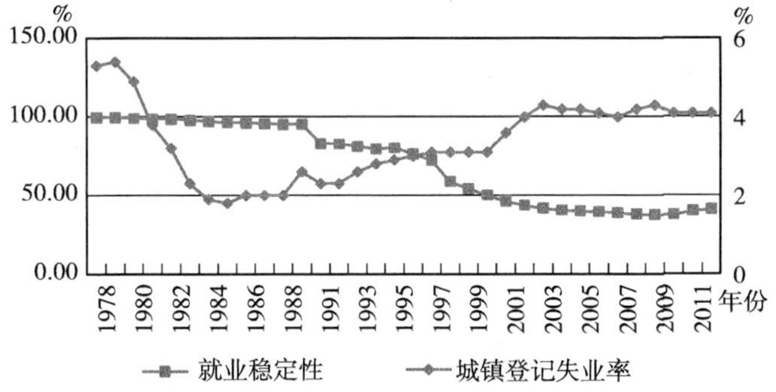

图 2－6　就业稳定性变化趋势

数据来源：中国劳动统计年鉴（2013），中国统计出版社。

（2）行业内劳动力报酬收敛

随着所有制形式的变革与发展，我国劳动力就业的所有制形式日益多元化，不同所有制形式的劳动就业配置更多地依靠市场机制来实现。劳动力市场配置效率的提高很大程度上是通过劳动力在不同所有制企业之间的流动，改变不同类型所有制企业的劳动力供求格局，进而实现不同所有制企业劳动力收入差距的收敛。同工同酬对应着劳动力市场均衡的实现，意味着较高的劳动力市场配置效率，相反，如果行业内不同所有制企业间劳动力收入差距扩大，则意味着市场没有达到均衡状态，劳动力市场配置效率相对低下，存在通过进一步调整劳动力配置状况，提高劳动力配置效率的可能。

从我国城镇不同所有制单位劳动力之间的相对收入变化来看，行业内劳动力报酬收敛的趋势极为明显。如表 2－7 和图 2－7 所示，我们通过计算众多行业内城镇非公有制单位就业相对于国有单位就业收入指数，能够一定程度证明这一趋势。城镇非公有制单位就业相对于国有单位就业收入指数是用行业内非公有制单位就业劳动力的平均工资除以国有单位劳动力平均工资得到，该指数的数值等于100，表示不同所有制企业劳动者收入完全相等，如果不等于100，表示行业间劳动力收入存在差距，当该指数变化趋近于100时，表明行业内不同所有制企业间劳动力收入区域相等。通过观察可以发现，1995年以来，在统计口径基本保持一致的9个行业部门内，非公有制单位就业收入相对于国有企业单位就业收入指数明显开始趋近于100，行业间劳动力收入趋等的迹象较为显著，表明市场机制在配置劳动力就业的过程中，较好地发挥了相应的调节作用。

表2－7　城镇非公有制单位就业相对于国有单位就业收入指数　(%)

YEAR	A	B	C	D	E	F	G	H	I
1995	206.36	88.00	139.95	139.12	106.34	144.12	162.10	172.47	160.27
1996	186.41	78.07	141.14	138.57	101.19	144.31	161.42	190.96	158.07
1997	167.37	75.99	143.86	128.10	103.45	153.39	160.75	183.70	160.46
1998	128.55	90.11	126.58	118.27	110.57	118.63	138.49	152.01	150.96
1999	143.66	99.07	126.58	123.49	109.46	128.95	137.46	163.30	144.79
2000	169.06	119.00	122.75	124.91	109.53	132.06	138.99	158.18	134.37
2001	153.54	117.62	118.96	122.79	109.14	133.53	142.54	148.62	130.19
2002	150.66	121.42	113.98	122.87	101.36	132.63	131.78	129.81	124.53
2003	147.78	103.37	108.59	115.39	97.86	110.02	124.94	119.31	119.99
2004	139.30	100.64	103.97	113.49	94.28	117.99	127.83	113.77	115.79
2005	134.84	100.96	96.81	111.27	91.02	115.70	114.31	109.58	109.68
2006	138.62	98.74	91.44	105.39	92.37	116.25	108.21	122.92	108.71
2007	137.18	96.96	89.60	102.88	89.80	111.90	110.00	118.61	107.70
2008	140.50	96.29	88.82	101.04	93.05	115.30	109.14	118.61	113.99
2009	137.40	100.04	85.47	99.46	87.66	108.31	99.38	119.14	108.15
2010	129.28	100.01	84.12	98.83	86.61	107.68	98.03	117.32	109.23
2011	123.88	98.72	84.50	98.21	88.98	102.21	103.05	119.06	98.56

注：A—农、林、牧、渔业；B—采矿业；C—制造业；D—电、热、燃及水生产和供应；E—建筑业；F—交通运输、仓储和邮政业；G—批发、零售业；H—金融、保险业；I—房地产业。

数据来源：中国劳动统计年鉴（2013），中国统计出版社。

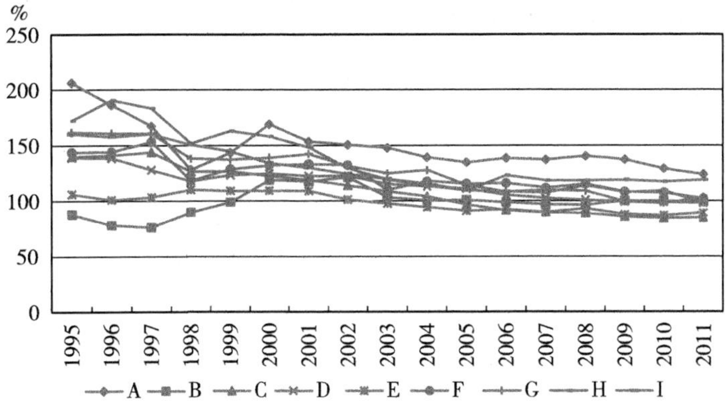

图 2－7　城镇非公有制单位就业相对于国有单位就业收入指数

数据来源：中国劳动统计年鉴（2013），中国统计出版社。

2.1.4　劳动力素质水平持续提高

劳动力市场的发展对于劳动力人力资本提高会产生积极的影响，同时也对劳动力人力资本提出更高的要求。从劳动力供给角度来说，劳动力更大范围和更高灵活性的流动，会不断增强劳动力之间的竞争，因此劳动者提高自身的人力资本水平，无疑成为增强自身在劳动力市场上竞争能力的重要手段，同时在劳动力市场信息不对称的条件下也是释放自身竞争能力和素质水平的重要途径，并且高人力资本含量一般对应了更高的收入水平。这可以从城镇不同年龄段失业人口的教育程度构成的数据统计中找到直接的证据。如表2－8 所示，总体来看，高学历劳动者对应着较低的失业率，并且各年龄段不同受教育程度的失业率比较也同样支持了这一结论。这从侧面反映了高学历高人力资本劳动力在市场上体现出了更高的竞争优势。从劳动力需求角度来说，经济社会环境的变化加快了中国工业化和城镇化的进程，中国不断地融入经济全球化进程当中，科技进步和信息技术手段的更新，都对劳动者就业提出了更高的要求。

表2-8 按年龄分城镇失业人员教育程度构成（2012年） （%）

年龄	合 计	未上过学	小 学	初 中	高 中	大 专	大学本科	研究生
总计	100	0.60	6.77	41.28	30.55	13.74	6.69	0.36
16~19	100		1.15	56.21	33.95	4.92	3.77	
20~24	100	0.09	1.25	25.84	30.12	25.26	17.01	0.42
25~29	100	0.18	2.02	33.53	27.12	24.14	12.16	0.84
30~34	100	0.36	3.73	37.84	34.98	16.49	5.79	0.82
35~39	100	0.11	6.71	49.05	31.18	10.11	2.76	0.08
40~44	100	0.78	9.59	50.08	30.59	7.58	1.29	0.10
45~49	100	0.60	8.01	52.17	32.80	4.42	1.69	0.30
50~54	100	1.04	10.15	43.87	40.13	3.84	0.98	
55~39	100	2.93	21.30	51.42	17.25	5.07	1.94	0.09
60~64	100	2.60	35.03	43.92	14.37	3.00	1.07	
65+	100	4.41	29.46	31.79	22.75	11.58		

数据来源：中国劳动统计年鉴（2013），中国统计出版社。

单纯地从市场供求的角度分析可以发现，提高劳动力素质水平有着现实的必要性和紧迫性，因此劳动力市场的发展要求劳动力素质水平不断提高，反过来劳动力素质水平的提高，又能够较好地促进劳动力市场的发展，满足经济社会发展对于劳动力的需要和要求。从受教育水平来看，如表2-9中数据所示，20世纪80年代以来，我国劳动力素质水平得到了普遍提升，文盲人口由改革开放之初的2.3亿多人快速下降至2010年的5466万人，文盲率由1982年的22.81%下降至2010年的4.08%。而各种类型受教育的人口则在不断增加，其中初中以上水平受教育人口的增长更为迅速，进入21世纪接受高等教育的人口密度更是呈现迅猛增长态势。每十万人中接受大专以上教育的人口规模1982年至1990年增加了132%，由615人增加至1422人，1990年至2000年则增加了154%，上升至了3611人，2010年则达到了8930人，我国劳动者的受教育状况在不断得到改善。

表 2－9　中国劳动力受教育状况

指标		1964 年	1982 年	1990 年	2000 年	2010 年
每十万人受各种教育人口（人）	大专及以上	416	615	1422	3611	8930
	高中和中专	1319	6779	8039	11146	14032
	初中	4680	17892	23344	33961	38788
	小学	28330	35237	37057	35701	26779
文盲人口（万人）		23327	22996	18003	8507	5466
文盲率（%）		33. 58	22. 81	15. 88	6. 72	4. 08

数据来源：中国劳动统计年鉴（2013），中国统计出版社。

即使对于全国经济和教育发展相对落后的农村地区来说，劳动力的素质水平也得到了普遍的提高。从农村居民家庭劳动力教育程度的构成来看，文盲及较低受教育程度的人口比重在不断下降，接受初中及以上教育程度的人口比重在稳步上升，各种受教育程度劳动力的具体比重变化如表 2－10 所示。

表 2－10　农村居民家庭劳动力教育程度构成　（%）

年份	文盲	小学	初中	高中	中专	大专及以上
1985	27. 9	37. 1	27. 7	7. 0	0. 3	0. 1
1988	24. 8	37. 5	30. 4	6. 8	0. 4	0. 1
1990	20. 7	38. 9	32. 8	7. 0	0. 5	0. 1
1995	13. 5	36. 6	40. 1	8. 6	1. 0	0. 2
1996	11. 2	35. 5	42. 8	8. 9	1. 2	0. 3
1999	9. 0	33. 7	46. 1	9. 4	1. 6	0. 4
2000	8. 1	32. 2	48. 1	9. 3	1. 8	0. 5
2001	7. 9	31. 1	48. 9	9. 7	1. 9	0. 5
2002	7. 6	30. 6	49. 3	9. 8	2. 1	0. 6
2003	7. 4	29. 9	50. 2	9. 7	2. 1	0. 6
2004	7. 5	29. 2	50. 4	10. 1	2. 1	0. 8
2005	6. 9	27. 2	52. 2	10. 3	2. 4	1. 1
2006	6. 6	26. 4	52. 8	10. 5	2. 4	1. 3
2007	6. 3	25. 8	52. 9	11. 0	2. 5	1. 4
2008	6. 1	25. 3	52. 8	11. 4	2. 7	1. 7

续表

年份	文盲	小学	初中	高中	中专	大专及以上
2009	5.9	24.7	52.7	11.7	2.9	2.1
2010	5.7	24.4	52.4	12.0	2.9	2.4
2011	5.5	26.5	53.0	9.9	2.5	2.7
2012	5.3	26.1	53.0	10.0	2.7	2.9

数据来源：中国住户调查年鉴（2013），中国统计出版社。

由于劳动力受教育水平的不断提高，我国整体就业劳动力受教育程度构成同样反映出劳动力素质水平的巨大进步。在就业总人口中，文盲及接受小学程度教育的人口比例在不断地减少，接受初中教育程度的就业人口比重在经历了改革开放初期快速增长后，进入21世纪依然保持了稳步上升趋势，但是增速开始明显放缓，如表2－11中数据所示，2010年后的比重还表现出下降趋势。而高中及以上受教育程度就业劳动力比重则始终保持了上升势头，代表着我国劳动力素质水平的持续提升。

表2－11　全国就业人员受教育程度构成　（%）

年份	合计	文盲	小学	初中	高中	大专	本科	研究生
2001	100	7.80	30.90	42.30	13.50	4.10	1.40	0.10
2002	100	7.80	30.00	43.20	13.10	4.30	1.60	0.10
2003	100	7.10	28.70	43.70	13.60	4.80	1.90	0.10
2004	100	6.20	27.40	45.80	13.40	5.00	2.10	0.13
2005	100	7.80	29.20	44.10	12.10	4.50	2.10	0.18
2006	100	6.70	29.90	44.90	11.90	4.30	2.10	0.23
2007	100	6.00	28.30	46.90	12.20	4.30	2.10	0.20
2008	100	5.30	27.40	47.70	12.70	4.40	2.30	0.21
2009	100	4.80	26.30	48.70	12.80	4.70	2.50	0.23
2010	100	3.40	23.90	48.80	13.90	6.00	3.70	0.39
2011	100	1.97	19.63	48.71	16.73	7.62	4.90	0.44
2012	100	1.97	18.98	48.31	17.09	8.02	5.16	0.48

数据来源：（历年）中国劳动统计年鉴，中国统计出版社。

2.1.5 劳动力市场运行的制度保障日益完善

劳动力市场运行状况受政府宏观调控和政策、法规实施的重要影响，对于劳动力市场认识观念的转变及相关政策法规的实施很大程度上决定了劳动力市场运行效率。改革开放以来，社会各界对劳动力市场运行机制的观念认识经历了一个不断深化的过程，政府对劳动就业控制和管理的方式发生了根本性的变化，政府计划控制逐步弱化，市场主导劳动要素配置的范围和领域快速扩展，市场逐渐在劳动力要素配置中发挥出决定性作用。在推动和实现劳动力配置市场化方向发展的过程中，我国劳动力就业相关政策法规不断充实和完善，劳动力市场运行的制度基础日益坚实，这既体现了市场经济发展过程中政府宏观调控的必要性，也充分体现了社会主义市场经济注重社会公平和共同富裕的发展理念和原则。中国劳动力市场运行管理的法制化、制度化建设的稳步推进，既保护了劳动力就业双方正当的经济、社会权益，保证了劳动力市场的正常运行，又大大提升了劳动力市场配置效率，使劳动力要素在促进经济社会发展中的关键作用得到释放和发挥。

1978 年十一届三中全会之后，市场在经济活动中的配置机制逐步强化，农村集体就业制度和劳动模式首先开始逐步瓦解。乡镇企业的发展和外商直接投资企业的出现与壮大，对传统的统包统分的“固定工”就业制度提出严峻挑战，从 1980 年开始，为规范和管理劳动力市场的运行，我国劳动力市场体制改革破土，就业配置开始合同制的探索与实施。1984 年十二届三中全会通过的《关于经济体制改革的决定》提出了我国建立社会主义市场经济体制的目标，市场机制主导资源配置的功能得到政府的认同，政府对经济活动的直接干预开始弱化，我国的劳动就业制度开始朝着市场化方向快速推进，城市固定工逐步朝着劳动合同制转变。为此，政府在 20 世纪 80 年代推出了一系列劳动人事制度改革，例如，1983 年劳动人事部发布《关于招工考核择优录用的暂行规定》《关于积极试行劳动合同制的通知》，1986 年国务院颁布《国营企业试行劳动合同制的暂行规定》《国营企业职工待业保险暂行规定》《国营企业辞退违纪职工暂行规定》《国营企业招用工人暂行规定》等行政条例和规定，来扩大劳动合同制实施的范围，规范实施的方式，不断扩大用人单位的自主权和劳动者就业选择权，虽然政府对于劳动就业依然保持着较强的宏观调控，但微观层面劳动就业市场配置的灵活性明显增强。

1993 年十四届三中全会之后，我国社会主义市场经济体制改革加快推进，会议通过的《关于建立社会主义市场经济体制若干问题的决定》确立了使市场在国家宏观调控下对资源配置发挥基础性作用的基本原则，并提出了建立生产要素市场的基本要求。与此相适应，我国劳动力市场建设加快推进，明确了建设劳动力市场的基本目标，固定工资制被彻底改变，开始推行全员劳动合同制，劳动力就业的城乡隔离政策开始放松，劳动力的市场化供求特征日益明显，劳动力就业流动性开始不断提高，市场机制在劳动要素配置中发挥出基础性的作用。为支持劳动力市场的建设，1994 年颁布了《中华人民共和国劳动法》，标志着我国劳动就业政策和劳动保障法制化建设进入一个新阶段，从法律上确立了劳动力就业双方的法定权利，限制了政府对劳动就业的干预，进一步明确了市场在劳动配置中的基础性作用。为了规范劳动力市场的运行，国务院先后颁布了一系列的劳动法规和规章，例如《集体合同规定（1994）》《劳动部关于实施最低工资保障制度的通知（1994）》《企业经济性裁减人员规定（1994）》《中华人民共和国职业教育法（1996）》《未成年工特殊保护规定（1994）》《国务院关于建立统一的企业职工基本养老保险制度的规定（1997）》《社会保险费征缴暂行条例（1999）》等制度条款，我国劳动力市场运行的法制化环境不断改善。

进入 21 世纪以来，劳动力市场法律、法规进一步完善，我国先后颁布并实施了《中华人民共和国劳动合同法（2007）》《中华人民共和国就业促进法（2007）》《中华人民共和国劳动争议调解仲裁法（2007）》等法律法规，就业政策措施的制度化建设稳步向前推进，政府开始进一步规范劳动力市场建设，不断深化就业体制改革，并实施了积极的就业政策和就业优先战略，大力改善劳动就业和创业环境，不断提高劳动就业质量，把扩大就业摆在经济社会发展更突出的位置，全国范围内统一、规范的劳动力市场逐步形成，城乡劳动者平等就业的制度建设不断取得突破，市场在劳动力资源配置中开始发挥决定性的作用。

2.2 中国二元劳动力市场演进的动因及机制

改革开放30多年以来，中国劳动力市场发展所取得的成就举世瞩目。中国劳动力市场在稳健、渐进的推进过程中，就业规模和就业结构经历了剧烈的变动，与其他经济领域的改革发展成就相比，劳动力市场发育在改革中并不处于滞后地位（蔡昉，2007）。但在快速演进的过程中，中国劳动力市场分割的格局和导致市场分割的动因却在发生着渐进的演变，中国二元劳动力市场发展表现出新的特征，并且中国劳动力市场分割与成熟市场经济国家存在着显著差异。对此，我们这里从劳动力市场分割的现实出发，通过比较中外二元劳动力市场的异同，探析中国二元劳动力市场演进的主要动因，为模型化概括中国二元劳动力市场演进的机制奠定坚实的基础。

2.2.1 中国劳动力市场分割形式的演变

中国劳动力市场的发展是在计划经济体制所形成的城乡二元经济结构基础上起步的，由于计划调节手段配置资源代替了市场机制的作用，所以改革开放前基本不存在劳动力要素市场，城乡及地区之间的人口流动受到严格控制，造成了劳动力要素事实上在城乡和地区间的严重分割，构成中国劳动力市场发展进程中最基本的二元劳动力市场分割形态，并且这种分割的基本局面一直延续到改革开放后的很长一段时期，对于中国现有劳动力要素配置依然具有现实的影响。改革开放后，随着计划控制手段配置资源范围上的收缩和强度的减弱，劳动力市场应运而生并迅速扩展壮大，市场机制的作用不断强化，市场的活力得到了逐步释放，劳动者就业的主动性、自主性和灵活性逐步提高。

经过三十多年的发展与完善，中国劳动力市场体系基本形成，农村劳动力向城市的大规模流动，劳动力在地区间的持续流转，劳动者在行业间的流动与转移成为市场配置劳动力要素的基本形式。中国劳动力城乡之间二元体制分割的格局逐渐弱化的同时，市场因素主导所塑造的劳动力市场分割日益显现，中国劳动力市场呈现出多元分割的基本形态，既表现出传统的城乡二元分割的基本事实，也体现出新型的城市一级劳动力市场和次级劳动力市场并行发展的显著特征，还表现出以国有企业、事业单位、政府部门就业为代表的体制内市场与体制外市场并存的差异，在不同的市场内部还存在劳动力自身素质水平差异所导致的分层特征。对于这样一种多元分割的劳动力市场现实特征，我们认为依然可以用广义的二元劳动力市场来加以概括，这既体现出中国劳动力市场渐进发育中所取得的持续突破，也反映出中国劳动力市场发展所面临的新挑战及有待解决克服的难题。

2.2.2 中国二元劳动力市场演进的动因

中国劳动力市场分割由传统的城乡二元结构向现实的多元结构的转变是多种因素影响作用的结果，解析影响中国劳动力市场发育的基本影响因素是认识中国二元劳动力市场内生演进的重要基础。

（1）制度因素的影响

制度是影响经济活动主体的一套社会行为规范和准则，[①] 规定着当事人的思维方式，制约着当事人的行为，构成了经济博弈基础的博弈规则以及博弈中当事人最终达到均衡的交易范围（卢现祥，2004）。制度安排的状况及制度质量是影响劳动力市场发育的基础性条件，一方面，特定的制

---

① 这里的制度因素特指的是正式制度中由政府制定、颁布实施的法律、法规、条例及管理措施等方面规则及规范的集合。虽然习俗习惯、文化传统和价值观念及意识形态等方面的非正式制度也会对劳动力就业产生重要的影响，但是我们认为非正式制度对于劳动力就业的影响很大程度上是可以通过社会经济性影响因素的作用来反映，或者说是通过与劳动力供求直接或间接相关因素的影响来反映的。

度设计有可能构成对劳动力进入市场的法律性或行政性限制，从而阻碍劳动力市场的产生和发展；另一方面，在劳动力市场运行的基础上，总体制度设计的状况和质量会通过劳动力要素配置的交易成本影响劳动力市场的配置效率。计划经济条件下的一系列政策制度安排，很大程度上发挥着排斥市场价格竞争机制的作用，带有平均主义性质的计划调节代替了市场，劳动力的供求完全依靠国家的计划需求进行配置，劳动力城乡、地区、行业甚至企业间的配置也受到严格的计划控制，大大降低了劳动力市场产生的可能性与必要性。

经济转型过程中，改革开放的开启激发了市场的活力，市场性力量的成长与壮大推动了劳动力市场的孕育与发展，但是制度性因素通过影响劳动力配置过程中的交易成本，依然能够对劳动力市场产生巨大的影响，成为劳动力市场演进过程中，导致劳动力市场分异与分割①，进而是多种形式劳动力市场分割的制度性根源。当然，劳动力市场的有序运行需要相应的法律、法规进行规范、监督和引导，但是当不合理的制度约束引致的劳动力配置的交易成本高于城乡、地区、行业、企业间劳动报酬差异时，劳动力将无法实现城乡、地区、行业及企业间的自由流动，劳动力供求之间难以形成自发的市场均衡状态，从而阻碍劳动力市场的发育及要素配置效率的优化提高。

许多学者对中国劳动力市场运行的研究都表明，制度因素是导致中国劳动力市场分割和演化的重要原因。蔡承彬（2007）认为制度性歧视是中国劳动力市场分割的主要原因，张杰、张建武（2015）对垄断行业与竞争行业间工资差异的实证分析发现，制度是造成这种工资差异的主要原因，蔡昉、都阳（2001）认为政府人为地把城乡劳动力市场分割开的扭曲性政策是妨碍劳动力市场发育的制度性根源。而制约农村劳动力进入城市现代正规劳动力市场的障碍主要是制度性的限制，由于政府的各种制度安排导

① 分割强调同质劳动力由于主观或客观的限制无法进入特定的市场，造成了劳动力市场的分离状态；分异是指非同质劳动力倾向于不同特质劳动力市场就业选择的结果。

致了劳动力市场较高的交易成本，这些交易成本主要由劳动的供给一方来承担（李建民，2002）。徐伟、杨波（2012）指出，正是总体的社会结构和地区性的制度设置而不是市场性因素导致了中国劳动力市场演进中的分割过程。李建民（2002）认为，经济体制改革的快速推进和经济的迅猛发展与社会、政治领域中传统制度变革相对滞后的矛盾，造成了中国劳动力市场的多重分割局面。改革开放以来，虽然许多带有歧视性的政策逐渐被废弃和取缔，但是受制度实施惯性的影响，计划经济体制下存留的部分限制政策所导致的分割劳动力市场的效应还将在很长时期内继续发挥相应的影响。

在影响劳动力市场演进与分割的制度因素中，户籍制度限制所产生的不利影响受到学者们的格外关注。蔡昉、都阳、王美艳（2001）认为，中国改革开放前所沿承下来的户籍制度是劳动力市场上就业保护的制度基础，尚未根本改革的户籍制度是阻碍劳动力流动的因素中最为基本的制度约束，成为妨碍城乡劳动力市场发育的制度根源。因为户籍制度造成了保障制度的分割，城乡之间具有不同的保障制度，按属地筹资和管理的城镇社会保障体制框架体现为地区之间的保障制度的差异（徐伟、杨波，2012）。乔明睿、钱雪亚、姚先国（2009）的研究表明，中国劳动力市场存在明显的二元分割，而户籍制度是限制农村劳动力进入城市主要劳动力市场的重要原因，拥有城镇户口的劳动力不仅垄断了城市主要劳动力市场的就业，并且在城市次级劳动力市场上也处于有利地位。沈琴琴、张艳华（2010）考察了中国劳动力市场分割的历史变迁进程，认为社会转型时期的制度设计是造成劳动力市场分割的重要原因，政府强制性的户籍制度和劳动就业的准入等方面制度的过度供给导致了中国劳动力市场多重分割的局面。

（2）经济性因素的影响

在影响劳动力市场发育的各种因素中，经济性因素的变化是最根本性的影响动力之一，经济总量和结构性因素反映了劳动力市场上需求方面力量对劳动力市场发育的影响，因为对劳动力要素的需求属于引致需求，对劳动力需求总量和需求结构的变动很大程度上受经济总量水平和经济结构组成的制约。根据新古典经济增长理论，劳动力要素是经济增长的重要决定因素之一，持续的经济增长意味着不断增加的劳动及其他要素的投入，虽然劳动要素及其他投入要素间的比例关系会影响到劳动力要素需求增长的速度，但整体上来看，经济产出的扩张一般意味着就业总量的不断上升。

在经济总量变动的过程中，经济结构的变化会对劳动力就业总量和就业结构产生巨大的影响，这主要表现在报酬差异所引起的劳动力不同产业结构之间、所有制结构之间、地区之间的自发流动来实现的。在人口流动的政策法规不断放松的条件下，当地区、行业及部门间工资水平差距超过劳动力流动成本时，理性的劳动力将会流向收入更高的地区和行业。静态地看，城市地区相对于农村地区、东部沿海地区相对于中西部地区、国有垄断部门相对于非国有竞争性部门较高的劳动力工资水平，是导致改革开放后很长一段时期内劳动力由农村流向城市，由中西部地区流向东部沿海地区，由非国有竞争性部门流向国有垄断性部门的根本原因。动态地看，由于不同产业部门技术进步速度的差异，工业部门和服务业部门更高的技术进步速度和更快的劳动生产率增长，经济发展过程中劳动力流动将体现为由农业部门向非农业部门的流动；在所有制部门之间，非公有制经济的快速成长与壮大，也引致劳动力更大比例地向非公有制部门的转移，这既体现出农村增量劳动力的转移，也体现出城市存量劳动力的转移；在内外经济部门间，外向型经济的快速扩张导致地区间和地区内劳动力向外向型经济部门的转移，而这势必对中国对外贸易发展产生积极影响。在中国转型经济发展的过程中，劳动力城乡、地区、产业部门、所有制结构及内外经济部门间的大规模流动，构成了中国劳动力市场演进的重要特征，这既反映了劳动力市场原有体制分割的基本事实，也导致了劳动力市场发育进程中的新形态的分异与分割。

(3) *劳动力异质性的影响*

与劳动力市场完全竞争条件下劳动力同质假设不同，现实的劳动力具有典型的非同质的特征，这是导致现实劳动力市场问题研究与抽象化的理想模型分析结论不尽一致的根本原因，也是引发理论上存在统一劳动力市场均衡结果可能性与实际劳动力市场运行呈现出特定形式分割现实冲突的根本症结所在。劳动力所拥有的人力资本的差异构成了异质性的基础，[①]也是决定劳动力市场发育水平的重要指标，根据舒尔茨（Schultz，1961）和贝克尔（1964）的人力资本理论，劳动力人力资本的获得需要进行投资，较高的人力资本对应着较高的生产率，因此要求劳动者获得较高的工资报酬，这样才能刺激劳动者进行相应的人力资本方面的投资，提高人力资本的配置效率。所以不同素质水平的劳动力相应地会根据自身的劳动力禀赋特征选择进入不同类型的劳动力市场，即使不同的市场间劳动力工资水平存在明显的差异，由于市场间劳动力非同质性，不同市场间劳动力无法彼此完全相互替代。因此劳动力在市场间也就无法自由流动，或者更准确地说拥有较低人力资本的劳动力很难进入一级劳动力市场，而一级劳动力市场上拥有较高人力资本的劳动力一般也不愿意流入次级劳动力市场就业。这样不同素质水平劳动力市场之间就形成了客观上的分割局面，这可能也是导致出现结构性失业的重要原因。从城市失业人口寻找工作方式的差异来看，也能反映出劳动力异质性所产生的影响。如表 2 – 12 所示，对于不同受教育水平的劳动力来说，寻找工作的途径存在明显不同，由此决定了他们就业流向上的差异，从自我经营途径解决就业来看，越是高素质劳动力越倾向于选择该方式实现再就业。在不同类型的劳动力市场，劳动力之间工资收入的差异很大程度上反映他们各自人力资本拥有状况的差异，这实际上是对人力资本投资的回报。当市场间的人力资本回报不等时，这将诱发两方面的影响，一方面，在人力资本回报高的市场上，劳动力将进一步增加对人力资本的投资，而人力资本回报较低的市场上，劳动力可能减少对人力资本的投资，市场间劳动力工资收入差距可能扩大也可

① 当然，导致劳动力异质性的原因并不仅仅局限于人力资本水平差异的影响，其他诸如性别、年龄、工作经验、婚姻状况等一些特质性因素也会产生重要的影响，对此我们在第 5 章的相关实证研究中也会做出分析和论证。

能缩小；另一方面，在人力资本回报率较低的市场上，具备较高人力资本的劳动力将向高回报率市场转移，这既体现了劳动力市场配置要素的基本机制，也是提高劳动力配置效率的基本途径。

表 2－12　城市不同受教育程度失业人员寻找工作方式（2012 年）　（%）

受教育程度	职业介绍机构	委托亲友	招聘会	刊登广告	浏览招聘广告	自我经营	其　他
总　计	7.00	52.36	7.29	0.99	9.71	7.20	15.45
未上过学	4.69	50.81	2.10		1.26	6.04	35.10
小　学	4.56	56.86	2.05	0.66	5.00	4.08	26.79
初　中	4.83	59.96	3.68	0.68	7.25	7.29	16.32
高　中	6.69	54.10	6.12	0.94	9.77	7.97	14.41
大学专科	13.50	37.25	15.07	1.62	13.69	7.65	11.21
大学本科	11.12	26.42	24.45	1.87	21.06	4.99	10.10
研究生	8.43	9.09	12.68	7.74	27.49	16.31	18.26

数据来源：中国劳动统计年鉴（2013），中国统计出版社。

与成熟市场经济国家类似，改革开放以来中国经济发展进程中劳动力表现出更加明显的异质性差异，造成这种差异的主要原因在于劳动力人力资本状况的不同，并且中国传统的劳动管理体制对劳动力异质性的重视程度很大程度上超过了一般市场经济的国家（李实，1997）。因此，人力资本异质性所导致的劳动力就业的分异特征更为明显，如表 2－13 所示，根据中国劳动力受教育程度进行划分，各种受教育程度劳动力的职业构成上表现出巨大的差异。例如，未上过学的劳动力中，83.57% 的比例均就业于农林牧渔水利业，而受教育程度越高的劳动力从事这些行业的比例就越低，但是从事专业技术工作的劳动力表现出相反的特征，受教育程度越高的劳动力从事专业技术工作的比例也就越大。吴愈晓（2011）的实证研究也表明，中国高学历劳动者与低学历劳动者群体分别处于两个分割的劳动力市场上，他们各自经济地位获取的路径明显不同，低学历劳动力通过职业流动是提升他们收入水平的最重要的因素，人力资本的影响较弱；而高学历劳动力的职业流动无助于收入增多，人力资本是影响收入的最重要因素。

表 2 – 13　2012 年按照受教育程度分中国就业人员职业构成　（%）

受教育程度	合计	单位负责人	专业技术人员	办事人员和有关人员	商业、服务业人员	农林牧渔水利业生产人员	生产运输设备操作人员及有关人员	其他
总　计	100	2. 08	9. 56	5. 97	20. 07	38. 12	23. 79	0. 42
未上过学	100	0. 10	0. 73	0. 59	7. 04	83. 57	7. 72	0. 26
小　学	100	0. 49	1. 80	1. 31	10. 29	71. 02	14. 87	0. 24
初　中	100	1. 40	3. 74	2. 43	20. 43	42. 03	29. 50	0. 48
高　中	100	3. 37	12. 12	9. 08	32. 10	14. 21	28. 60	0. 51
大学专科	100	5. 06	32. 87	20. 36	23. 34	2. 65	15. 33	0. 39
大学本科	100	5. 85	46. 43	24. 40	13. 93	0. 82	8. 27	0. 30
研究生	100	5. 85	61. 94	19. 74	7. 36	0. 47	4. 36	0. 27

数据来源：中国劳动统计年鉴（2013），中国统计出版社。

（4）劳动力相对供求的影响

供求的相互作用是市场配置要素的基本机制，劳动力的相对供给状况是影响劳动力市场发育的重要动因，因为供求相互影响所决定的市场工资水平，不仅是引导劳动力在城乡、地区、行业内外流动，优化劳动力配置效率的基本信号，不同市场劳动力工资差别的比较，也是影响劳动力进行人力资本投资的重要因素。并且考虑到劳动力城乡和地区间流动可能产生的负面社会影响，劳动力的相对供给还会影响到政府对人口和劳动力流动的管理政策，这既包括规范劳动力市场运行的必要政策措施，也包括限制劳动力自由流动的特定政策手段。

改革开放以来，无论从总体还是从局部看，我国劳动力市场的发展一直受到劳动力供给相对过剩问题的影响和制约。整体上看，农村家庭联产承包责任制的实践推广和城市经济体制改革的推进，使得我国计划经济体制下的隐性失业和非充分就业问题显性化，劳动力就业问题成为各级政府以及社会关注的重大主题，实施积极扩大就业的政策日益成为政府的战略选择。在整体相对过剩的基础上，城乡间和地区间的劳动力供求失衡成为影响我国劳动力市场发展的重要因素。计划经济时期形成的二元经济社会体制使我国城市化相对落后于经济社会发展的需要，大量的人口和劳动力滞留在农村，城市地区集中了相对较多的资源并且经济基础更为优越，因此改革开放以来，城市劳动力生产率和工资水平明显高于农村地区，当家庭联产承包责任制从农村土地上解放出越来越多的剩余劳动力，且人口流动的行政管制放松的条件下，农村劳动力不断地向城市转移，这构成了中国劳动力市场发展过程中一道独特的风景线。地区间开放次序的不同和政策优惠程度的差异以及区位优势的影响，沿海地区较快的发展产生了相对更大的劳动需求，在本地劳动力供给相对不足的条件下，中西部地区的剩余劳动力同样出现了向东部地区的大规模流动和转移，这也成为我国劳动力市场演进过程中的一个突出特点。

虽然简单地将影响中国劳动力市场演进的因素归结为以上四个主要方面显得有些武断，但至少这些影响因素是最重要的几个方面，并且其他不少因素实际上可以归结于这些因素当中，作为这些因素当中的具体构成来处理。当然，这些因素对劳动力市场发育的影响并非独立在发挥着影响的，而是彼此在复杂的相互作用中共同塑造了中国转型经济进程中劳动力市场的内生演进路径。

2.2.3 中国二元劳动力市场内生演进的机制

中国劳动力市场的发展是一个动态演进的历史过程，改革开放以来，在多种力量的推动下，我国劳动力市场发展所取得的成就举世瞩目，全国范围内的劳动力市场体系已经基本形成，市场服务体系和管理体制、机制日益完善，劳动力城乡和地区间隔绝的限制逐渐被破除，劳动力流动的自由度和活力大大提升，劳动力城乡和地区间的大规模流动成为激发中国经济活力的基本要素，也是帮助实现中国经济发展奇迹的基本动力，为持续快速的经济增长作出了重要贡献。与此同时，劳动力市场的分化、分异与分割也成为我国劳动力市场演进过程中的一个显著特征（徐伟、杨波，2012）。中国劳动力市场的演进过程中既出现了类似于成熟市场经济体中的二元劳动力市场分割，也衍生出转型经济中具有中国特色的新形式的劳动力市场分割格局，这既反映了劳动力要素市场化配置资源范围和领域的不断扩展，体现了中国劳动力市场不断进步与完善的基本趋势，同时也反映出中国劳动力发展中所存在的有待进一步克服的挑战与问题。中国二元劳动力市场演进的基本机制是由多种因素共同塑造的，对此我们可以从下面几个方面进行概括。

（1）劳动力市场分割程度逐渐弱化

中国劳动力市场的发展是以改革开放后制度变革作为起点，以中国二元经济社会体制为背景发展起来的，计划经济体制下的劳动力配置的分割主要体现在对劳动力流动的严格限制上，劳动力缺少就业选择的自由权，政府宏观层面有计划的调节取代了市场自发配给的功能，劳动者就业选择的个体理性服务于资本稀缺条件下国家追求重工业发展战略的整体理性。虽然以城市为中心的现代经济形态与以农村为核心的传统经济形态之间存在劳动力转移的巨大势能，但以户籍制度和行政区划为基础的劳动力流动限制方面的政策措施，降低了劳动力自由流动的可能性，这使中国劳动力市场的发展天然地处于严格的分割状态。这种分割主要体现为城乡和地区间空间维度的严格分割。二元户籍制度导致了城乡之间劳动力市场的严重分割，资源和发展重心倾斜于城市的非均衡战略，城市地区集中了相对更多的社会经济文化资源，造成了城市与农村劳动者就业机会的差异，农村劳动力就业主要局限在农业部门，城乡之间劳动力流动整体上被分割开来。计划经济体制下，严格的行政区划也是构成全国范围劳动力流动的重要障碍，各地的户籍制度与社会福利待遇之间存在紧密的联系，各行政区域内的劳动力基本上局限于区域内进行配置，劳动者缺少跨区流动的自由，很难在区间自由流动。当然，对劳动力流动的严格限制很大程度上保证了国家重工业发展战略的实施与推进，维护了社会的稳定，但是也造成了劳动力资源配置上的低效与整体上的无谓损失。

改革开放以来，中国劳动力市场分割的程度开始持续减弱。计划经济体制下的人口流动控制政策逐渐松动，政府对劳动力市场配置的直接干预开始不断收缩，劳动力配置越来越多地开始由市场机制主导，劳动力就业自主性大大提升，中国劳动力市场活力开始被迅速激发，城乡与地区间劳动力市场隔绝的状态慢慢被打破，市场分割程度开始不断弱化，劳动力城乡及地区间流动的范围不断扩大，劳动力要素的配置效率不断提高，我国劳动力要素的巨大潜力开始转化为推动经济社会发展的现实动力。一方面，地区性的劳动力市场开始活跃起来。农村地区以乡镇企业为代表的巨大劳动力市场开始快速发展壮大，农村劳动力从事非农经济活动不断增加，随着政府对农民工进城务工经商条件的放松，大量的农村劳动力转移到城市就业，乡城之间劳动力流动日益常态化、规范化，并且工业化和城市化的加速推进还使得越来越多数量的农民工能够在城镇落户，开始享受和城市居民相同的社会福利待遇。城市地区经济体制改革深入推进，管理体制方面政企分开的探索性实践增强了企业的经营自主权和活力，企业作为经济活动主体的地位逐步确立，现代企业制度建设不断取得突破，企业用人的自主权不断增强，劳动力配置的计划干预逐步弱化，体制内劳动力配置也朝着市场化运行的方向转变。所有制结构方面，单一的公有制经济向多种所有制经济结构转变，在传统的公有制经济之外，非公有制经济的配置基本上实现了市场化运作，并且在吸纳城镇新增劳动力方面发挥了越来越突出的作用。另一方面，改革开放后东西部地区之间不平衡发展战略的实施，使东部沿海地区在国家优惠政策的支持下，率先实现了经济的发展腾飞，与中西部地区经济差距快速拉开。东部地区较高的经济发展水平、优越的发展环境以及相对更多的就业机会和更高的劳动报酬吸引了大量的劳动力流入，使地区间的劳动力市场严重分割的局面不断被弱化，劳动力要素长时期、大规模地向东部沿海地区的集聚和转移构成了中国劳动力市场演进过程中的重要特色。

（2）市场分割形式日益多元化

在中国劳动力市场整体分割程度不断弱化的同时，不同时期劳动力市场分割的形式也在发生着动态的演变，开始朝着多元化分割的方向发展，这既反映了各种影响因素的复杂作用对劳动力市场发展的影响，同时也体现出中国劳动力市场化发展的基本趋势。改革开放初，中国劳动力市场分割是基于城乡二元经济形态形成的，是计划经济时代沿承下来的城乡二元体制的反映，以农村地区为核心的传统经济部门与城市为核心的现代经济部门之间的分割构成了劳动力市场分割的基础，并且制度性因素成为强化这种传统分割的主要诱因。但是随着我国转型经济的深入推进，制度性因素与其他市场性因素的相互作用催生出一系列新维度的市场分割，劳动力市场被分割成一个个具有不同市场特性和行为规则的次级市场（张昭时、钱雪亚，2009）。

许多学者对中国劳动力市场分割的多元化格局都进行了深入剖析，得出了很多有见地的认识。朱德镜（1999）根据就业体制、工资水平及决定机制、就业岗位的稳定性、福利待遇和工作环境、工作岗位反映的社会地位，将中国劳动力市场区分为城市不完全竞争劳动力市场、城市完全竞争劳动力市场和农村完全竞争劳动力市场为构成的三元劳动力市场，利用两阶段迁移模型解释了中国乡—城劳动力迁移特征，辛怡、陈卫民（2011）借助该三元劳动力市场分析框架解释了中国非正规就业产生的原因。李建民（2002）认为，中国劳动力市场的分割既有古典意义上基于传统部门与现代部门间的分割，也存在导致中国劳动力市场多重分割的制度性分割。武中哲（2007）则认为中国的劳动力市场具有双重二元分割的特征，我国城市劳动力市场整体上包含了体制内劳动力市场和体制外劳动力市场两个体系，体制内劳动力市场又表现出稳定的单位就业模式和市场化的就业模式，体制外的劳动力市场分割为竞争性劳动力市场和非竞争性劳动力市场两个部分，这种双重二元分割的局面塑造了中国劳动力市场独特的就业模式和收入分配模式。李萍、刘灿（1999）的研究分析做出了类似的处理，将劳动力市场分为体制内劳动力市场和体制外劳动力市场，体制内劳动力市场分为体制内存量合同准劳动力市场和临时工、农民工劳动力市场，体制外劳动力市场可以区分为体制外城市劳动力市场和农村劳动力市场。晋利珍、刘玥（2011）将经济中的垄断和竞争的二元性与劳动力市场主要市场与次要市场分割的二元性结合在一起，根据劳动力的人力资本状况、身份特征及行业垄断程度，将劳动力市场区分为四种类型的细分市场：垄断行业主要劳动力市场、竞争行业主要劳动力市场、垄断行业次要劳动力市场、竞争行业次要劳动力市场。张昭时、钱雪亚（2009）动态地考察了中国城镇双重二元劳动力市场形成的轨迹和特征认为，城镇劳动力市场形成过程中伴随着出现了内部（一级）劳动力市场和外部（二级）劳动力市场，而与此同时，农村劳动力向城市的转移所形成的城乡二元分割嵌入到城市二级劳动力市场后，形成了中国劳动力市场分割的双重二元特征。

总结我国改革开放以来劳动力市场演进的基本轨迹可以发现，受长期实施的二元户籍体制的影响，劳动力市场整体上的城乡二元分割是最基本的分割形态，随着经济社会发展，农村劳动力进入城市的壁垒在逐步降低，乡城间劳动力流动的自由度越来越高，城乡间劳动力市场分割程度在不断降低，但受我国城市化和工业发展阶段的限制，城乡二元分割还将在很长时期内继续延续，并且表现为多元分割的基本形态，我们将之定义为广义二元劳动力市场分割。

此外，城镇劳动力市场发展的过程中，随着非公有制经济的成长和经营形式的多样化，劳动力市场的体制分割同样经历了一个动态演变的过程，在以党政机关、国有企业和事业单位为核心的体制内劳动力市场外，逐渐衍生出一个体制外劳动力市场，随着经济社会的发展，体制外劳动力市场迅速活跃、规范和成熟起来。与中国长期存在的城乡二元经济结构相适应，中国劳动力就业的二元结构也将长期存在，随着计划经济向市场经济的转型，城市经济中存在明显的两种体制部门：政府控制部门和市场主导部门，这两种部门劳动力就业和工资形成机制方面存在显著的差异（李实，1997）。而体制内劳动力市场作为存量劳动力市场，其运行在改革开放初期与计划经济下的劳动力配置存在较大的相似性，但是随着政企分开和企业制度改革的推进，体制内劳动力市场的运行方式也逐步朝市场化运作转变，因为体制内劳动力市场运行机制向新生的市场化就业体制的转换过程也就是市场经济条件下劳动力市场和工资体制的形成过程（蔡昉，1999；陆铭，2004；武中哲，2007）。20 世纪 90 年代中期之后，随着国有企业改革的加速推进和人事与就业体制改革的不断深入，体制内劳动力市场与体制外劳动力市场分割的程度在逐渐弱化，两种市场运行的机制更加趋同，劳动力在两个市场间流动强度开始上升。在我国劳动力市场体制分割不断弱化的同时，劳动力市场行业间分割的趋势开始显现，这突出地体现在垄断性行业与竞争性行业之间，这些垄断性行业凭借自身的优势地位，相对排斥其他行业部门劳动力的流入，产生了垄断性部门与竞争性行业部门间就业机会、工资收入和福利待遇上的显著差异。德姆格尔等人（Démurger et al.，2009）实证考察了中国城镇劳动力市场分割效应对各部门间收入差距的影响发现，中国垄断部门与竞争部门之间职工收入差距存在明显扩大趋势，而市场分割因素是解释此收入差距扩大的重要因素。

（3）制度性因素与市场性因素此消彼长

中国劳动力市场分割的内生形态是国家改革开放战略主导下，由根植于国内的制度体系及其变迁决定的（肖潇，2015）。中国劳动力市场分割与发达的市场经济国家存在显著不同，虽然一部分带有明显歧视性的政策逐渐被取缔，但由于体制运行惯性，经济社会转型时期制度性分割的影响将长期延续，具体体现在城乡户籍制度差异所伴随的福利待遇和就业机会上的差异，体制内外劳动力就业机会和工资形成机制上的差异，形成了同质劳动力就业选择上的分割。这种劳动力市场演进中的制度性分割构成了中国转型经济发展进程中的特有现象，并且制度性分割与其他影响因素结合在一起，使得中国劳动力市场发展显现出更为复杂的分割形态（赖德胜，1996）。

随着我国整体经济发展水平的提高和体制改革的深入推进，市场的活力开始被不断地释放，市场在资源配置中的决定性作用逐步显现，在影响劳动力市场分割和演进的因素中，制度性因素的影响开始明显减弱，市场性因素的作用在不断加强。从形成的基础来看，外生的制度性限制造成的劳动力市场分割开始向市场性因素主导的分割转变。在改革开放的进程中，中国劳动力市场分割形式的动态演变及多元化演变趋势，实际上是市场性力量不断强化的表现。随着制度性管制的放松，当企业拥有了完全的经营自主权，劳动力获得了充分的就业自主选择权，经济主体个体理性的选择引发的劳动力在城乡、地区、行业间的自由流动，必然导致劳动力市场配置效率的提高，并加快推进劳动力一体化的发展。经济发展的规律也决定了中国劳动力市场分割的体制性因素的影响将不断弱化，并将最终随着市场经济的成熟而退出历史舞台（张昭时、钱雪亚，2009）。

改革开放以来，中国劳动力市场演进过程中形成多种形式的市场分割局面，是由市场经济快速发展与社会和政治领域相关制度改革滞后之间的矛盾造成的，是劳动力供求间变化与传统的社会控制体制相互作用所形成的一种短期均衡结果（李建民，2002）。市场分割形式的演变很大程度上反映的是劳动力市场发展进步的基本趋势，是我国经济市场化进程不断加深，市场配置资源作用强化的体现，在不同的发展阶段劳动力市场分割的表现形式各异，这反映了传统的计划调节的资源配置方式与市场化力量配置资源方式之间相互较量的短期均衡，而毫无疑问的是市场机制的作用在此进程中在不断强化，并最终将成为主导劳动力市场发展的决定性力量。

（4）城市次级劳动力市场日益发达

与成熟市场经济国家劳动力市场分割相似，中国城市劳动力市场分割也可以从一级（Primary）劳动力市场与次级（Secondary）劳动力市场分割的角度进行考察，并且这种劳动力市场分割逐渐成为城市劳动力市场分割的主要形态，它是基于市场运行机制和劳动力所拥有的人力资本的异质性而产生的。由于中国劳动力市场分割的多元性及制度分割的特征还比较明显，中国城市劳动力市场中一级劳动力市场范围的边界可能还很难准确界定，但是根据不同体制部门及行业工作的稳定性、工作环境、工资水平和工作岗位所对应的社会地位及福利保障完善程度来划分，我国城镇一级劳动力市场至少包括国有企业、党政机关部门和事业单位为代表的原体制内劳动者，以及非公有制形式大中型企业内部的职工。其余形式就业的城市劳动力可以近似看作次级劳动力市场的组成部分，这些劳动力就业形式相对不够正规，工资待遇相对较低，工作的稳定性较差，工作环境艰苦，劳动者的福利保障不够健全，劳动力升迁机会较少，因此也被视作城市的从属劳动力市场，或次级劳动力市场。

改革开放以来，正是中国低价的次级劳动力市场成为调节中国经济持续快速增长过程中劳动力成本的主要杠杆，有效地保证了改革开放发展战略的顺利推进，成为我国利用后发优势创造经济发展奇迹的重要因素。城市次级劳动力市场由于对劳动者的人力资本的要求不高，进入的市场门槛相对较低，因此成为改革开放后吸收城市新增体制外劳动力的主要场所，同时也成为吸纳农村转移过来的剩余劳动力的主要场所，形成了极具中国特色的农民工市场。由于城市次级劳动力市场与农村劳动力市场上劳动者的人力资本异质性差异程度较低，因此存在潜在的竞争关系，随着乡城劳动力流动额外成本的不断下降，大量的农村劳动力流入城市，形成了农村劳动力市场与城市次级劳动力市场持续深度融合的重要途径。张曙光、施贤文（2003）甚至认为，城市农民工市场是唯一的全国性劳动力市场。

2.3 中国二元劳动力市场演进的路径

市场配置资源的核心在于通过竞争价格机制引导经济主体根据理性原则进行相应的经济决策，进而实现要素配置的优化，达到个体理性与经济整体理性的有机统一，因此理解工资和就业的决定机制是理解劳动力市场，进而理解经济运行的基础（陆铭，2004）。我们这里将整体劳动力市场区分为三个有机的部分来探析中国劳动力市场内生演进的基本路径，这既反映了中国劳动力市场分割的多元性，也很大程度上代表了我国整体劳动力市场运行的基本特征，并且这样的处理与许多学者的划分方法也是一致的。吉利斯等（Gillis et al.，1998）认为，发展中国家的劳动力市场主要由三个联系紧密的部门构成：城市的正规部门和非正式部门以及农村就业部门。徐林清（2008）则将中国劳动力市场明确区分为农村就业部门、城市正规就业部门和城市非正规就业部门。朱德镜（1999）、辛怡、陈卫民（2011）的研究中也采取了类似的处理，将我国整体劳动力市场区分为三块进行分析，其中城市不完全竞争劳动力市场类似于体制内市场和一级劳动力市场，城市完全竞争市场可以视作城市的次级劳动力市场，而农村劳动力市场为完全竞争市场。李实（1997）建立的分析中国转轨过程中劳动力流动模型将城市劳动力市场区分为市场体制部门和计划体制部门，实际上也暗含了农村劳动力市场的存在，这实质上也是把劳动力市场分成了三部分，蔡昉（1998）构造的城市二元劳动力市场模型也采取了相似的处理办法。

中国劳动力市场的分割与演进是一个动态的过程，在这个发展过程的不同阶段，劳动力市场分割的具体形态和塑造劳动力市场的影响因素所发挥的作用各有不同，有必要分阶段考察中国劳动力市场内生演进的历程。根据我国经济发展过程中所对应的标志性事件及其影响，并结合我国劳动力市场发展的基本特征，我们这里将中国劳动力市场演进的过程划分为三个阶段来进行考察：第一阶段，从 1978 年至 1992 年建立社会主义市场经济目标的提出，这是我国经济体制改革尝试、探索与实践的初始阶段，在此阶段城市计划体制外的劳动力市场开始萌发并得到一定发展，而城市体制内的劳动力配置虽然开始进行调整，但主要还是按照计划手段进行配置，体制内劳动力市场与体制外劳动力市场分割逐渐显现并强化，农村劳动力市场开始迅速发展。第二阶段，从 1993 年中国共产党十四届三中全会通过《中共中央关于建立社会主义市场经济体制若干问题的决定》开始，至 2001 年底中国加入世界贸易组织，这是我国社会主义市场经济体制改革深入推进的关键阶段，十四届三中全会明确提出发展劳动力市场，建立主要由市场形成价格的机制以发挥市场配置资源的基础性作用，在此基础上，我国劳动力市场化程度不断提升，不同类型劳动力市场之间的分割开始弱化，市场性因素与制度性因素的共同影响导致劳动力市场演进表现出复杂的分化、分异特征。第三阶段，从 2002 年中国共产党第十六次代表大会召开为标志开始至今，我国经济开始深度融入世界经济分工体系当中，我国劳动力市场体系建设不断取得突破，市场在劳动要素配置中开始逐渐发挥决定性作用，劳动力市场的制度分割逐渐被劳动力要素异质性分割所超越，劳动力市场分割的演变反映了我国劳动力市场发展进步的基本趋势。在不同的发展阶段，三部分劳动力市场运行机制会不断进行调整，三部分劳动力市场间的关系也在发生相应的演变。对此，将利用一般均衡与局部均衡相结合的分析方法，来考察中国劳动力市场动态演进的路径及不同阶段劳动力市场运行的基本特征。

2.3.1 劳动力市场的分化与演进阶段

在此阶段，我们可以将整体劳动力市场划分为城市体制内劳动力市场、城市体制外劳动力市场和农村劳动力市场三个部门。体制内劳动力市场主要包括国有企业、事业单位和党政机关这些传统上依靠计划调节方式配置劳动力的部门。体制内劳动力市场的工资受计划体制的影响，并不是按照企业利润最大化的原则来决定，而是根据政府的体制安排由政府设定，因此体制内劳动力市场上的需求可以用图2－8中A市场上D_1表示，其中横轴表示劳动力的供求数量，纵轴表示劳动力的实际工资率水平，它反映了计划体制下相对平均的工资安排，以及政府从计划经济时期开始执行的城市就业优先战略，城市体制内劳动力市场的供给我们用S_1表示，表明劳动力供给随着工资报酬的提高而增加。劳动力市场供求的相互作用决定了体制内劳动力市场上均衡的就业数量，在图2－8中即为E_1的规模，所对应的实际工资率是政府根据宏观计划调节所确定的外生变量。从城市新增就业去向上我们可以看出，这一时期城市劳动力市场主要受计划调节的体制内劳动力市场主导，如表2－14中数据所示，1979年至1988年间，城市全民所有制单位和集体所有制单位接纳了城市新增劳动力中的绝大多数，表明我国城市劳动力配置主要还受到政府计划调配的影响。

城市体制外劳动力市场是一个市场机制主导劳动力资源配置的部门（李实，1997；蔡昉，1998），它主要是伴随着我国城市非公有制形式经济主体的成长而不断发展起来的，劳动力供求双方都是根据竞争机制所形成的均衡工资率水平选择相应的劳动力供求数量，这里用图2－8中B市场来表示其运行。D_2表示企业对劳动力的需求曲线，反映了企业作为理性的经济主体按照利润最大化的原则，根据雇佣劳动力边际产出的变化来调整对劳动力的需求，由于改革开放初企业的规模比较小，生产技术水平相对

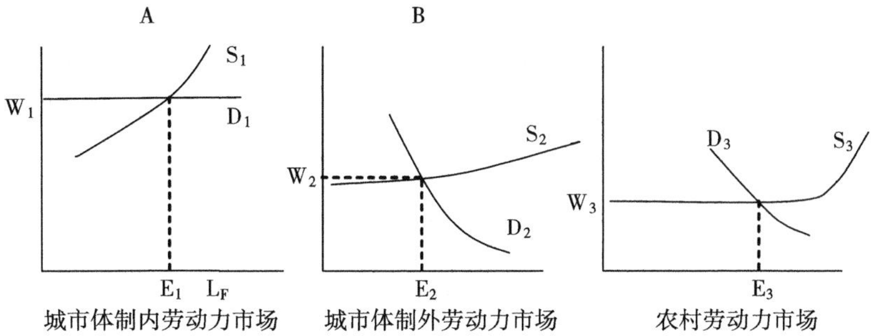

图 2－8　劳动力市场的分化与演进

落后，劳动力边际生产率递减相对比较快，因此企业的需求曲线比较陡峭。S_2表示劳动力的供给，在此阶段城市体制外劳动力市场的供给曲线比较平缓，反映出在改革开放初低工资水平条件下，尤其是城市劳动力供给开始明显过剩的情况下，劳动力的供给弹性相对比较高。在供求的作用下，城市体制外均衡的就业规模可能为 E_2 的水平，工资水平为 W_2（$<W_1$），从发展的次序上来看，在体制外劳动力市场发展之初，体制外劳动力市场规模相对比较小，其作为体制内劳动力市场的补充形式而存在，如表 2－14 中数据所示，在城市新增就业中，个体劳动所占的比例相对比较小，1979 年只有 1.9% 的比例，到 1988 年也才上升到了 10.5% 的比例。但动态地来看，随着城市非公有制经济成分的不断壮大，城市体制外劳动力市场随之不断扩展，并且代表了劳动力市场化的发展方向。虽然城市体制内劳动力市场上的工资率水平明显高于城市体制外劳动力市场的工资率水平，但是受体制规则的限制，体制外劳动力无法自由流入到体制内劳动力市场当中，因此两个市场间的工资差距将长期存在。

表 2－14　1979—1988 年全国城镇新增就业人数　　（万人）

年份	总计	就业人员来源				就业人员安置去向		
		城镇劳动力	农村劳动力	大学、中专、技校毕业生	其他	全民所有制单位	集体所有制单位	个体劳动
1979	902	689	71	33	110	568	318	17
1980	900	623	127	80	70	572	278	50

续表

年份	总计	就业人员来源				就业人员安置去向		
		城镇劳动力	农村劳动力	大学、中专、技校毕业生	其他	全民所有制单位	集体所有制单位	个体劳动
1981	820	534	92	108	86	521	267	32
1982	665	408	66	117	74	409	222	33
1983	628	407	68	93	60	374	171	84
1984	722	450	123	82	67	416	197	109
1985	873	502	150	89	73	499	204	111
1986	793	432	166	99	96	536	224	33
1987	799	412	167	117	104	499	214	86
1988	844	423	160	131	131	492	263	89

数据来源：国家统计局社会统计司，劳动部综合计划司．中国劳动工资统计年鉴（1989）[Z]．劳动人事出版社，1989.

图2－8中C市场代表农村劳动力配置的机制和状况。农村地区家庭联产承包责任制的实施与推广，极大地解放了农村地区的生产力，调动了广大农民的生产积极性，推动了农业经济的迅速发展，导致农村劳动力对于土地耕种的依赖逐步降低，从而创造了大量的剩余劳动力，使得广大农村劳动力开始有机会从事非农经济活动。由于改革开放初期，我国80%以上的人口和75%以上的劳动力都集中在农村，可以看作存在无限供给的农村劳动力，因此这一时期农村的劳动力最初表现为一条水平的供给曲线，只有当农村劳动力需求增加到一定的规模后，劳动力供给曲线才会向右上方倾斜，如图2－8中市场C中所对应的供给曲线 S_3。劳动力的需求由企业的利润最大化条件决定，它体现为向右下方倾斜的曲线，如 D_3。劳动力供求的相互作用形成均衡的工资率水平为 W_3，并且自改革开放后的很长一段时间内，在劳动力无限供给的条件下，市场上均衡工资率水平基本保持不变。虽然农村劳动力市场上工资率水平远远低于城市体制内劳动力市场，并且与城市体制外劳动力市场工资收入存在明显差距，但受传统的人口流动政策和户籍政策的限制，农村劳动力难以向城市自由流动，因此在这段时期除了政府有计划地安排的少部分农村劳动力可以流入城市体制内

劳动力市场，基本上不存在劳动力向城市的自由转移。如表 2－14 中的数据显示，城市新增就业来源中，虽然每年有一定数量来自农村地区，但是这样一个就业规模相对于农村全部就业人口来说只是极小的数量。

在改革开放的初期，由于我国的经济市场化程度相对较低，经济发展水平还较为落后，劳动力市场整体上处于相对过剩的状况，因此不同劳动力市场工资率水平都比较低，并且工资随时间推移增长相对比较缓慢，如表 2－15 中数据所示，农村地区劳动力实际工资率水平甚至出现了一定程度的下降，这可能是农村劳动力严重过剩的直接结果。从不同市场间的工资率比较可以发现，三个市场的劳动工资水平存在明显的差异，如图 2－9 所示，这一阶段的初期，城市体制内劳动力和城市体制外劳动力工资均远高于农村地区劳动力工资水平，体制外劳动力工资大致是农村地区劳动力工资的 2 倍左右，体制内劳动力市场的工资是农村劳动力的 7 倍左右，从 1983 年开始，城乡间的工资差距开始进一步拉大，城市体制外劳动力市场工资率是农村地区的 7 倍左右，城市体制内劳动力市场工资则上升至 14 倍左右。城市体制内外劳动力工资比较可发现，体制内工资水平要高于体制外劳动力工资水平，但是工资差距在不断缩小。城乡间的工资差距可能主要有以下三个主要原因：一是城乡劳动的人力资本上存在较大差异，城市劳动力的整体受教育水平明显高于农村劳动力，并且城市劳动力就业所处的岗位也更有利于人力资本的积累；二是城乡间福利制度差异带来了各自工资报酬的明显不同，城市地区拥有相对完善的福利保障，而农村劳动力市场尚缺少基本的福利保障；三是城市相对发达的工业化水平，使得城市劳动力就业部门的资本密集度更高，因此具有相对更高的生产率，相应获得了更高的工资报酬。

表 2－15　不同市场上劳动力工资性收入比较　（元）

年份	农村	城市	单位内	年份	农村	城市	单位内
1978	88.3	257.6	615.0	1996	104.9	844.2	1391.0
1979	98.7	297.8	654.9	1997	116.5	875.8	1458.2
1980	98.4	331.4	704.9	1998	130.8	928.1	1698.4

续表

年份	农村	城市	单位内	年份	农村	城市	单位内
1981	102. 8	339. 0	697. 4	1999	145. 8	1015. 8	1924. 8
1982	126. 7	355. 9	707. 4	2000	161. 8	1032. 4	2150. 5
1983	50. 2	369. 9	721. 4	2001	176. 6	1105. 2	2479. 2
1984	56. 5	415. 5	827. 5	2002	193. 8	1324. 1	2854. 2
1985	56. 4	432. 7	896. 2	2003	209. 3	1461. 2	3184. 2
1986	60. 1	497. 6	978. 6	2004	219. 1	1569. 3	3492. 8
1987	65. 5	515. 9	1001. 4	2005	253. 1	1680. 5	3922. 4
1988	68. 2	512. 6	1011. 6	2006	291. 9	1861. 4	4428. 0
1989	67. 1	506. 6	951. 3	2007	323. 4	2073. 5	5008. 3
1990	64. 1	531. 3	988. 9	2008	354. 6	2161. 7	5528. 6
1991	67. 9	569. 9	1045. 6	2009	397. 2	2385. 8	6212. 7
1992	77. 4	638. 4	1138. 6	2010	453. 6	2557. 4	6817. 0
1993	71. 2	707. 8	1234. 3	2011	524. 5	2727. 8	7398. 1
1994	77. 6	773. 5	1338. 6	2012	594. 4	2988. 9	8063. 6
1995	89. 1	852. 9	1347. 4	2013	676. 5	3181. 5	8652. 6

数据来源：农村劳动力工资性收入数据来源于《中国家庭住户调查年鉴(2014)》；单位内就业劳动力工资性收入来源于《中国劳动统计年鉴（2014）》；城市劳动力工资性收入1990年、1995年及2000—2013年的数据来自历年《中国统计年鉴》，其余年份数据根据历年《中国劳动统计年鉴》有关数据推算。这里的劳动力工资性收入利用以1978年为基期的消费者价格指数进行了平减。

整体来看，20世纪90年代中期以前，中国劳动力市场的发展主要体现为城市体制外劳动力市场和农村劳动力市场的市场化配置机制的强化，并开始引导中国劳动力市场的发展方向。在市场化机制的引导下，劳动力要素有效的激励机制在增加社会就业的基础上，释放了劳动力要素促进经济发展和社会进步的活力，但是不同劳动力市场间的制度分割，限制了劳动力在城乡、地区及行业间的流动，有碍劳动力市场化的发展和劳动力作为经济发展第一要素的潜力，注定将在改革开放的进程中被逐步破除。

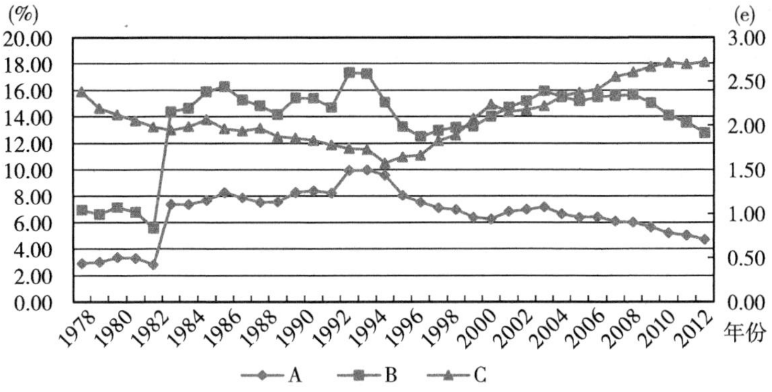

图 2-9　城乡劳动力工资性收入比较①

2.3.2　劳动力市场化整合加速阶段

在这一阶段，根据劳动力市场的运行特征，我们仍将整体劳动力市场划分为城市体制内劳动力市场、城市体制外劳动力市场和农村劳动力市场三个部分，具体的市场运行如图 2-10 所示。但是与第一阶段的劳动力市场运行不同，本阶段各劳动力市场内部的运行机制发生了显著的变化，不同劳动力市场间的联系也更加紧密，全国性的劳动力市场开始孕育。

十四届三中全会以后，我国经济体制改革加快推进，人事就业体制改革不断取得突破，城市体制内平均主义特征的固定工资制安排开始逐步被劳动合同制所取代，《中华人民共和国劳动合同法》进一步确立了就业双方的独立地位，城市体制内劳动力市场运行开始朝着市场化的方向转型，按照市场机制配置劳动力资源，因此城市体制内劳动力市场呈现出分异化发展的倾向。首先从体制内就业的需求变化来看，企业的市场主体地位逐步确立，利润最大化的追求开始成为企业用人的基本准则，因此城市体制

① 这里的 A、B、C 分别表示城市劳动力相对于农村劳动力工资性收入比值、城市单位就业劳动力相对于农村劳动力工资性收入比值、城市单位就业劳动力相对于城市劳动力工资性收入比值，我们令这里的城市劳动力工资代表城市体制外劳动力市场或次级劳动力市场上的劳动力工资水平，令单位就业劳动力工资代表城市体制内劳动力市场或城市一级劳动力市场上的工资水平。农村劳动力工资性收入数据来源于《中国家庭住户调查年鉴（2014）》；单位内就业劳动力工资性收入来源于《中国劳动统计年鉴（2014）》；城市劳动力工资性收入 1990 年、1995 年及 2000—2013 年的数据来自历年《中国统计年鉴》，其余年份数据根据历年《中国劳动统计年鉴》有关数据推算。

内的政府计划调节的就业模式让位于企业利润最大化原则下的自由选择劳动力，劳动力市场的需求由固定工资条件下的无限需求，向边际生产率决定劳动力需求选择的转变，市场需求曲线由第一阶段的固定工资下的水平线转变成一条向右下方倾斜的曲线。

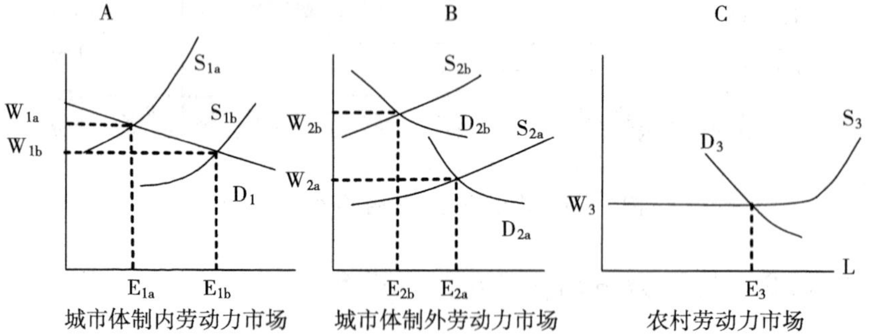

图 2－10　中国劳动力市场化演进

从劳动力市场的供给来看，劳动者具有了基本的就业选择自主权，市场化的运行机制使得基于人力资本差异的就业供给倾向更加清晰，体制内劳动力市场供给由第一阶段的制度约束下的同质化供给，向市场机制强化的异质性供给转变，体制内人力资本的价值开始显现，因此城市体制内劳动力市场的供给逐步体现为低人力资本素质的劳动力供给（S_{1b}）和高人力资本素质劳动力供给（S_{1a}）的分化倾向。从市场工资的确定来看，虽然传统的制度约束对体制内劳动力市场工资的确定依然有着重要的影响，但是市场化改革的推进使得供求作用对工资确定的影响日益强化，在劳动力异质性的条件下，高人力资本含量劳动力的工资水平为 W_{1a}，而低人力资本含量劳动者的工资水平为 W_{1b}，体制内劳动力市场劳动者的收入水平表现出显著的差异。另外，从劳动力的流动来看，受体制性因素的制约和市场运行机制的影响，部分体制内存量劳动力开始流出体制内就业市场，这主要是基于两方面的原因，一方面，对于体制内市场上的高人力资本劳动力来说，制度约束条件下的工资率水平 W_{1a}可能低于体制外劳动力市场的水平，在就业自主性不断增强的过程中，这部分劳动力可能选择到体制外市场就业，以获得更高的报酬；另一方面，体制内低人力资本含量的劳动力受制度因素的影响，其实际工资水平可能高于 W_{1b} 水平，这对于企业来说意味着存在过高工资导致的亏损。随着国有企业经营体制改革的深化，这样的亏损越来越难以维持，意味着会有一部分低生产率劳动者退出体制内劳动力市场，从而产生一部分的下岗工人，虽然政府和企业对于这部分下岗工人会做出一定的福利补偿，但最终这部分劳动力还将流入到体制外劳动力市场就业。

在我国劳动力市场快速发展的第二阶段，城市体制外劳动力市场在快速发展的同时也出现了明显分化的倾向。首先，城市体制外劳动力市场的就业规模呈现出迅猛提升，国有经济部门就业比重由 20 世纪 90 年代初占比 80% 以上降至 21 世纪初的 30% 左右，这既体现出我国劳动力市场化程度的不断加深，也反映了我国所有制改革的快速推进的基本事实，使我国劳动力要素的巨大潜力迅速转化成了推动经济社会发展的动力。其次，城市体制外劳动力市场的分化倾向更加明显。一方面，随着城市联营单位、有限责任公司、股份有限责任公司、港澳台商投资单位、外商投资单位及其他内资单位等新型企业经营主体数量和规模的扩展，以完善的福利保障和较高的工资为特征的体制外正规劳动力市场开始形成和壮大，成为代表劳动力市场发展方向的主要构成部分，该市场的供求可以用图 2 - 10 中 B 市场上的 S_{2b} 和 D_{2b} 表示，市场均衡工资可以近似用 W_{2b} 表示。另一方面，大量中小企业的诞生与发展成为吸纳城市低技能劳动力及农村转移劳动力的主战场，该市场的就业相对灵活，对劳动者的人力资本水平没有明显的要求，劳动者的福利保障相对不健全，工资水平相对较低，劳动力市场的供求可以用 B 市场上的 S_{2a} 和 D_{2a} 表示，均衡的工资率水平近似用 W_{2a} 表示。在城乡工资水平存在明显差异的情况下，城市体制外劳动力市场成为市场化配置劳动要素的重要组成部分，也是吸纳农村劳动力转移的主要场所，至 2001 年底城市私营企业和个体就业人数达到了 3658 万人。城市体制外劳动力市场的两个组成部分之间在劳动者素质特征、工资水平和工作环境等方面存在显著差异，这既体现了体制性因素的影响，也表现为劳动者素质差异的影响。

这一阶段农村劳动力市场也得到了进一步的深化和发展，但是限于农村劳动力供给严重过剩的基本事实，劳动力工资水平依然保持在较低的水平上，不仅低于城市体制内劳动力市场，也低于体制外劳动力市场工资水平，因此农村劳动力开始向城市大规模的转移。由于农村生产技术状况的不断改善和劳动力素质水平的稳步提升，劳动力的工资出现了缓慢增长，剔除人力资本的影响，我们依然可以将农村劳动力市场的供给视作处于无限供给的阶段，具体如图 2－10 中 C 市场上 S_3所示，工资率水平为 W_3。但是需要指出的是，虽然农村劳动力工资水平增长缓慢，但是农村地区实际就业规模在不断扩大，农村劳动力从事非农经济活动在明显上升，并且随着人口流动限制政策的不断放松，大量的劳动力流入城市就业，尤其是向东部沿海地区的转移规模在不断上升，形成了经济发展过程中具有中国特色的农民工群体。

整体来看，第二阶段中国劳动力市场化的程度有了更大的提升，城市劳动力市场内部的分化倾向更加明显，但同时各市场间的联系在不断加强，劳动力在行业间的流动性不断提高，市场机制引导劳动力要素配置的功能在不断强化。从相对工资的变化来看，无论是城市体制外劳动力市场还是城市体制内劳动力市场相对于农村劳动力市场的工资水平都呈基本上升趋势，具体可以从图 2－9 中 A、B 曲线的走势上做出直观的判断，这可能反映出城市劳动力更高的人力资本积累及更快的生产率进步，同时也存在制度性因素的明显影响。而城市体制内劳动力市场工资水平相对于体制外劳动力市场则进一步呈下降趋势，这种相对变化具体可以从图 2－9 中 C 曲线的走势得出，这主要体现了城市体制外经济主体生产率水平的不断提高和劳动者素质水平的提升。另外，从城市不同注册类型单位就业劳动力工资水平来看，不同性质单位就业劳动力工资呈收敛趋势，这种变化我们可以通过表 2－16 中数据反映出来，我们以城市单位就业的平均工资为基准，其他各种类型单位就业的平均工资除以此基准工资的指数则反映了相对工资的变动情况，指数越接近 1 则表示该种类型就业劳动力工资越接近平均水平。可以看出，除集体单位外，其他各种类型的相对工资指数均趋近于 1 变化，表明不同类型单位就业劳动力工资水平在持续收敛，我国劳动力市场一体化水平在不断提高，市场配置劳动力要素的效率在不断提升。

表 2－16　不同单位劳动者工资相对于城市单位平均工资水平

年　份	A（元）	B	C	D	E	F	G	H	I	J
1995	5348	1.04	0.74	1.14	1.14			1.21	1.44	1.65
1996	5980	1.04	0.72	1.15	1.15			1.17	1.43	1.69
1997	6444	1.04	0.70	1.14	1.14			1.11	1.48	1.74
1998	7446	1.02	0.71	1.13	1.13	1.04	1.19	0.83	1.39	1.74
1999	8319	1.01	0.69	1.14	1.14	1.04	1.17	1.03	1.36	1.73
2000	9333	1.01	0.67	1.14	1.14	1.04	1.19	1.06	1.31	1.68
2001	10834	1.02	0.63	1.10	1.10	1.02	1.14	1.10	1.20	1.62
2002	12373	1.03	0.62	1.01	1.01	0.97	1.12	0.84	1.15	1.57
2003	13969	1.03	0.62	0.97	0.97	0.96	1.13	0.76	1.08	1.50
2004	15920	1.03	0.61	0.96	0.96	0.95	1.14	0.64	1.02	1.40
2005	18200	1.04	0.61	0.96	0.96	0.93	1.11	0.62	0.98	1.30
2006	20856	1.04	0.62	0.95	0.95	0.93	1.17	0.64	0.94	1.27
2007	24721	1.06	0.62	0.96	0.96	0.90	1.16	0.66	0.91	1.20
2008	28898	1.05	0.63	0.95	0.95	0.91	1.18	0.68	0.90	1.19
2009	32244	1.06	0.64	0.91	0.91	0.89	1.19	0.67	0.87	1.15
2010	36539	1.05	0.66	0.93	0.93	0.90	1.21	0.69	0.88	1.14
2011	41799	1.04	0.69	0.86	0.86	0.90	1.20	0.72	0.92	1.17
2012	46769	1.03	0.72	0.90	0.90	0.90	1.20	0.74	0.94	1.19
2013	51483	1.02	0.76	0.85	0.85	0.91	1.19	0.74	0.97	1.23

注：表中字母分别代表：A—城市单位就业平均工资、B—国有单位、C—集体单位、D—股份合作单位、E—联营单位、F—有限责任公司、G—股份有限责任公司、H—其他内资单位、I—港澳台商投资单位、J—外商投资单位。不同部门的指数用该部门的平均工资水平除以城市单位就业平均工资得到。

数据来源：根据（历年）《中国劳动统计年鉴》相关数据计算得到。

2.3.3　劳动力市场一体化快速提升阶段

2001 年中国加入世界贸易组织标志着中国以更加开放的姿态融入世界经济体系，我国经济体制的运行更加规范化市场化，我国经济社会发展进入一个新阶段。这一阶段我们将城市劳动力市场划分为一级劳动力市场和次级劳动力市场两部分，其中一级劳动力市场既包含了之前的体制内劳动力市场，又新增进了第二阶段体制外劳动力市场中的高人力资本含量劳动力市场部分，次级劳动力市场主要包括第二阶段体制外劳动力市场中的低人力资本含量劳动力市场和农村向城市转移的农民工就业市场部分，我们之所以这样区分城市劳动力市场，主要原因在于我国市场经济的发展所伴随的劳动力市场的发展越来越表现出与成熟市场经济国家相似的特征，市场分割更多体现为人力资本差异的影响。城市这两个市场与农村劳动力市场一起构成了我国劳动力市场的主体，在此阶段我国劳动力市场运行的制度约束进一步放松，劳动力城乡和地区间转移的制度性限制大大减少，我国劳动力市场一体化程度大大提升。

我们之所以不再将城市劳动力市场区分为体制内劳动力市场和体制外劳动力市场，是因为随着我国企业经营体制改革和人事制度改革的深化，政府对于体制内劳动力就业的管理更加规范，原本的直接干预调节逐渐转变为依靠市场机制实施的间接管理，体制内劳动力市场运行基本实现了市场化。虽然一些诸如户籍制度方面的因素依然对劳动力转移存在一些不利影响，但其在城市劳动力就业中负面的效应正在不断减弱，并且近年来中央和各地方政府正在加快户籍制度改革，完善我国社会保障体系建设，这将会进一步弱化传统计划体制下的制度性因素对劳动力市场运行的束缚，推动我国劳动力市场一体化程度的更大提升。

三个市场的具体运行特征可以用图 2－11 直观地体现出来。城市一级劳动力市场社会保障制度较为完善，工作环境较为优越，工作稳定性较高，工资水平高于其他市场，并且在市场内部劳动者存在明显阶梯升迁结构，劳动者的升迁机会较多，劳动力人力资本含量较高，所提供的就业岗位表现为社会上的“好工作”，在市场供求的作用下，均衡工资水平为 W_1。城市次级劳动力市场上，劳动力就业较为灵活，工作环境相对艰苦，劳动者社会保障水平较低，劳动者人力资本水平相对较低积累较慢，工作稳定性较差，工资水平低，劳动者升迁机会少，劳动者进出市场相对容易，由于进入门槛低，因此也成为农村劳动力转移的主要流向。一级劳动力市场与次级劳动力市场之间的工资差距较为明显，受劳动者自身人力资本状况的限制，次级劳动力市场上的劳动力较难进入一级劳动力市场。这一阶段我国城市劳动力就业的整体工资率水平快速上升，如表 2－15 中数据所示，这反映了我国经济发展和生产率提高的基本事实，既是我国改革开放以来快速资本积累和技术进步的结果，也反映了我国劳动者素质水平的整体提升。但在城市劳动力整体工资水平上升的同时，城市一级劳动力市场工资与次级劳动力市场上的工资水平差距开始进一步拉大，图 2－9 中 C 曲线的走势清楚地反映出这一基本变化，这可能反映出城市次级劳动力市场由于面临来自农村大量劳动力的流入，因此工资率上升相对受到了限制。

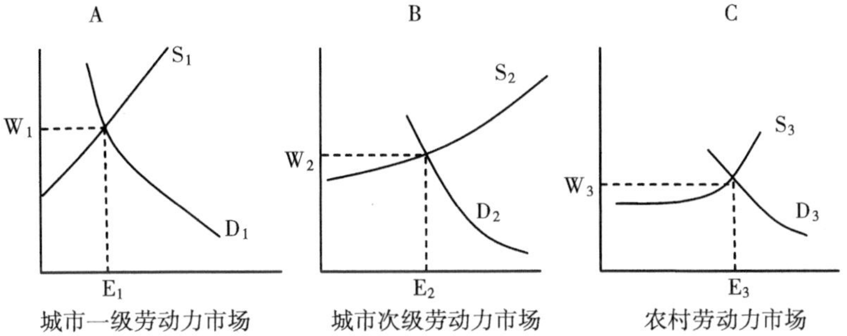

图 2－11　中国劳动力市场一体化提升

农村劳动力市场发展表现出一些新的变化迹象。随着改革开放以来大规模的农民工转移到城市，农村劳动力供给严重过剩的局面有了明显的改善，因此农村劳动力供给曲线由原来的水平状态演变为向右上方倾斜，如图 2－11 中 C 市场上的 S_3所示，因此农村劳动力工资水平快速上升。在农村劳动力供给状况演变的同时，社会技术进步的成果同样扩展到农村，促进了农村生产率的提高和资本积累，不仅农业劳动力的生产率水平大大提高，也释放出更多的剩余劳动力，使农村劳动力非农经济活动范围不断扩大，劳动者的工资性收入有了显著提高。因此农村劳动力工资相对于城市一级市场和次级市场劳动力工资差距在明显缩小，这一基本变化趋势可以通过图 2 -9 中 A、B 曲线的走势看出。由于农村劳动力工资水平与城市次级市场工资差距在不断缩小，农村劳动力向城市转移的速度开始出现放缓的迹象，这可能是导致近年来沿海地区出现“民工荒”的重要原因。

总结三个阶段我国劳动力市场演变的轨迹可以发现，我国劳动力市场的发展是一个动态内生演进的过程，它是伴随我国经济体制改革和经济结构变化体现出的适应性调整和发展。在此进程中，我国劳动力就业规模在不断增加，劳动力素质水平得到了长足的提高，劳动力要素通过市场化的配置机制，实现了配置效率的渐进提升。但是受劳动力异质性的约束和体制性因素的影响，我国劳动力市场在动态演进的过程中也出现了新的分异和分割特征，这既反映出劳动力市场发展进步的基本事实，也体现出制度改革不彻底的基本局限。

3　国际贸易与就业间关系研究综述

随着全球化的加速推进，各国日益融入全球经济体系，而贸易发展成为各国参与国际经济活动，获取开放经济利益的重要支撑。20 世纪 70—80 年代以来，贸易发展与劳动力市场间关系研究已经成为学者和政策制定者关注的核心问题之一，成为各界关注全球化影响效应的重要来源，引发了各界的热烈讨论和争议。例如，劳伦斯和斯劳特（Lawrence，Slaughter，1993）、巴格瓦蒂和德合吉亚（Bhagwati，Dehejia，1993）、克鲁格曼和劳伦斯（Krugamn，Lawrence，1994）认为贸易对美国国内制造业部门就业萎缩和工资收入差距变化的影响较小，而技术进步和发达国家内部的其他因素才是塑造发达国家劳动力市场演变的主要原因。而其他一些经济学家则持有相反的观点，例如，利默（Leamer，1993；1994）和伍德（Wood，1994；1995）认为国际化和国际贸易的发展对发达国家劳动力市场产生了巨大的影响，虽然国际化和国际贸易的发展倾向于缩小发展中国家与发达国家的工资差距，但是却导致发达国家内部熟练工人与非熟练工人间工资差距的拉大，甚至一定程度上恶化了发达国家的就业状况。

贸易自由化和贸易发展对于就业的影响至关重要，因为对于任何经济发展水平的国家来说，就业水平是影响整体经济福利的关键因素，很大程度上决定着一国参与经济全球化的利益所得和政策取向，对于经济发展落后、社会保障系统不健全的发展中国家更是这样，国际贸易发展对于发展中国家就业水平和就业结构的影响很大程度上决定了它对贫困、工资和收入分配以及就业质量的影响。根据以 H－O 理论为主导的主流贸易理论的分析，贸易自由化和贸易的发展对发展中国家无疑是有利的，因为这些国家劳动力要素相对丰裕，尤其是低技能劳动力要素丰富，贸易的发展可以更好地利用这些国家丰裕的要素，提高要素的利用效率，创造更多的就业机会，促进经济增长，从而对这些国家国内工资增长和减少贫困以及收入不平等产生有利的影响。但是主流理论教科书式的理想化分析是以完全竞争和规模不变的核心假定为基础得到的，而现实世界的经济运行难以满足市场完全竞争的条件，且广泛存在企业生产的规模报酬递增现象，这导致国际贸易的真实影响与标准理论框架分析的偏离，引发了对国际贸易就业影响相关问题的极大争议。对此，贸易自由化的批评者已经对许多与贸易引发的现实经济与就业问题提出了批评，例如发达国家失业的上升和工资的不平等问题，在发展中国家存在的对工人福利的损害问题，在就业条件和劳工标准上的底线竞争问题，以及低收入国家的去工业化和边缘化问题，增加的贫困和全球不平等问题，环境恶化问题。尽管以资源配置效率改善、生产效率提高和经济增长为代表的贸易利益是主流经济分析的基本信条，但是这些批评性观点依然很流行。

因此，更好地理解贸易发展与劳动力市场间的联系不仅对于完善贸易理论的研究和认识来说是个重要的主题，而且对于贸易政策与就业政策的制定与执行来说同样至关重要。关于贸易与就业间关系的研究，学界已经涌现出大量的研究成果，系统地梳理现有研究，全面地把握现有研究成果的基本认识，能够为我们正确认识贸易与就业关系，为贸易与就业政策的调整提供重要的借鉴。

3.1 贸易的就业效应

在国际贸易理论的发展进程中，贸易对就业的影响始终是贸易理论家关注的核心问题之一。在现代贸易理论研究中，贸易发展对一国就业影响的研究更为细致，不同国家和不同研究方法在结论的认识上产生了很多的争议，因而贸易与就业间关系研究成为国际经济问题研究中最具魅力的一个主题。

3.1.1 就业规模效应

虽然很多学者认为贸易的就业效应分析要追溯到亚当. 斯密贸易为一国剩余产品提供了很好出路的思想，但是研读早期文献我们发现，早在重商主义阶段，学者们就已注意到贸易对于扩大就业的重要意义。例如，托马斯·孟（1981）、巴尔本（1982）等重商主义者对于贸易影响就业问题的分析在高度上并不逊于亚当·斯密为代表的古典经济学家。托马斯·孟（1981；1982）深刻地认识到对外贸易的发展为英国国内劳动力提供了更多的就业岗位，尤其是使很多国内穷人得到了雇佣，从而很大程度上帮助了穷人，缓解了社会贫困问题，并且国外原材料的进口通过促进国内制成品生产的扩大，也能够创造更多的就业，因此呼吁政府对原材料进口免去关税，这样的认识即使放在现代经济环境中分析无疑也是正确的。巴尔本（1982）在《贸易论》中对贸易影响就业问题的分析得出了相似的结论，贸易不仅能够增加政府的收入，还能够为人民提供更多的就业机会，进口生丝等生产性原材料比进口金银对政府更有利，因为利用进口生丝进行拈丝和织丝比金银加工雇用的工人更多。古典经济时期，经济学作为一门独立的学科诞生，经济学家们对贸易就业效应的认识有了一定程度的提升，这主要体现在对贸易影响就业机制的分析上有了更深刻的考虑。例如，约翰·穆勒（1946）指出，贸易对于就业的促进作用还体现在人们通过贸易对更高物质需要的追求会激发他们勤奋工作的程度，提高人们的工作参与度，提升工作的效率，并且对外贸易可以促进资本的积累，扩大社会的投资，对于增加就业也会带来积极影响。当然早期学者对贸易与就业问题的分析相对要粗糙的多，很大程度上是基于简单的逻辑推理得到的粗略结果，现代经济进步的一个重要表现是对经济问题的分析更为细致，认识上更加全面，在结论上也更趋多元。

在现代贸易理论研究中，贸易自由化对劳动力市场状况的影响是一个核心问题（Pinto，Michaelis，2011），贸易自由化的劳动力市场效应已经成为国际研究的重要前沿（Pflüger et al，2010）。虽然对于贸易影响就业问题的研究热度从未减弱，但到目前为止，关于贸易自由化影响就业方向和规模的认识上还存在争议。

表3－1是对二十多年来关于贸易自由化就业效应研究文献基本结论的汇总，无论对于发展中国家还是发达国家的研究，在研究结论上均出现了明显的差异。不少的研究得出贸易自由化对就业产生了明显的抑制作用，不同程度上对一国整体或产业层面产生了负面影响，也有部分研究发现并证实了贸易促进就业的结论。还有不少的研究得出贸易可能增加就业或减少就业的可能结果。例如，马特兹（Matusz，1994）通过将效率工资和工作搜寻嵌入贸易模型考察了贸易与就业间的联系，发现在工资刚性存在的情况下，贸易自由化可能提高或降低就业。罗伯特和梯伯特（Roberts，Tybout，1996）对发展中国家的研究表明，在控制了需求冲击后，产业内劳动力退出和进入均有明显增加，这表明部门就业结构并不取决于贸易政策的改变，在1979—1982年间，尽管有了生产率增长，智利制造业退出的企业要多于进入的企业。进入的企业似乎在规模上要大于退出的企业，但对就业总的影响是不明确的。科萨（Cosar，2011）研究也证实，出口部门劳动的净吸收对贸易自由化的反映是缓慢的，对于失业工人来说存在巨大的成本，因此最终的影响是不确切的。因此，贸易自由化就业效应的具体性质很大程度上可能存在一些限制性条件，只有当一国贸易自由化满足特定条件，所伴随的就业效应才可能表现出更为积极的影响。例如，马特兹（Matusz，1996）宣称，在一个垄断竞争世界，如果企业支付效率工资，贸易自由化将增加就业，将会具有比完全竞争模型中更大的利益。梅纳和瑞特（Milner，Wright，1998）对毛里求斯进出口发展的效应研究发现，虽然出口与进口都表现出积极的正向就业效应，但是在时间上却存在一定的滞后性。图瑞尼（Turrini，2002）认为在贸易自由化和贸易发展导致的资源再配置过程结束时，总劳动需求可能上升或下降，这取决于进口竞争部门和出口导向部门的相对劳动密集度，在发展中国家之前通常的假设是，出口部门的劳动密集度高于进口竞争部门，因为这些国家的比较优势在于劳动力要素禀赋，从而贸易自由化应该带来整体劳动需求的上升。弗鲁格等

人（Pflüger et al.，2010）认为贸易自由化在发展中国家没有增加部门就业，相反，有大量的证据表明贸易保护对部门就业产生了积极的影响。整体上从就业增长角度来看，大部分发展中国家似乎并没有从贸易自由化中获益，贸易发展并非解决发展中国家就业问题的良策。

因此贸易发展的就业效应可能还受到一国内部其他因素的影响，例如劳动力市场的灵活程度，生产率和技术进步的特征，以及国内整体经济状况。对于许多拉丁美洲国家来说，贸易自由化没有表现出明显的就业促进效应，或许是这些国家的其他限制性因素导致的。而对于亚洲执行开放经济政策的国家来说，劳动力市场改革和劳动力市场较高的灵活性可能是导致贸易的就业促进效应的重要原因。例如，科伊和胡恩（Kee，Hoon，2005）对新加坡的分析发现，伴随着贸易扩张，新加坡的就业显著地上升了，这可能与新加坡国内灵活的劳动力市场存在联系。梅纳和海特（Milner，Wright，1998）对毛里求斯的研究发现，随着贸易开放度的上升，该国出口部门与进口竞争部门的就业均出现了显著上升，这可能与该国整体产出增长和各部门产出扩张之间存在紧密联系。

表 3－1　贸易自由化影响就业经验研究文献结论汇总

研究者	研究对象	更高贸易开放度的影响
帕帕佐治等（Papageorgiou et al.，1990）	发展中国家	对就业有消极影响
瑞万格（Revenga，1992）	美国	对制造业就业消极影响
罗摩（Rama，1994）	乌拉圭	对制造业就业消极影响
帕克等（Parker et al. 1995）	非洲国家	积极就业效应
哈瑞松和瑞万格（Harrison，Revenga，1995）	哥斯达黎加、秘鲁、乌拉圭、波兰、捷克斯洛伐克、罗马尼亚	拉丁美洲（转型经济）国家更高（更低）的就业
瑞万格（Revenga，1995）	墨西哥制造业	就业下降不多，但工资下降明显
鲍德温（Baldwin，1995）	OECD 国家	除劳动密集型部门外，未产生负就业效应

续表

研究者	研究对象	更高贸易开放度的影响
爱德华兹和迪沃德兹（Edwards，Dwards，1996）	智利	增加了失业，延长了失业持续时间
高斯顿和特夫勒（Gaston，Trefler，1997）	加拿大	消极就业效应
哈库拉（Hakura，1997）	美国	对制造业就业产生了消极就业效应
库瑞和哈瑞松（Currie，Harrison，1997）	摩洛哥	没有产生就业效应
瑞万格（Revenga，1997）	墨西哥企业层面分析	对制造业就业产生了微小的消极效应
梅纳和瑞特（Milner，Wright，1998）	毛里求斯	在出口和进口部门都产生了更高的就业
郎（Lang，1998）	新西兰	对制造业就业产生了很小的消极影响
莱文森（Levinsohn，1999）	智利	对制造业就业产生了很小的消极影响
格林威等（Greenaway et al.，1999）	英国	消极就业效应
哈瑞松和汉森（Harrison，Hanson，1999）	摩洛哥、墨西哥	没有重要影响
高斯（Ghose，2000a）	高增长亚洲国家	正向积极就业效应
高斯（Ghose，2000b）	发展中和发达国家	对制造业就业产生了很小的消极影响
温特斯（Winters，2000）	赞比亚、津巴布韦、印度	消极就业效应
比尤利（Beaulieu，2000）	加拿大	对制造业就业产生了很小的消极影响
莫瑞拉和纳杰博格（Moreira，Najberg，2000）	巴西	对制造业就业产生了消极影响
特夫勒（Trefler，2001）	加拿大	对制造业就业产生了消极影响

续表

研究者	研究对象	更高贸易开放度的影响
富浦（Tomiura, 2003）	日本	对制造业就业产生了消极影响
黑特格和斯蒂恩（Heitger, Stehn, 2003）	德国	对制造业就业没有重要影响
海蒂万格等（Haltiwanger et al.，2004）	拉丁美洲6国产业	部门内劳动流动增强，部门净就业减少
西恩（Sinn，2005）	德国制造业	就业下降
科伊和胡恩（Kee， Hoon, 2005）	新加坡	显著地增加了就业
加尼克（Janiak, 2006）	美国产业	增加了失业
杜特等（Dutt et al.，2009）	发展中和发达国家	长（短）期增加（减少）失业
特玛瑞和迪瑞菲尔德（Temouri, Driffield, 2009）	德国制造业和服务业	不存在整体负就业效应，工资效应模糊
科姆（Kim, 2010）	OECD国家	对失业没有巨大影响
麦尼兹-菲力奥等（Menezes-Filho et al.，2011）	巴西	增加失业
菲尔博梅伊等（Felbermayr et al.，2011）	发展中国家和OECD经济	降低就业
哈桑等（Hasan et al.，2012）	印度各联邦产业	对于失业没有巨大影响

注：根据整理海尼特·雅尼克亚（Halit Yanikkaya，2013）研究及其他相关研究文献整理。

杜特、麦卓和兰詹（Dutt，Mitra，Ranjan，2009）提出了一个贸易和搜寻引起失业的模型，其中贸易源于赫克歇尔-俄林（H-O）和（或）李嘉图的比较优势。控制了内生性和测度误差，强有力的证据表明，失业和贸易开放之间是负相关关系，李嘉图模型预测，贸易自由化将会导致失业的减少，而H-O结构则预测这只会发生在劳动丰裕型国家，贸易开放与失业间的关系随着我们从劳动丰裕型向资本丰裕型国家的转变而发生变化，在H-O模型中的贸易与失业间关系中，贸易自由化事实上可能增加劳动稀缺型国家的失业。对于资本丰裕型国家，这一效应超过了贸易开放的 H－O 效应对失业的正向影响，而对于劳动丰裕型国家的影响则相反。使用多国面板数据，他们考察发现，贸易自由化短期内增加了失业，之后出现了失业下降效应。哈桑等人（Hasan et al.，2012）使用印度各联邦行业的失业率和贸易保护数据研究了贸易自由化对就业的影响，发现鲜有证据证明是贸易自由化导致了失业率上升。相反，在一定程度上两者之间存在统计学意义上的重要联系，在某些情况下失业率随着贸易自由化反而下降了。尤其是印度各联邦水平的分析揭示出，在具有更灵活劳动力市场的联邦随着自由化的推进失业减少了，在净出口部门存在更大的就业份额。此外，产业水平的分析表明，在经历了更大程度贸易保护削减的工业部门，工人失业的可能性更低，尤其是在净出口部门，存在微弱的证据表明，关税减让在达到一个更低的稳态失业率之前，短期内可能导致失业增加。

20 世纪 70 年代末开始，发达国家贸易发展的就业效应开始受到各界的关注，这主要源于这样的基本事实：发达国家制造业就业呈现明显下降趋势；发达国家高技能工人与低技能工人收入差距呈扩大趋势；发达国家制造业部门低技能劳动力就业显著减少。由此，激发许多学者对发达国家贸易就业效应的研究。OECD（1992）的相关研究表明，OECD 多数国家在大多数时期内，净出口的就业效应为正，但英国是个例外，其出口带来的就业创造效应被进口扩张的就业替代效应超越，在美国 1972 年至 1982 年，增加的出口产生的就业创造效应超过了进口导致的就业替代效应，但 1982 年至 1985 年进口的就业替代效应更强，以致产生了负的就业效应，制造业分部门分析发现，低工资的制造业部门贸易的就业效应为负，分区域的分解表明，大多数国家与韩国、中国台湾、中国香港、新加坡和中国的贸易产生了微弱的就业负效应。

弗鲁格等（Pflüger et al.，2010）对主要发达国家的观测发现，自 20 世纪 70 年代末以来，美国非熟练劳动力市场地位恶化，实际工资增长放缓，欧洲非熟练工人失业上升，因为发达国家被认为是熟练工人丰裕型国家，在最初封闭条件下的均衡中，熟练工人的相对工资要低于南方国家，因此发达国家专业化于技能密集型范围的产品生产，发展中国家专业化于非熟练技能密集型产品的生产，斯托尔珀－萨缪尔森定理表明，发达国家非熟练劳动力需求的下降是由于从密集使用非熟练劳动要素的发展中国家产品的进口导致的，因为发展中国家非熟练劳动丰裕，因而在非熟练劳动密集型产品生产上具有比较优势。汉森（Hanson，1996；2001）的研究表明，墨西哥边境地区制造业的出口扩张显著地促进了美国边界制造业的就业增长。比斯考普和克拉马兹（Biscourp，Kramarz，2007）从法国制造业企业层面分析了贸易与就业间关系，发现最终产品的进口比中间投入减少了更多就业岗位，在更大的企业这种联系更强。戴维德松和马特兹（Davidson，Matusz，2005）利用两种关于劳动流动率不同的数据有力地证明，美国按各部门标准化的净出口与就业破坏和工人离职率之间存在负相关关系，有微弱的证据表明，标准化的净出口与就业获取之间存在正向联系。莫瑞和兰詹（Moore，Ranjan，2005）、西纳（Sener，2001）认为，贸易自由化导致非熟练工人失业增加，但是对总失业的理论影响是模糊的。莫瑞和兰詹（Moore，Ranjan，2005）、戴维斯和哈瑞根（Davis，Harrigan，2011）、蒂·本托和米凯利斯（De Pinto，Michaelis，2011）的研究发现贸易自由化对总体失业的影响是模糊的。戴维斯和哈瑞根（Davis，Harrigan，2011）利用效率工资的方法考察发现，失业几乎不受自由化的影响，但是伴随着巨大的劳动力市场扰动，这可能导致许多人因为自由化受损。

雅尼克亚（Yanikkaya，2013）研究了贸易自由化如何影响发达国家和发展中国家的部门就业增长率，发现以更高贸易规模衡量的贸易开放度在发展中国家创造就业方面并不成功，这些国家对贸易量整体上微弱的负就业反应可能用贸易开放的负产出效应来解释，而更高的贸易量对发达国家产业层面的就业产生了负面影响。虽然贸易量对发展中国家产业层面和服务业就业产生了积极影响，但贸易障碍对发达国家服务业就业增长产生了负面的影响。他们的研究总的结果是，虽然贸易障碍对发展中国家和发达国家就业几乎没产生什么相对负面影响，甚至在一些场合产生了积极影响，但是更大的贸易量对发达国家的工业就业产生了负面的影响。因此贸易开放并不是发展中国家解决就业的办法，也不是发达国家低就业应该责备的主要因素。弗里曼和卡茨（Freeman，Katz，1991）、高斯顿和特夫勒（Gaston，Trefler，1997）以及瑞万格（Revenga，1992）的类似研究表明，贸易自由化和贸易发展确实对劳动力市场产生了影响，但是国内因素是导致发达国家就业岗位损失更重要的因素，其他许多研究也表明，国内商品需求变化和劳动生产率的提高等国内因素在解释总就业的变化中比进口需求变化的影响要更大（Baldwin，1995）。

梅勒茨（Melitz，2003）异质性企业贸易分析框架掀起了学术界从企业层面对贸易就业效应问题研究的高潮，在梅勒茨（Melitz，2003）的框架中，劳动力市场假设为完全竞争的，因此不会产生失业问题，由于企业根据生产率异质性做出的自选择决策和要素的再配置效应，贸易会导致低生产率企业退出行业，而高生产率企业将会扩大其行业内的市场份额。因此贸易的影响主要体现在对企业间就业量的影响，在行业生产率提高和产品种类增加的情况下，贸易将会使劳动力的实际工资报酬上升。许多研究者通过放松梅勒茨（Melitz，2003）的假设条件，从不同侧面拓展了企业层面贸易就业效应的研究，得出了许多更具启示性意义的结果。

蒙德勒（Muendler，2008）、麦尼兹－菲力奥等（Menezes－Filho et al.，2011）使用了巴西1986—2001年期间的雇主—雇员相对数据采用了简化模型分析，发现对于那些存在竞争优势的企业和出口企业存在更低的入职率，这意味着较低的就业增加率，而产品的市场份额是以相反的方向进行再分配的，他们认为这样的结果在要素生产力增长速度比产出增长速度更快的情况下是可能出现的。科萨、甘德尔和梯伯特（Cosar，Gunder，Tybout，2011）模型化了异质性企业的解雇与雇佣摩擦，并利用哥伦比亚的企业数据估测了工人的转移，他们的模拟表明，哥伦比亚的进口关税减少对劳动力市场只产生了微弱的影响。赫尔普曼、伊特斯柯胡克和瑞丁（Helpman，Itskhoki，Redding，2011）在一个企业异质性和存在搜寻匹配摩擦的框架下考察了工资差距、失业、劳动力市场摩擦和对外贸易间相互关系的结构，发现贸易开放可能扩大工资差距并增加失业，但是总会提高福利水平，单边地削减劳动力市场摩擦会增加一国的福利，可能提高或降低失业率，但是总会有损于贸易伙伴国的利益。失业救济在一些条件下能够缓解一国劳动力市场扭曲，但是在其他一些场合却不会，却不能实现有约束的帕累托最优配置，最优的政策应该是在产品市场和劳动力市场同时进行干预。然而，菲尔博梅伊等（Felbermayr et al.，2011）在相似的贸易模型中引入了搜寻摩擦，发现开放与失业之间存在一种负向关系。

菲尔博梅伊等（Felbermayr et al.，2011）在梅勒茨贸易模型中引入了搜寻失业，企业的垄断力导致了战略性的工资谈判，求解对称的均衡他们发现，贸易的选择效应会影响劳动力市场的结果，只要能够改善平均生产率，贸易自由化降低了失业，提高了实际工资。校准模型表明，贸易开放度对失业率的长期影响是负的，且数量上是显著的。他们发现对于合理的参数值，贸易的净化效应（the cleansing effect）降低了搜寻失业。随着职位空缺的广告成本相对于平均企业的生产率下降，雇主将会强化他们的招募努力，这将会提高职位空缺与失业工人的比例，这将导致更低的失业和更高的实际工资。劳动力市场贸易自由化的效应很大程度取决于工资谈判的性质，当工资是集体谈判而非个人谈判时，随着总生产率增进几乎完全被上升的工资抵消，贸易改革基本上会产生更低失业的利益增进，总贸易开放度上升10%，会带来总失业减少0.75%左右。

埃格尔和科瑞克梅热（Egger，Kreickemeier，2009）建立了一个将工人的公平工资偏好放入一般均衡结构的异质性企业垄断竞争模型。通过假设被工人考虑为公平的工资取决于他们工作企业的生产率和经济绩效，他们在一个统一的框架内，研究利润、非自愿失业和群体内部的工资不平等问题。在国内外市场进入成本相同的基准情况下，存在伴随收入分配冲突的贸易利益、平均利润和失业同时上升的现象，群体内的工资差距上升。在他们的分析框架中，企业的绩效对于工人是有影响的，因为劳动力市场是不完全竞争的，更成功的企业支付更高的工资。通过解释企业异质性与劳动力市场不完全之间的相互作用，他们模型化了企业异质性与租金分享动机间的相互影响，分析识别出一个新的影响群体内工资差距的因素：由于贸易自由化导致的企业构成和相对规模的变化。全球化进程的推进会产生两个方面的收入分配冲突：一方面会产生更高的平均利润与更高失业间的矛盾冲突，另一方面在就业者从贸易中获益的同时，失业者的福利却明显受损了。如果国外的进入成本足够高，除了产生贸易利益外，经济一体化可能会降低群体内的工资差距以及失业率。然而，如果国外市场的进入成本足够低的话，贸易自由化可能会降低人均产出和福利，这种情况下，群体内工资差距和失业率都会上升。麦卓和兰詹（Mitra，Ranjan，2007）、赫尔普曼和伊特斯柯胡克（Helpman，Itskhoki，2010）在一个异质性企业两部门模型中引入了搜寻失业，发现更低的贸易摩擦提高了失业。蒂·本托和米凯利斯（De Pinto，Michaelis，2011）通过考虑劳动力异质性拓展了梅勒茨（Melitz，2003）框架，发现如果一国拥有较大份额的低技能工人，贸易自由化可能导致总失业的上升。虽然关于贸易和就业问题的研究得出的结果并不一致，贸易是否影响均衡失业率主要还是一个经验研究问题。伊特斯柯胡克和赫尔普曼（Itskhoki，Helpman，2015）考虑了企业和工人对贸易成本变化的调整，明确地解释了劳动力市场摩擦和整个调整路径。这一转换动态表现出丰富的模式，在生产率差异的企业间是不同的，在与这些企业相联系的工人间也是不同的。对高生产率出口商的影响体现在其就业扩张上。更低生产率企业当中的部分会破产，其他的业会解雇一些工人，随后可能也会关门，也有一些其他企业会逐渐减少他们的劳动力，并且留在该产业内。这样，事前工资相同的工作事后结果却显著不同，因为贸易冲击发生后，高生产率的存留者将会比低生产率的存留者支付更高的工资，提供更具稳定性的工作。核准的模型发现源于消费者价格指数下降的贸易利益超越了工资下降、工作减少和现存企业资本的损失，这些损失随着劳动力市场摩擦程度上升而增加。

3.1.2 就业结构效应

贸易自由化和贸易的发展不仅对就业规模会产生相应的影响，也会对行业间不同性质劳动力就业结构及就业状况产生深刻的影响，从而影响劳动力市场的运行状况。

（1）对不同技能水平工人的影响

贸易发展对就业结构影响方面的研究首先是对于不同技能水平工人就业状况的影响。萨克斯等人（Sachs et al.，1994）研究发现，1978—1990年间美国制造业就业确实下降了，尤其是低技能工人，他们的估测认为净进口的增加与制造业部门7.2%的生产性工作的减少相联系，与制造业内2.1%的非生产性工作的减少相联系。因为生产性工作整体上比非生产性工作更难高度技能化，这导致了熟练技能工人与非熟练技能工人间工资差距的扩大。伍德（Wood，1995）、贝曾和卡德巴特（Bazen，Cardebat，2005）、比斯考普和克拉马兹（Biscourp，Kramarz，2007）都认为贸易开放增加了低技能工人的失业，先进经济体在服务业部门对非贸易任务的结构变化部分地反映了消费者偏好的变化。例如，奥特和多恩（Autor，Dorn，2009）分析表明，美国对于低报酬服务性岗位的需求增加了，因为这些工作基本都需要难以被机器或信息技术替代的劳动者亲自参与，以及劳动者之间的协作。伍德（Wood，1991；1994；1995）证明，在发达国家非熟练工人就业状况恶化的主要原因是与发展中国家的贸易扩张造成的，大多数研究文献低估了贸易对劳动力市场的影响。萨克斯和沙茨（Sachs，Shatz，1994）的研究结果表明，与发展中国家的贸易导致了制造业就业的下降，尤其是非熟练工人，因为产出的下降主要集中在技术相对不熟练工人的部门。伯纳德和杰森（Bernard，Jensen，1997）、芬斯特和汉森（Feenstra，Hanson，2003）、沃尔霍根（Verhoogen，2008）的分析表明，贸易自由化意味着对于高技能工人需求的上升。

范嘉尼博和费尔南德斯（Fajnzylber，Fernandes，2004）认为增加的国际经济一体化可能导致根据比较优势进行的更大程度专业化，但也导致技术偏向型技术进步的扩散，他们考察了进口投入、出口和FDI对巴西和中国熟练技术工人需求的影响发现，虽然在巴西国际经济一体化的上升与对熟练工人需求的增加相联系，但是在中国却相反。他们的发现表明，虽然在中国参与国际经济活动的企业向熟练技能工人支付了更高的工资，但进口投入品、出口和FDI也与对熟练劳动更低的需求相联系。这样，对于参与国际经济活动的中国企业，根据该国在密集使用非熟练劳动产品上的比较优势进行的专业化似乎充分弥补了对于技术偏向型的国外技术的获取。在巴西，我们的结果也支持出口对于熟练技能劳动需求产生了负面影响，但是这种效应仅限于那些将绝大部分产出都出口到国外的企业，对于其他的出口企业来说，对于熟练技能劳动力的需求则是积极（正向）的影响。与中国的证据相比，在巴西进口投入品的使用和FDI都与更大程度的熟练工人需求相联系，可能这些渠道充当了技能偏向性技术进步扩散的作用。总而言之，在发展中国家，国际经济一体化水平对于熟练技能工人需求的影响并没有一致的答案，在中国表现为一种负向影响，而在巴西则倾向于相反的结论。卡茨和墨菲（Katz，Murphy，1992）通过估测体现在美国出口与进口21个制造业部门不同受教育水平的直接就业数量，考察了1963—1987年间不同类型工人相对需求的变化，他们的结论是，贸易对不同类型工人相对需求的影响是相对有限的，直到20世纪80年代美国贸易赤字发展到很大。他们的估测表明，贸易变化并非影响美国劳动需求的主要因素，甚至在20世纪80年代也是如此，在同期，贸易导致的相对需求变化相对于高教育水平工人增加来说是很小的。

戴维斯和哈瑞根（Davis，Harrigan，2011）将梅勒茨（Melitz，2003）模型与夏皮罗－斯蒂格利茨（Shapiro－Stiglitz，1984）模型结合在一起建立了一个新的模型，并把产品市场扰动与劳动力市场扰动相结合，工人在意他们的工作，因为模型具有失业的特征，且工作对于相同的工人支付不同的报酬。模拟的结果表明，对于合理的参数值，贸易将会导致1/4以上超过平均工资的好工作减少，虽然模型显示出贸易对总失业比较小的影响，但总贸易利益是巨大的。斯通、梢丁和勒让德（Stone，Sourdin，Legendre，2013）的研究表明，在大多数情况下，较高的出口和外包与更低的失业可能性和持续的工资溢价相联系，进口渗透率上升趋势略微增加了失业，压低了工资，总体的影响要高于在行业层面的影响。在某些情况下，出口份额上升引起的失业率上升，尤其是中等技能水平的技术工人，与出口相关的工资溢价较小，并且在某些情况下会扭转，扩大的出口领域大多提高熟练技能工人的报酬，一些工人的就业转变更加困难，在职业层面，进口渗透没有显示出对失业可能性的影响，甚至一些情形下会降低失业，进口能对公司绩效产生积极影响。

蒂·本托和米凯利斯（De Pinto，Michaelis，2011）分析了贸易自由化如何影响能力不同工人的失业率，发现贸易自由化导致了工人的自选择效应：所有的企业均需要更高能力的工人，因为最低生产率的工人无法满足这一需求质量的上升，他们将失去工作，成为长期失业者。每一个企业选择一个能力边界，能力低于此门槛的工人将不会被雇佣，具有较高生产率的企业需求高能力的工人，他们通过支付高工资来吸引高能力的工人。具有低生产率企业家的企业对工人具有一个最低质量的要求，他们支付较低的工资，这样将不会招募高能力的工人。他们的主要发现有：①高能力的工人会从贸易自由化中获益，会有更高的工资和就业；②效率最低的工人失去他们的工作，转变成长期失业（工人选择效应）；③如果一国拥有较大比例的低技能工人，贸易自由化导致了总失业的上升，这种情况下，贸易自由化可能会有损于一国的福利。布然比拉、雷德曼和波特（Brambilla，Lederman，Porto，2011）探究了企业出口、出口目的国与工人技能偏向间的联系，他们从这些联系中确定了两种影响机制，首先，出口高质量商品到高收入国家会导致技术密集型产品的质量升级；其次，出口需要配送、运输、广告等服务，而这些都属于熟练劳动密集型活动。根据目标出口国所具有的特点（如收入、语言），该理论表明了在出口目的地的技能偏向效应：出口到高收入国家的企业比那些出口到中等收入国家或者直接销售国内的贸易公司雇佣更多的熟练技能工人，支付更高的工资。他们采用阿根廷的面板数据证实，阿根廷出口到高收入国家的企业聘用了更大比例的高技能型劳动力同时比其他的出口公司（出口到非高收入国家）或国内公司支付更高的平均薪水，这表明出口到高收入地会影响公司行为，但是出口本身并不会产生这种影响。

(2) 对劳动力流动的影响

贸易的就业结构效应还体现在对部门间劳动力流动和就业状况的影响。瓦克扎戈和瓦勒克（Wacziarg，Wallack，2004）研究了许多发展中国家贸易改革对劳动力就业的影响效应，发现贸易改革导致劳动重新配置的假设没有得到可获得数据的支持。在全国范围1分位水平的详细数据表明，自由化后部门间劳动力转移的程度下降了。在3分位水平上，贸易自由化产生了微弱的正向效应，但是在强度上比较小，且不稳健。在4分位产业水平的数据，则没有证据表明存在贸易导致的就业结构变化。他们注意到其他诸如国内降低管制和私有化等互补性政策也将至关重要，对劳动力部门间流动产生了比封闭条件下贸易改革更巨大的影响。

将异质性企业与要素禀赋和垄断竞争的标准模型相结合，证实一国将根据与相对要素禀赋相联系的比较优势选择专业化。与梅勒茨模型相似，伯纳德、瑞丁和斯科特（Bernard，Redding，Schott，2007）模型中存在产业内双向贸易、偏好多种类型消费、企业自主选择为出口者或非出口者，贸易自由化会导致产业内劳动力要素的重新配置，提高所有产业的整体生产率水平。因为这一生产率增长在比较优势产业部门最强烈，从而产生了一个关于收入分配的清晰预测：比较优势部门密集使用要素的相对价格将会上升，由于生产率增长，用实际报酬表示的所有要素可能都会获益。但是早期伯纳德等人（Bernard et al.，2003）利用美国制造业的普查数据，研究认为自由化对整体贸易产生了显著影响，但是这并未伴随部门间劳动力的重新配置。查德胡瑞和麦克莱伦（Chaudhuri，McLaren，2007）研究了一个简单的可处理的劳动力市场调节模型以分析贸易自由化的动态反应。模型得到了以下结果：即使在稳定状态，劳动力在产业间会出现明显的流动，部门间存在持续的工资差异，劳动力对自由化的调整是渐进的，存在对事先宣布的自由化的期望性调节。

奥特、多恩和汉森（Autor，Dorn，Hanson，2013）将1990—2007年美国劳动力市场贸易和技术对就业的效应结合起来研究发现，那些受到来自中国进口产品冲击的产业出现了显著的就业下降。由于日常性任务密集型活动的专业化对电算化敏感的劳动力市场在制造业和非制造业部门经历了显著的就业极化，但是没有净就业的下降。在21世纪初，当进口上升时，贸易影响上升，但是技术的影响似乎将制造业部门生产活动的自动化向非制造业部门非信息加工任务转移了。接触贸易竞争的当地劳动力市场经历了在制造业就业的不同下降，出现了相应的失业。就业下降不仅局限于生产性工作，相反也影响到所有的主要就业群体，就业损失在未接受大学教育的工人间尤其巨大。虽然贸易接触减少了总就业，改变了就业在部门间的分布，而技术进步产生了不同的影响，对总就业产生了中性的影响，对部门内职业构成产生了巨大的影响。对于大多数劳动力群体来说，这些日常性就业的下降很大地被手工任务密集型职业的就业增加所抵消，这些手工性任务包括经济中工资最高和最低的工作。其他一些研究者对于技术进步的分析也强调指出，极化效应已经在美国和英国劳动力市场显著地体现出来：就业和工资增长向高工资和低工资的工作两极分化（Acemoglu，Autor，2010；Goos，Manning，2007）。

纳西欧和孟德尔（Naércio，Muendle，2011）追踪20世纪90年代巴西贸易自由化后的个别工人的工作变化情况，显示出贸易导致了劳动力流动，关税降低引发了工人失业，但是出口企业和比较优势部门并没有吸收这些因贸易失业的劳动力。相反，出口商比一般雇主解雇更多而雇佣更少工人，贸易自由化增加了劳动力向服务业和失业的转化，劳动生产率快于销售扩张，产出发生了向高生产率企业的转移，但劳动力并没有转移，高生产率企业在贸易自由化后并没有增加工人的雇佣，估测和数值模拟证实，在20世纪90年代大范围失业人数增加可归因于贸易自由化，但是即使不存在要素的重新配置，通过在世界价格水平获得更多的产品种类，也会产生贸易利益。巴西的证据表明，劳动力市场对贸易改革的反应取决于几个共存的条件，包括企业水平生产率变化对国外竞争反应的强度、外国投入品的可获得性、产品市场的需求弹性、劳动力市场制度等因素。

（3）对不同性质工作就业的影响

贸易发展明显还能够对不同性质工作的就业产生不同的影响。阿卡斯塔和蒙特斯－罗杰斯（Acosta，Montes－Rojas，2010）利用阿根廷的数据进行的实证分析发现，国内关税的下降极大地增加了制造业部门产业层面非正式就业的比重。阿拉曼－卡斯蒂拉（Alemán－Castilla，2006）研究发现美国关税的削减降低了墨西哥贸易部门非正式就业的比重，但是墨西哥进口关税的下降对美国非正式就业没有影响。金德伯格和帕维克尼克（Goldberg，Pavcnik，2003）利用巴西和哥伦比亚的数据研究发现，进口关税的下降略微提高了哥伦比亚非正式就业的比重，但是对巴西没有影响。麦尼兹－菲力奥和蒙德勒（Menezes－Filho，Muendler，2011）利用巴西的数据，考察了进口关税对于工人由正式制造业部门就业向非正式工作转移的可能性，他们的基本发现是关税对于转移的可能性没有影响。波什等人（Bosch et al.，2007）也考察了贸易对巴西劳动力非正式就业的影响，然而发现在观测期内国际贸易发展对于非正式就业份额没有什么影响。很明显，现存文献的结论上是存在争议的，这可能与贸易双方彼此的相对地位有联系，贸易小国更容易受到较大贸易伙伴国的影响，但是反过来贸易大国受到的影响可能相对不够明显。

伊特斯柯胡克和赫尔普曼（Itskhoki，Helpman，2014）建立了一个异质性企业贸易模型，动态地描述了劳动力市场响应贸易自由化的调整过程，企业异质性和劳动力市场摩擦之间的相互作用，在以贸易自由化为条件的转型中产生了“好”和“坏”的工作。劳动力市场摩擦会阻碍重新配置过程，从而减少一国从贸易中所获得的利益。雇佣工人的沉没成本导致生产率低的非出口公司在短期内不情愿解雇工人和退出该行业，这种情况会挤出新的更有生产能力企业的进入，然而尽管这个动态调整时间是漫长的，消费者从经济贸易中所获得的利益是瞬间实现的并不取决于劳动力市场摩擦程度，贸易冲击短期内会在先前的同质劳动力间产生了受益者和受损者，“坏”工作集中在非出口部门，受到贸易自由化的负面影响。在新的稳定状态，之前生产率最低的企业将会破产退出，生产率处于中间的企业在国外竞争压力下，就业萎缩了，而生产率最高的公司扩大了他们的出口销售和就业机会，这导致了在经济领域的生产率和福利的提高。他们的分析表明，由最初的均衡状态转变到新的稳定状态需要很长的时间，生产率更低的现存企业不愿意解雇他们的工人并退出，相反是选择逐渐缩小他们的就业。这些企业持续的就业和销售挤出了新的生产率更高的进入者。这导致劳动力在企业间的资源错配，这反过来降低了贸易部门的生产率。

3.1.3 就业波动效应

除了规模和结构方面的影响效应，贸易发展所伴随的开放度的提高，也会对就业的稳定性产生直接或间接的影响，这也引发了不少学者的关注。

布什（Buch，2009）认为全球化可能给低技能工人造成双重负担：一方面，低技能劳动相对供给量的增加，这抑制了低技能工人工资，并提高了他们的失业率；另一方面，低技能工人通常面对更多的进入金融市场的限制，这限制了他们消除不同时期收入冲击和跨境分摊风险的能力。使用国家间行业层面1970—2004年的数据，证实了不同技能水平的工作时间和工人工资的波动性是如何随时间在改变的，研究结果表明，更大程度的金融全球化和发展增加了就业的波动性，这种效应对低技能工人的影响是最强的，并对较高的低技能就业比重有着负面影响。科萨、古纳和梯伯特（Coşşar，Guner，Tybout，2013）研究了贸易摩擦、关税和解雇成本对企业动态、员工流动率和工资分配间关系的影响，并运用哥伦比亚的企业层面数据，估测了将贸易与工作流动相联系的开放经济动态模型，研究结果表明，与全球产品市场一体化联系的加强增加了哥伦比亚的平均收入，提高了工作流动性，相反，该国的劳动力市场改革没有在影响这些变量中发挥作用，这一结果表明，全球化对拉丁美洲和其他地区劳动力市场产生了更大的效应。1990年至2003年间，拉丁美洲商品贸易有了三倍增长，同时员工流动率、失业率、非正式的自我就业和工资均显著上升。在这个阶段的初期，该地区的许多国家均削减了贸易壁垒并实施了劳动力市场改革。分解不同因素的影响效应，他们发现政策改革适度地增强了工作的流动并增加了失业，同时一定程度提高了平均收入，并且全球化是更加重要的影响因素，解释了工作流动上升、失业增加和人均收入上升的绝大部分份额，国际贸易的快速扩张可能是导致拉丁美洲和其他地区就业稳定性下降的原因。

鲍姆加滕（Baumgarten，2015）运用德国的雇主—雇员的相对数据研究了劳动力流动是如何与企业国际贸易参与度相联系的，数据分析显示贸易企业比那些非贸易企业的人员流动率更低，这说明贸易公司拥有更高的就业稳定性。通过设置一系列的可控变量，发现企业出口的同时伴随着更低的员工流动率，说明贸易企业有着更高的就业稳定性，而这主要是由较低的离职率造成的，因为高技术性人才离职率更低，转变为失业人员的较少。

与国际贸易相关的制造业的外包对就业波动性的影响，也吸引了不少研究者的兴趣。孟什（Munch，2005）对丹麦的研究发现，外包对就业波动只产生了很小的影响，但歌什克（Geishecker，2008）对德国的分析发现这种影响强度是非常大的。布什和利泊纳（Buch，Lipponer，2010）的研究表明，对于跨国公司内的劳动者并没有发现更高的不确定性。贝克和蒙德勒（Becker，Muendler，2008）利用把雇主—雇员相联系的数据研究发现，在国外扩张的企业，岗位离职的可能性更低了。贝什曼和布劳恩（Bachman，Braun，2008）考察了IAB就业样本数据，没有发现离岸外包对制造业部门就业稳定性产生了显著影响，但是却增加了服务业部门就业稳定性。费弗敏（Pfaffermayr et al.，2007）和歌什克（Geishecker，2008）的研究发现，国际外包至少降低了制造业部门个人就业的稳定性。

3.1.4 中国的贸易竞争效应

随着中国在全球贸易地位的上升，许多国家与中国的贸易规模快速上升，来自中国出口产品的竞争对本国就业的影响也成为许多学者关注的重要主题。

奥特、多恩和汉森（Autor，Dorn，Hanson，2013）分析了1990—2007年间，中国在美国劳动力市场上进口竞争力不断上升对就业的影响，发现自中国不断上升的进口导致了更高的失业率，更低的劳动力参与率，降低了进口竞争制造行业部门劳动力市场的工资水平，进口竞争解释了美国制造业同期就业总数下降的1/4。他们认为尽管与任何收入水平国家之间更自由的贸易都可能会影响工资水平和就业，但低收入国家可能是高收入国家劳动力市场破坏的来源之一。2000年，低收入国家在美国进口中所占的份额达到5.9%，2007年攀升至11.7%，在这个比重的增长中，中国就占据了91.5%。美国对于中国产品的消费在消费总额中所占的比重从1991年的0.6%上升到2007年的4.6%，同一时期，在制造业部门就业的美国劳动年龄人口比例下降了1/3，从12.6%下降到8.4%。阿斯孟格鲁等（Acemoglu et al.，2014）考察了自中国进口竞争上升对美国不景气就业增长的影响，发现美国从中国的进口在2000年后增速加快，这是美国制造业就业下降的一个主要影响因素，通过投入—产出联系和其他一般均衡效应，进口竞争似乎对美国整体就业增长产生了显著地抑制。他们的估测表明，1999—2001年间来自中国的进口竞争上升造成了200万至240万美元的工作净损失。在当地劳动力市场水平估测的就业效应要更大，与地方一般均衡效应相一致，这放大了进口竞争的影响。

皮尔斯和斯科特（Pierce，Schott，2013）利用产业间的投入产出联系研究了贸易对就业的间接效应，这些联系可以在美国产业劳动力需求方面产生正的或负的变化，但所产生的净就业效应在符号上是模糊的。如果一个产业由于受到来自中国的竞争冲击萎缩了，它可能减少对于美国生产的中间投入的需求和该部门向其他部门供应的中间投入，这样该部门可能受贸易冲击的负向影响，从而对上游国内供应或下游国内购买减少。同时，上游产业增加的进口可能降低可获得的特定投入的成本，使上游产业贸易冲击的负效应明显。相比之下，下游产业的贸易冲击毫无疑问会产生减少就业的结果。他们预期下游的贸易冲击将会增加就业损失，但是上游的贸易冲击的影响是模糊的。与此预期一致，他们在下游受到进口竞争的产业发现了巨大的负就业效应，而上游产业接触贸易的影响是不确定的，这样来自中国进口的增加对美国就业的整体效应也是不确切的。布鲁姆等

(Bloom et al. , 2013) 建立了一个存在生产要素调整成本因而部分地被限制在生产旧产品的模型。与低工资国家的贸易自由化降低了旧产品的利润，从而使创新的机会成本会下降，“中国冲击”比与高工资国家之间的贸易自由化更能促进创新，这意味贸易自由化提供了一个新的促进福利效应的机制。对美国与中国贸易自由化经历的考察表明，通过美国的创新出现了更快的长期增长，短期内这一效应被要素陷阱效应放大。

卡里恩多、德沃肯和帕罗（Caliendo，Dvorkin，Parro，2015）研究发现美国来自中国进口产品竞争的增加长期减少了制造业部门 0.5%，约 80 万人制造业部门就业，或者约为未被周期性趋势解释的就业变化中 60% 的份额。他们发现工人发生了向服务业部门的再配置，这些部门会从中国进口更便宜的中间产品中获益，制造业部门中受到来自中国进口产品更大程度冲击的行业就业减少更多，制造业部门中的电脑、电子产品和家具部门就业量下降占一半左右，其次是钢铁、纺织品行业整体就业下降占 1/4 左右。而受到来自中国进口竞争较弱的食品、饮料、烟草等部门就业增加了，并从更廉价中间产品进口中获益。美国进口集中度高，受到来自中国进口产品竞争较高各州制造业工作损失的更多，但是他们发现中国的冲击使美国的福利长期增加了 6.7%，短期上升 0.2%。虽然美国对于中国的接触减少了制造业部门的失业，但是美国经济是获益的，因为该国会通过获得中国更廉价的商品而获益。

3.1.5 总结

通过对贸易影响就业相关研究文献的梳理，我们发现，对于贸易影响就业的研究开始从侧重于国家和产业层面的考察逐渐转向了基于企业层面的研究，这反映出异质性企业贸易理论的兴起与发展对于贸易影响就业问题研究的深刻影响。从研究结论上来看，贸易对于就业的影响存在复杂的机制，更高的经济开放度会对一国劳动力要素资源配置产生复杂的影响，导致要素在地区间、产业间和企业间做出新的调整和配置。在这一过程中，贸易的发展既会引发所谓的就业创造效应，创造更多的就业岗位，也会产生一定的竞争和就业破坏效应，导致部分领域内的劳动力做出向其他企业或产业部门的调整。同时还会对就业的部门内及部门间的结构变化产生重要的影响，并对不同素质水平劳动力的就业状况产生相应的有利或不利影响。无论是从短期还是长期来看，贸易对于一国就业总量的影响与就业创造效应和就业破坏效应间的相对强度存在紧密联系，当贸易产生的就业创造效应居于主导时，相应的贸易发展将增加一国总就业，相反则可能恶化一国的就业形势。并且，应当注意的是，贸易对于一国就业规模的影响很大程度上还与一国内部其他影响因素存在紧密联系，例如一国劳动力市场灵活性，劳动力市场政策实施的情况，国内技术进步及产业结构调整的状况，当不利的国内因素抑制了该国整体就业增长时，可能贸易对于就业的影响会被过分地夸大或扭曲。

3.2 贸易的工资效应

收入分配问题是主流经济学关注的重要主题，也是各国政府收入分配政策调整的重要焦点所在，国际贸易对一国内部收入分配的影响也由此成为学界研究的重要前沿热点，因此涌现的研究文献可谓汗牛充栋。梳理已有的研究成果，辨析贸易影响收入分配和收入差距的机制，对于相应问题的理解和解决具有很强的借鉴意义。

3.2.1 贸易对于工资水平的影响

在新古典贸易理论体系中，贸易对不同要素所有者福利变动的分析是其整个理论框架的重要支撑，斯托尔珀 - 萨缪尔森（Stolper - Samuelson, 1941）定理明确指出，国际贸易会提高一国丰裕要素的实际报酬，但是会降低一国稀缺要素的实际报酬，从而成为学界研究贸易收入分配效应的重要现实理论基础，引发了大量进一步的理论和经验研究。到目前为止，关于贸易自由化影响就业和工资的方向及规模的研究结论上还存在较大争议（Bernard, Winters, 2005; Goldberg, Pavcnik, 2004）。

博格斯和拉米（Borjas，Ramey，1993）认为在高集中度制造业部门，国外竞争是20世纪80年代观测到的熟练技能工人收入上升的一个重要影响因素，他们建立了一个工资决定模型，其中一个部门只使用低技能劳动且是一个寡头组织的结构，经济中其他部门的企业使用低技能和高技能劳动，在完全竞争的市场运行。低技能工人在寡头部门的收入份额超过该产业的利润份额，从而获得了租金，提高了他们的工资水平使其高于了竞争部门低技能工人。增加的进口竞争显著地减少了这些租金，导致了该产品部门雇佣的工人发生了就业转移，使这些工人转移向竞争部门，从而压低了该部门低技能工人的工资。格罗斯曼（Grossman，1987）的早期研究发现，美国9个非熟练劳动密集型的制造业部门就业或报酬由于进口竞争的损失是非常小的。库瑞和哈瑞松（Currie，Harrison，1997）发现在摩洛哥关税和配额减少对就业和工资的影响非常有限。梅纳和海特（Milner，Wright，1998）对毛里求斯产业水平研究表明，贸易自由化在出现最初负向的工资效应后，在出口部门长期存在很强的工资和就业增长效应。高斯（Ghose，2000）认为南北国家制造业部门产品贸易对北方国家非熟练工人就业和工资具有可预测到的不利影响，但是在南方国家没有产生所预测的有益影响，因此发展中国家非贸易部门产品、剩余劳动力和劳动力市场的二元性都会对劳动力工资产生重要影响。金德伯格和帕维克尼克（Goldberg，Pavcnik，2005）利用哥伦比亚产业层面研究和瑞万格（Revenga，1997）利用墨西哥企业层面的研究，都把最终产出关税的下降分别与产业和企业工资下降相联系。帕维克尼克（Pavcnik et al.，2004）对巴西产业层面的研究没有发现关税下降对工资产生了显著的影响。查德胡瑞和麦克莱伦（Chaudhuri，McLaren，2007）研究发现：即使长期来看，工资差异在地区和部门间都是存在的，尽管总是存在一些工人在改变就业部门的情况。一个部门关税保护的取消不仅导致那些部门相对于其他部门短期工资的下降，也导致了长期相对工资的下降。伊博斯坦等（Ebenstein et al.，2010）研究发现贸易对工资产生了较大的影响，在接触进口竞争更多的部门就业岗位的工资增长的更慢。迈瑞和唐纳德（Mary，Donald，2011）研究了最终产品和中间投入关税削减对工人工资的影响，模型分析发现，最终产品关税的下降降低了进口竞争企业的工资，但是提升了出口企业的工资，投入品关税的下降提高了使用进口企业相对于只使用当地投入来源企业的工资，印度尼西亚 1991—2000 年间制造业调查数据支持了他们的这种预测。奥特、多恩和汉森（Autor，Dorn，Hanson，2013）分析了美国 1990—2007 年间自中国的进口竞争增加对美国劳动力市场的影响，发现增多的进口减少了当地劳动力市场的工资。科瑞斯纳等（Krishna et al.，2014）利用巴西雇主与雇员的数据库评估了贸易改革的工资效应，企业层面的总体数据研究发现，相对于国内企业来说，贸易保护的下降与出口企业平均工资的上升相联系，考虑到工人根据特定生产率向企业配置的内生性，他们发现支付给出口企业工人的溢价工资在经济上和统计上是微不足道的。

劳动力的工资很大程度上是雇主与雇员间根据劳动力市场供求进行工资谈判的结果，国际贸易的发展一定程度上通过对工资谈判的影响，会影响到工资的决定。阿格尔（Agell，1999；2002）对 20 个经合组织国家的宏观经济数据分析显示，更开放的经济体平均拥有更集中的工资谈判制度，只要更开放的经济体更容易出现外部冲击，那么劳动者未来的工资分配在这些经济体中的不稳定性就会提高，如果工人们厌恶风险，更开放的经济体将以更高的需求为保证，以抵御过度的工资变化的风险。但是只要更集中的工资谈判制度导致工资分配空间得到更大的压缩，这种对工资保险需求的上升将会是正相关的。圣托尼（Santoni，2012）利用 1975—2000 年间 OECD 组织的 17 个国家的样本数据，给出了工资的集中度与贸易开放程度之间呈负相关的证据，总体来看表明更开放的经济体有更集中的工资谈判制度，因为国际贸易一体化程度的提高，导致更为分散的工资谈判制度。工资集中程度的谈判是雇主和工会之间的谈判，在集权与分权之间，雇主更喜欢前者，因为前者可以增加雇主分担产品市场的租金，贸易一体化通过提高雇主在这样的谈判冲突的收益，将增加更多的分散化工资谈判制度。

国际贸易研究中产业层面的分析常常会忽略企业行为差异的重要特

征，因此从企业层面研究贸易对工资的影响，更容易得出一些符合现实的研究结论。伯纳德、瑞丁和斯科特（Bernard，Redding，Schott，2007）将异质性企业与要素禀赋和垄断竞争的标准模型相结合，得出了极具综合性意义的发现，贸易自由化会导致产业间和产业内劳动力要素的重新配置，提高所有产业的整体生产率水平。因为这一生产率增长在比较优势产业部门最强烈，从而产生了一个关于收入分配的清晰预测：比较优势部门密集使用要素的相对价格将会上升，并且由于所有部门间生产率增长的影响，用实际报酬表示的所有部门的劳动力报酬可能都会增加。奥塔科、查德胡瑞和麦克莱伦（Artu，Chaudhuri，McLaren，2010）在开放经济环境下建立了一个劳动力动态调整模型，研究发现作为对贸易冲击的反应，劳动力在部门间调整缓慢，但工资的变动迅速，在进口竞争产业部门就业的工人从关税保护的削减中获益，自由化短期内降低了他们的工资，但是长期内提高了他们的预期收益价值。蒂·本托和米凯利斯（De Pinto，Michaelis，2011）分析了贸易自由化对不同能力水平工人的影响，发现高能力的工人会从贸易自由化中获益，会有更高的工资和更多的就业，而效率最低的工人失去他们的工作，如果一国拥有较大比例的低技能工人，贸易自由化导致了总失业的上升，这种情况下，贸易自由化可能会有损于一国的福利。菲尔博梅伊等（Felbermayr et al. ，2011）在梅勒茨贸易模型中引入了搜寻失业，他们认为企业的垄断力导致了战略性的工资谈判，贸易的选择效应会影响劳动力市场的结果，贸易自由化降低了失业，只要贸易发展导致平均生产率改善，将会提高实际工资，随着职位空缺的广告成本相对于平均企业的生产率下降，雇主将会强化他们的招募努力，这将会提高职位空缺与失业工人的比例，导致更低的失业和更高的实际工资。劳动力市场贸易自由化的效应很大程度取决于工资谈判的性质，当工资是集体谈判而非个人谈判时，总生产率的增进伴随着工资的上升，贸易改革基本上会产生更低失业的好处。科萨、古纳和梯伯特（Coşşar，Guner，Tybout，2013）运用哥伦比亚的企业层面数据估测了贸易与工作流动间的联系，发现全球产品市场一体化增加了哥伦比亚的平均收入，全球化解释了工作流动上升、失业增加和人均收入上升的绝大部分份额，提高了工作流动性，而该国的劳动力市场改革没有在影响这些变量中发挥作用。

与贸易相关的服务外包的发展对于发包国和承包国的影响也受到许多学者的关注。芬斯特和汉森（Feenstra，Hanson，1996）指出了通过外包发达国家和发展中国家非熟练工人实际工资上升的可能性。特玛瑞和德里菲尔德（Temouri，Driffield，2009）的研究发现，对于制造业和服务业部门来说，世界范围内德国参与的跨公司并不存在整体上的负就业效应，而工资的效应是不清晰的。根据罗伦托维奇等（Lorentowicz et al.，2005）的研究，在波兰由于承接外包和吸纳欧洲其他国家投资出现了更高的技术溢价，然而奥地利实际上由于外包活动的影响经历了技术溢价的下降。刘和特夫勒（Liu，Trefler，2008）估测的1996—2006年美国服务向中国、印度外包对于就业和美国工人收入的影响是很小的。

3.2.2 贸易对于工资差距的影响

由于贸易通过特定的机制能够影响到一国内部不同劳动力群体的工资，因此也会对一国内部不同群体劳动者之间的工资收入差距产生相应的影响。

大量的实证研究发现，20世纪70—80年代大多数亚洲国家的工资不平等未发生明显的变化（Fields，1994；World Bank，1995），但在许多拉丁美洲国家贸易自由化后收入分配的不平等却经历了显著上升（Revenga，1995；Wood，1997；Robbins，1996；UNCTAD，1997）。芬斯特和汉森（Feenstra，Hanson，1996；1997）研究发现有证据表明，不管是在美国还是墨西哥，非生产部门雇佣的高技能工人与生产部门雇佣的低技能工人相比的相对工资增加了。芬斯特和汉森（Feenstra，Hanson，2001）认为，中间产品贸易是对美国和其他国家熟练工人与非熟练工人间工资差距扩大的一个潜在重要解释，他们利用产业内异质性活动模型证明，中间产品贸易和熟练技能偏向型技术进步都将对劳动的需求从低技能活动转移出去，而提高对更高熟练技能劳动的需求和工资。歌什克和高格（Geishecke，

Görg，2008）证实20世纪90年代，德国的制造业经历了较多的外包活动，导致低技能工人是全球化生产的利益受损方，因为他们经历了实际工资的下降，而高技能工人则成为利益受益方，因为实际收入上升了。汉森和哈瑞松（Hanson，Hairison，1995）估测了熟练工人相对非熟练工人工资差距的上升与墨西哥贸易改革联系的程度，研究发现墨西哥在20世纪80年代，受教育水平更高、经验更丰富的工人的工资相对于受教育水平低、经验欠缺的工人上升了。他们检验了贸易改革是否将就业转移到了相对密集使用熟练劳动力的产业，结果表明上升的工资差距与产业内的变化甚至是企业内的变化相联系，而不能用Stolper－Samuelson效应解释，出口企业和合资企业向熟练工人支付更高的工资，比其他企业需要更多的熟练技能劳动力。克鲁格曼和劳伦斯（Krugman，Lawrence，1993）、劳伦斯和斯劳特（Lawrence，Slaughter，1993）、佛瑞曼和卡茨（Freeman，Katz，1991）、卡茨和墨菲（Katz，Murphy，1992）、瑞万格（Revenga，1992）、伯纳德和杰森（Bernard，Jensen，1995）等经济学家认为进口竞争的上升并不是解释20世纪80年代发达国家工资差距扩大的主要影响因素，而国内技术进步导致了对熟练工人相对于低技能工人需求的增加，可能是更重要的影响因素，贸易对于产业间劳动需求和相对工资的变化不具有什么解释力。范嘉尼博和费尔南德斯（Fajnzylber，Fernandes，2004）认为更高的国际经济一体化可能导致根据比较优势进行的更大程度专业化，但也导致技术偏向性技术进步的扩散，他们考察了进口投入、出口和FDI对巴西和中国熟练技术工人需求的影响，发现中国参与国际经济活动的企业向熟练技能工人支付了更高的工资，但进口投入品、出口和FDI也与更低的熟练劳动需求相联系，却增加了对非熟练劳动力的需求，从而提高了非熟练工人的实际工资，而在巴西则相反，巴西参与国际经济活动的企业则更多地增加了对熟练工人的需求，从而使熟练工人与非熟练工人的工资差距扩大。

异质性企业框架下，贸易对工资差距的影响研究更是掀起了一个高潮。埃格尔和科瑞克梅热（Egger，Kreickemeier，2009）将工人的公平工资偏好放入一般均衡结构的异质性企业垄断竞争模型，假设被工人考虑为公平的工资取决于他们工作的企业的生产率和经济绩效，研究发现在国内外市场进入成本相同的基准情况下，由于贸易自由化导致的企业构成和相对规模的变化，存在伴随收入分配冲突的贸易利益、平均利润和失业同时上升，群体内的工资差距扩大，更成功的企业支付更高的工资。如果国外的进入成本足够高，除了产生贸易利益外，经济一体化可能会降低群体内的工资差距以及失业率，但是如果国外市场的进入成本足够低的话，贸易自由化可能会降低人均产出和福利，这种情况下群体内工资差距和失业率都会上升。如果劳动再配置过程是非随机的，并且以工人质量和企业技术间的互补性为特征的话，或面临搜寻与工人—企业特定匹配摩擦，贸易开放可能会通过扩大出口与非出口企业工资差距而增大收入不平等。这样，贸易自由化对于出口和非出口企业雇佣的同质劳动力工资影响的理论预测，取决于对劳动力市场完全竞争、劳动力配置过程中工人与企业匹配的性质，以及这些因素与产品市场结构的相互作用。沃尔霍根（Verhoogen，2008）、弗瑞尔斯等（Frías et al.，2009）、戴维斯和哈瑞根（Davis，Harrigan，2011）认为，希望为国外市场改善产品质量的出口商，可能通过支付效率工资来对保护下降作出反应，以提高工人的工作努力程度。安米提和戴维斯（Amiti，Davis，2012）研究发现，贸易改革后出口企业支付给工人的工资相对增加了。克莱因、莫泽和俄班（Klein，Moser，Urban，2010）利用德国的雇主—雇员匹配数据研究发现在制造业部门存在高技能工人的出口工资溢价，对于低技能工人存在出口工资折价，国际贸易被认为是工业化国家工资差距扩大的一个重要原因，对模型估测表明，高技能工人的出口工资溢价占他们总技能溢价的1/3左右，虽然出口增加在技能维度增加了工资不平等，但是减少了与性别和民族相联系的工资不平等，用这种方式，贸易在德国制造业部门有助于缩小工资差距、缓解工资不平等。

赫尔普曼、伊特斯柯胡克和瑞丁（Helpman，Itskhoki，Redding，2010）建立了一个检验国际贸易收入分配效应的模型，把工人和企业的异质性、劳动力市场搜寻—匹配摩擦、企业对工人的筛选结合在一起，在给定的生产率水平，生产率更高的企业支付了更高工资，而出口增加了企业支付的工资，贸易开放强化了工资不平等，可能增加失业，也可能降低失业，虽然贸易均衡时的工资不平等比封闭条件下更高，但是渐进的贸易自由化首先会增加工资不平等，然后会减少工资不平等。赫尔普曼等（Helpman et al.，2012）利用巴西雇主—雇员相联系的数据，证明总的工资不平等在部门内的职业和观测到的带有相似特征的工人来说上升了，这一内部构成是由企业间工资的离散程度决定的，而企业间工资的离散是与就业规模和贸易参与度相关的，贸易增加了企业和工人可获得的就业机会，这构成了贸易利益的一个来源，但是只有一部分企业发现利用这些机会是有利可图的，这是贸易对于工资不平等影响的机制。当只有一部分企业出口时，进一步贸易自由化增加了工资不平等，但是一旦这部分出口企业变得足够大时，工资不平等将达到顶峰，从而开始下降。斯通、梢丁和勒让德（Stone，Sourdin，Legendre，2013）的研究表明，在大多数情况下，较高的出口和外包与更低的失业可能性和持续的工资溢价相联系，进口渗透率上升趋势略微增加了失业，压低了工资，出口的扩大一般会提高高技能工人的报酬。帕兹（Paz，2014）在一个小国开放经济中研究了贸易自由化对劳动力市场的影响，并用巴西 1989—2001 年间贸易自由化数据实证证实，国内进口关税的减少降低了正式工作的工资，但是对非正式劳动者就业的影响是模糊的，影响的性质取决于最初的劳动力市场状况。巴西主要贸易伙伴进口关税的削减效应是提高了巴西产业层面的平均正式工资，降低了非正式就业的份额。而相对应的是，在巴西进口关税的下降刚好产生了相反的结果。这样，虽然多边贸易自由化可能减少非正式就业，增加正式就业的工资，实证结果表明贸易自由化的利益是根据工人就业于非正式工作的倾向而定。伊特斯柯胡克和赫尔普曼（Itskhoki，Helpman，2014；2015）建立了一个异质性企业贸易模型，动态地考察了贸易自由化的动态过程，在模型中雇佣工人的沉没成本导致生产率低的非出口公司在短期内不情愿解雇工人和退出该行业，这种情况会挤出新的更有生产能力企业的进入，最后贸易冲击短期内会在先前的同质工作者中产生受益者和受损者，差工作集中在非出口部门，受到贸易自由化的负面影响。事前工资相同的工作贸易开放后结果却显著不同，因为贸易冲击发生后，高生产率的存留企业将会比低生产率的存留企业支付更高的工资，提供更具稳定性的工作。迪克斯-卡内罗和科威克（Dix-Carneiro，Kovak，2015）建立了一个包含两种类型工人的特定要素模型：熟练劳动力和非熟练劳动力，他们考察了巴西20世纪90年代贸易自由化的影响，发现贸易自由化对于1991年至2010年间技术溢价的演变产生了显著重要影响，贸易自由化使技能溢价发生了微弱下降。

3.2.3 总结

除了在分析方法上的差异，现有研究关于贸易对一国劳动力工资水平和工资差距的影响并未得出一致性的结论。大量的研究表明，对于许多国家来说，贸易能够影响到一国特定劳动力群体的工资水平和工资差距的变化，只是在影响的强度上存在具体的差异，并且对工资水平和工资差距变动的影响来看，国内其他诸如技术进步等经济因素也在发挥着重要作用。而国际贸易发展与国内因素对于一国内部工资变动的影响强度的差异，很大程度上属于研究对象自身特征差异所导致的经验问题，传统贸易理论分析的基本结论并未被否定，虽然贸易可能降低一国部分群体的收入水平，或者在特定时期内扩大不同劳动力群体间的工资差距，但是整体上来看，多数研究依然支持贸易增进一国福利的基本结论。

3.3 劳动力市场配置的贸易效应

劳动力特质与劳动力市场特征相结合所决定的劳动力配置状态是影响一国比较优势和贸易模式的重要因素，会对一国贸易发展产生重要影响，相应也会影响到一国得自贸易的福利状况。

3.3.1 劳动力市场配置对贸易模式的影响

与要素禀赋和技术相对差异的分析相似，越来越多的新近研究表明，制度质量差异作为一国比较优势新来源的重要性。一国的专业化和贸易不是外生于要素禀赋和技术差异的结果，而是内生于国家间制度差异的，制度环境的差异构成了比较优势的独立来源。因为不同产品生产对制度质量的依赖程度是不同的，如果一国的制度环境支持特定技术的选择，从而降低了相应的交易和生产成本的话，则会产生基于制度质量差异的比较优势（郭界秀，2013）。而劳动力市场运行的效率直接受到一国国内劳动力市场制度况状的影响，因此劳动力市场配置效率成为影响比较优势和专业化选择的重要因素。戴维德松等（Davidson et al.，1999）、赫尔普曼和伊特斯柯胡克（Helpman，Itskhoki，2010）证实，比较优势决定因素的传统列表应该包括劳动力市场特征，甚至有学者认为国家间劳动力技能的结构特征对于贸易模式的影响要高于资本要素禀赋和制度决定的比较优势（Alfonso，Zurita，2011）。

圣－保罗（Saint－Paul，1997）根据产品生命周期理论分析了解雇成本与国际专业化间的联系：劳动力市场更灵活的国家在一些相对于更成熟的产业面临更高总需求波动的新产品上表现出比较优势。戴维德松等（Davidson et al.，1999）提出了一个均衡失业模型，证实了国家间劳动力市场摩擦的差异可能是比较优势和贸易的一个来源，其中拥有更好搜寻技术的国家在一些高失业或高岗位空缺的部门具有比较优势。在凯姆保罗（Kambourov，2009）、赫尔普曼、伊特斯柯胡克和瑞丁（Helpman，Itskhoki，Redding，2010）的模型中，贸易自由化后劳动力的重新配置取决于该国的劳动力市场制度，例如解雇成本和搜寻摩擦，外部冲击虽然会对本国劳动力市场流动率产生负面影响，而国家间在决定劳动力市场基础性条件上的差异对于比较优势模式具有决定性的影响。

赫尔普曼和伊特斯柯胡克（Helpman，Itskhoki，2010）建立了一个两国、两部门企业异质性国际贸易模型，两个部门中的一个部门生产同质产品，另一个部门生产异质产品，差异产品行业具有企业异质性、垄断竞争、劳动力市场的搜寻—匹配、工资讨价还价特征，两国间除了在劳动力市场摩擦外其他方面都是相似的，从而研究了劳动力市场灵活性与贸易障碍间相互作用在塑造贸易模式、贸易流、贸易利益等方面的关系。他们的研究表明，两国均可从国际贸易中获益，但是劳动力市场更灵活的国家获益比例更高，劳动力市场更灵活的国家将在差异化产品上具有比较优势，并且净出口该种产品同时进口同质产品，两国间劳动力市场制度差异越大，两国产业间贸易流越大，产业内贸易的份额越低。一国通过改革本国劳动力市场制度降低劳动力市场摩擦中获益，但是这会伤害到贸易伙伴国的利益，当贸易摩擦较低而不是较高的时候，一国从劳动力市场改革中获益更大，减少国内劳动力市场摩擦提高了国内企业的竞争，这将改善外国的贸易条件，但是也将外国企业从差异产品部门挤出。结果本国福利增加，外国则下降，因为外国贸易条件的改善，被竞争效应超越，而同时等比例地降低两国劳动力市场摩擦将会使两国均获益。模型产生了多种形式的失业，结果使两国获益的贸易一体化可能会提高两国的失业率，而失业率的差异并非必然反映了劳动力市场灵活性上的区别，失业率在劳动力市场灵活的国家可能更高或更低，但是劳动力市场灵活的国家拥有更高的全要素生产率和更低的价格水平。此项研究的政策含义体现在两个方面：一方面，贸易和劳动力市场政策是彼此互补的；另一方面，贸易摩擦越低，一国从更低的劳动力市场摩擦获益越多，反之则相反。当一国改进本国的劳动力市场制度从而伤害到另一个贸易伙伴国时，贸易伙伴可以通过改进该国的劳动力市场制度来抵消导致的福利损失。

唐（Tang，2012）建立了一个开放经济模型，研究了一国的劳动力市场制度通过影响工人的技能获取从而能够塑造该国的出口模式，其中工人承担非契约性的活动以获得特定公司在某岗位上的技能。劳动力市场保护提高了工人获得相对于一般性技能的特定公司技能的动力，从而使劳动方面的法律成为比较优势的一个来源，因为当劳动法更具有保护性时，工人期望与雇主保持一种更加稳定的雇佣关系，并且获得事实上与他们的雇主更高的讨价还价能力，工人拥有更大的动力去获得相对于一般技能的特定企业技能，这样具有更多保护性劳动法的国家在企业特定技能更重要的部门拥有比较优势，在企业特定技能密集型部门的集约和外延边际出口方面相对更多。通过估测 84 个国家部门水平的引力方程，劳动力市场制度对于出口二元边际产生了积极影响。库纳特和梅勒茨（Cuñat，Melitz，2012）利用世界银行开发的劳动力市场刚性指数数据，研究了波动率、劳动力市场灵活性和国际贸易间联系。劳动力市场管制的国际差异会影响企业对特定冲击的调整。这些制度上的差别与部门在波动性上的具体差异的相互作用产生了一个新的比较优势来源。其他条件不变的情况下，劳动力市场更灵活的国家将专业化于波动性较高部门的生产。大样本国家的经验证据有力地支持这一理论：劳动力市场更灵活的国家偏向高波动性行业产品的出口，劳动力市场摩擦与出口之间存在负相关的关系。

3.3.2 劳动力市场配置对贸易流量的影响

贸易自由化政策促进就业依赖于完善的劳动力市场和有利的投资环境，但是现实劳动力市场的不完善性可能造成不利的投资环境，从而影响贸易政策调整的效果。劳动力市场的管制会抑制一个国家的出口，由于严格的劳动力市场管制，不能创造新工作的企业出口的可能性更低，准备出口的企业在出口之前将扩张它们的规模，但是劳动力市场的刚性使得这一调整成本高昂，更高的就业成本降低了经营利润，导致了进入出口市场更高的生产率门槛，从而使得更少的企业参与出口，同时还会阻止劳动力在产业内和产业间的重新配置（Schuster，2011；Seker，2012）。斯科（Seker，2012）考察了存在劳动管制的投资环境下，劳动力市场管制如何抑制了出口，利用东欧和中亚地区 26 个国家的企业层面数据实证考察发现，由于严格的劳动力市场管制，不能创造新就业的企业出口的可能性更低，准备出口的企业在开始出口以前将会扩大它们的企业规模和劳动力雇佣，然而，劳动力市场管制导致的劳动力市场刚性造成这一调整成本高昂，提高了就业成本，更高的就业成本降低了经营利润，导致了进入出口市场更高的生产率门槛水平，结果只有一小部分企业能负担出口的高成本，因此劳动力市场管制不利于出口规模的扩大。

法杰格尔鲍姆（Fajgelbaum，2013）建立了一个研究开放经济中劳动力市场摩擦影响企业行为的模型，刻画了企业在出口的动态投资与职位流动性下搜寻摩擦间的相互作用，劳动力在工作岗位间转移过程中的搜寻摩擦导致了企业成长缓慢，阿根廷的数据分析表明，劳动力在企业间的转移和出口动态表明，工作流动上的摩擦对于企业成长和企业整体表现具有很大的影响，劳动力市场摩擦导致劳动力的缓慢调整意味着贸易提供的市场规模扩张提高了就业者的人均收入，经济中企业的异质性程度是内生的，并且取决于企业生命周期中实施的投资，在更僵硬的劳动力市场，企业面临着更高的成本，将会推迟对工人的雇佣，出口密集度更低，因为企业的成长更慢。

夸德拉（Cuadra，2014）在异质性企业贸易模型中纳入劳动力市场摩擦形式的雇佣和解雇成本以及金融摩擦，分析了金融和劳动力市场摩擦对出口企业的影响，模型预测得出劳动力市场摩擦会增加出口商总可变成本，因此导致对外部资金的需求上升，如果这些出口商也面临着金融摩擦形式的借贷限制，它们将不能获得其最优生产水平所需的所有信贷，这将最终影响到它们的外延出口的概率和它们出口更多产品（集约边际）的可能性。夸德拉（2014）使用世界银行对92个国家2006年至2014年间企业调查数据进行了检测，调查结果证实金融和劳动力市场摩擦对出口的决定有负面的影响，在金融摩擦存在的条件下劳动力市场摩擦对贸易外延边际和内涵边际产生了负面影响。谢和科莱诺（Hsieh，Klenow，2009；2014）的研究也发现，资本和劳动力市场扭曲在企业间产生了资源的错配，这导致一个国家的总的全要素生产率的降低，阻碍企业的成长和贸易的发展。

3.3.3 劳动力市场配置对贸易利益的影响

瑞万格（Revenga，1997）认为在诸如墨西哥和摩洛哥等发展中国家发现的劳动力市场对贸易自由化很小的反应，可能反映了劳动力市场严格的管制，说明劳动力市场对贸易的影响及贸易的作用受到抑制。拉齐尔（Lazear，1990）、泰拉和麦克卡洛（Tella，MacCulloch，2005）对OECD国家的经验分析表明，更高的解雇成本增加了就业和失业的持续时间，降低了就业和劳动力的参与度，对于失业影响是不明确的。赫克曼和佩格斯（Heckman，Pagés，2000）利用OECD、拉丁美洲和加勒比地区国家间关于解雇成本的时间序列数据研究得出了相似的结论。科瑞斯纳、穆霍帕迪亚和亚沃斯（Krishna，Mukhopadhyay，Yavas，2002）通过模型化李嘉图、特定要素和H－O模型，解释了贸易对于存在制度性差异国家的不同影响。贸易具有贸易条件效应和产出效应，两者在非扭曲的经济中均增进福利，但在一个扭曲的经济中，价格效应会增进福利，然而产出效应会减少福利，而大的扭曲经济更可能在贸易中受损，因为有利的价格效应会更小。另外，产品间的替代性越高，通过贸易所得的福利更可能上升。在计划经济的转型中，国有部门（扭曲部门）通常支付给工人一个与能力存在很小联系的平均工资，如果其他部门未被扭曲并且支付一个基于生产率的工资，那么最好的工人将被吸引到未被扭曲的部门，而能力更低的工人涌向扭曲部门。他们的分析表明，当贸易开放的时候，在发展中国家普遍存在的劳动力市场扭曲可能导致福利的下降，对于大国来说尤其如此。

凯姆保罗（Kambourov，2009）建立了一个动态一般均衡模型，指出了把当地劳动力市场制度特征放入贸易改革分析的重要性，一项贸易改革通常被认为是有益的，因为贸易障碍的消除允许劳动力向该经济体具有比较优势的部门配置，资源重新配置的数量和速度以及改革后的产出、生产率、福利变化将取决于劳动力市场如何受到管制。他的研究证实，较高的解雇成本在贸易改革后减缓了劳动力在部门间的重新配置程度，例如对墨西哥的经验分析表明，在一个僵硬的劳动力市场环境中执行贸易自由化将会出现劳动在部门间重新配置时间上的延长，而在智利这样一个劳动力市场灵活的环境中实施的贸易自由化经历了劳动力市场重新配置的快速实现和巨大调整。如果一国没有在贸易改革开始时放松对劳动力市场的管制和限制，部门间劳动力重新配置的速度将会慢30%，在贸易改革后的年份中该经济体在实际产出和生产率方面的利益损失将高至30%。从政策角度来看，虽然贸易改革令人向往，但是为了成功地实施却需要劳动力市场改革作为配合。劳动力市场上解雇成本会以两种方式阻碍贸易利益的实现：由于较高的解雇成本企业不会解雇最优的工人数量；在出现负向的生产率冲击时，解雇成本的存在使得企业在雇佣新劳动者时更加谨慎，因为调整劳动力雇佣数量的决策会考虑到未来可能支付的解雇成本。在解雇成本存在的情况下，贸易改革的效应将会不同，虽然产出、就业和生产率可能没有显著地下降，然而该经济体很长时间内可能会经济停滞。因为在贸易改革后，将不会有足够多的劳动力向该国具有比较优势的新部门配置，虽然一些工人将会留在他们原来的旧部门来维持他们的人力资本，但是他们将失去在新的更具生产性部门获得人力资本的机会。

赫尔普曼、伊特斯柯胡克和瑞丁（Helpman，Itskhoki，Redding，2011）的异质性企业贸易模型的研究结果表明，如果一国劳动力市场摩擦下降，该国可能享受更高的生产率，但是也会对贸易伙伴国产生负面的生产率冲击，贸易开放可能提高工资差距和失业，但是总会提高福利水平，单边地削减劳动力市场摩擦会增加一国的福利，可能提高或降低失业率，但是总会有损于贸易伙伴国的利益，有效的政策干预应该从产品市场和劳动力市场共同实施，单边劳动力市场改革可能并不总是有利于贸易伙伴国，而协作性削减劳动力市场摩擦可能有利于每一个国家。

迪克斯－卡内罗（Dix－Carneiro，2011）建立了一个代际重叠的异质性企业贸易模式，其中工人的部门特定经验是在内生积累的，劳动力在部门间的转换成本高昂，通过估测巴西劳动力市场的动态结构均衡模型研究了贸易导致的劳动力转换动态。由于部门特定经验在部门间是不完全转移的，这导致了额外的劳动力流动障碍。模型估测发现，劳动力市场对贸易自由化的反应巨大，但是转移可能需要几年时间，劳动力在部门间的转换持续的时间和强度对于物质资本的流动是非常敏感的，如果资本是完全流动或不流动，95%的工人再配置只有在5年后才会完成。国际贸易带来的潜在总福利增进显著地被滞后的劳动力市场调节削弱，贸易导致的福利效应取决于最初的就业部门和工人的地域分布。在贸易自由化冲击发生之前，就业于高技术制造业部门的劳动力会遭受巨大的损失，尤其是拥有更高教育程度的工人。由于调整缓慢且成本高昂，用潜在贸易利益增进衡量的调整成本占16%~42%，在补偿受损者上，一个覆盖转移成本的补贴比再培训更有效，流动成本在解释劳动力市场缓慢的调整方面比部门特定经验更重要。

卡恰托雷（Cacciatore，2014）建立了一个异质性企业和生产者内生进入的两国动态随机一般均衡模型，研究了劳动力状况对贸易自由化的福利影响发现，当地劳动力市场的制度特征塑造着国家间的比较优势模式，决定了贸易一体化的长期福利结果。贸易自由化通过引致更高的生产率有利于福利增进，但是在调整的过渡期当贸易壁垒降低时失业可能暂时地上升，在劳动力市场比较僵硬的国家贸易利益要更小，因为生产会逐渐向劳动力市场更灵活的经济体转移。更强的贸易联系导致了国家间商业周期的同步性上升，而这一效应的强度取决于一体化伙伴国之间劳动力市场的特征，因为更相似的劳动力市场会增加协同的程度。

大量的证据表明，一国劳动力市场制度是失业的重要影响因素，全球化条件下，贸易伙伴国的制度会对一国均衡失业率产生重要影响。鲍霍尔（Boulhol，2011）把北—北贸易模型与南北贸易模型结合在一起，研究发现当相关劳动力市场制度成为比较优势的来源时，其对于均衡失业的影响是至关重要的。因为劳动力市场会影响相对价格，从而产生在特定产品上的比较优势，会强化或弱化对于劳动密集型产品的需求，具体取决于国家间在劳动力市场上的管制。当两个发达国家发生贸易时，高管制国家具有更高的劳动相对成本，倾向于专业化生产资本密集型产品，由于劳动需求的下降将会使失业增加。在北—北贸易模型中，劳动力市场灵活的国家由于贸易引致的对劳动密集型产品需求的增加，将从与劳动力市场僵硬的国家贸易中获益，总就业会增加。通过贸易以及贸易引致的要素价格变化，在劳动力市场制度上的比较优势将使劳动力市场灵活的国家将一部分劳动力搜寻成本转移给劳动力市场僵硬的国家。当一个南方国家引入北—北均衡中时，整体的专业化将源于要素禀赋与制度驱动的比较优势。当要素禀赋效应居于主导时，劳动禀赋丰裕的南方国家专业化于劳动密集型产品。结果发展中国家的失业上升，两个发达国家的失业也比北—北均衡时上升。把北—北贸易模型与南北贸易模型结合在一起，在劳动管制较高的国家失业毫无疑问将上升，而低劳动管制国家失业的变化带有不确定性。

3.3.4 总结

贸易的发展不仅能够影响一国劳动力市场的运行和就业状况，并对劳动力工资水平及不同群体劳动者间工资差距产生相应的影响，大量的研究也表明，一国劳动力市场的运行特征也能够对一国贸易产生相应的影响，成为一国参与贸易比较优势的基础，从而对一国贸易规模和贸易福利的实现产生深刻的影响。因此贸易发展与劳动力之间的关系远比一般性贸易模型所描述的复杂，二者之间明显存在复杂的双向影响关系，一定程度上二者之间是一种彼此内生的关系。在全球化的背景下，一国尤其是经济发展相对落后的发展中国家通过扩大开放，深度融入世界经济的过程中，单纯地利用要素禀赋的优势基础可能不足以实现开放经济利益的获取，一国开放经济政策的调整必须与国内要素市场制度的调整与建设结合起来，才可能实现更为有利的结果。

4 中国二元劳动力市场演进对贸易发展的影响

4.1 劳动力市场配置与中国贸易发展概述

劳动力资源是经济活动中最为重要的生产要素，以经济资源的优化配置为主要目的的经济学，自然将劳动力资源的配置放在一个重要的位置上（袁志刚，2002）。[①] 作为世界上人口规模最大、劳动力要素资源最丰富的经济体，中国改革开放前后经济发展绩效的不同，很大程度上与经济发展战略选择导致的劳动力配置方式和配置效率的不同有关，不同发展战略的选择不仅内生出与之相对应的经济运行体制，导致经济运行模式的差异，而且也使得内部经济与外部经济联系的过程中运行方式和运行效率存在差异。改革开放前后中国贸易发展状况的显著差异，正是发展战略选择和经济体制运行差异影响资源配置效率的一个缩影，系统地分析两种战略背景下劳动力配置对贸易发展的影响，有助于深刻反思中国传统经济发展的基本教训，总结中国新时期经济发展的成功经验，为进一步推动中国经济发展迈入更高的发展阶段和发展水平提供借鉴和理论支撑。

4.1.1 改革开放前中国贸易发展

新中国成立至改革开放前的一段时期，我国经济及各项事业开始从原来极为破败落后的基础上逐渐得到恢复，并逐步发展了起来，我国的对外

---

① 陆铭．现代经济学［M］．上海：复旦大学出版社，2002.

贸易也获得了相应的发展。但是由于贸易发展的起点低、底子薄，虽然进出口贸易基本上保持了上升发展势头，但是我国对外贸易在世界贸易格局中的地位基本上没有得到根本性的改观，对外贸易的发展对国民经济发展虽然产生了一定的积极影响，但是其对经济的拉动作用相对微弱，基本上处于被动的从属地位，对外贸易和对外经济发展没有发挥出对国民经济应有的贡献。中华人民共和国成立之初，我国对外贸易规模相对较小，1950年我国进出口贸易总量仅为11.3亿美元，其中出口5.5亿美元，进口5.8亿美元，贸易收支处于逆差状态。在外汇短缺的背景下，为了发挥对外贸易服务国民经济发展的基本目的，政府根据“对内节制资本，对外统制贸易”的方针，对私营进出口企业实施积极改造的政策，通过生产资料社会主义改造，引导其走社会主义道路。通过生产资料的所有制改造，1956年私营进出口企业完成了全行业公私合营，政府逐步建立起由国家统一管理的对外贸易计划调节体制，成立了中央和地方对外贸易专门管理机构，制定了一系列管理与调节对外贸易活动的政策法规，设立了一批专门经营对外贸易活动的进出口外贸公司，统一经营所有的对外贸易进出口活动，开展重要物资的进出口业务。

在国家的统一管理调节下，我国对外贸易早期获得了一定的发展，具体的发展指标见表4-1中的数据。尤其是新中国成立初期的20世纪50年代，我国贸易发展势头良好，对外贸易规模整体上保持上升趋势，进出口总额由1950年的11.3亿美元上升至1959年的60.6亿美元，其中出口和进口分别由1950年的5.5亿美元和5.8亿美元增至1959年的31.7亿美元和28.9亿美元，对外贸易逆差的态势得到了缓解并逐渐实现了扭转。我国对外贸易占世界贸易的比重也呈现同步上升势头，出口和进口占世界比重分别由1950年的0.89%和0.91%增至1959年的2.69%和2.34%，我国贸易地位相对有了一定提升。20世纪50年代末以后，受国内激进政策实施和政治环境的影响，我国对外贸易活动在波动中缓慢发展，1960年和1966年后对外贸易出现了一定程度的萎缩，虽然经过及时的政策调整，贸易规模有了一定的回升，但是从进出口占世界进出口总量的比重来看，基本上呈现下滑趋势，我国贸易发展受到了明显抑制。从贸易发展对国民经济的影响来看，我国贸易依存度除了在新中国成立初的一段时期有过一定的提升，之后基本上呈下降趋势，以致1978年进出口总量、出口、进口三个维度的贸易依存度基本上与1952年的水平相当，而1978年的进口依存度（5.14%）甚至比1952年（5.52%）还低，表明我国改革开放以前经济发展处于一种相对封闭的状态，对外贸易对国民经济发展应有的促进作用没有得到充分发挥。

表4-1 改革开放前中国进出口贸易发展指标统计

年份	出口（百万美元）	进口（百万美元）	出口占世界比重（%）	进口占世界比重（%）	进出口依存度（%）	出口依存度（%）	进口依存度（%）
1950	550	580	0.89	0.91	—	—	—
1951	760	1200	0.92	1.36	—	—	—
1952	820	1120	1.03	1.27	9.51	3.99	5.52
1953	1020	1350	1.26	1.58	9.82	4.22	5.59
1954	1150	1290	1.35	1.44	9.86	4.65	5.20
1955	1410	1730	1.5	1.74	12.06	5.35	6.71
1956	1650	1560	1.58	1.42	10.56	5.41	5.15
1957	2214	2031	1.95	1.67	9.77	5.10	4.68
1958	2726	2506	2.49	2.17	9.84	5.12	4.72
1959	3172	2892	2.69	2.34	10.37	5.42	4.94
1960	2571	2648	1.97	1.92	8.81	4.34	4.47
1961	1942	1747	1.43	1.22	7.43	3.91	3.52
1962	1913	1373	1.33	0.91	7.03	4.09	2.94
1963	2031	1450	1.3	0.88	6.93	4.04	2.89
1964	2250	1710	1.28	0.93	6.70	3.81	2.89
1965	2563	2246	1.35	1.13	6.89	3.67	3.22
1966	2681	2482	1.29	1.14	6.79	3.52	3.26
1967	2388	2169	1.09	0.95	6.30	3.30	3.00
1968	2340	2068	0.96	0.82	6.27	3.33	2.94
1969	2429	1917	0.88	0.67	5.50	3.07	2.43
1970	2307	2279	0.73	0.69	4.99	2.51	2.48

续表

年份	出口（百万美元）	进口（百万美元）	出口占世界比重（%）	进口占世界比重（%）	进出口依存度（%）	出口依存度（%）	进口依存度（%）
1971	2783	2129	0.78	0.58	4.96	2.81	2.15
1972	3693	2851	0.88	0.66	5.81	3.28	2.53
1973	5876	5208	1.01	0.87	8.07	4.28	3.79
1974	7108	7791	0.84	0.9	10.42	4.97	5.45
1975	7689	7926	0.88	0.87	9.64	4.75	4.89
1976	6943	6660	0.7	0.65	8.92	4.55	4.37
1977	7520	7148	0.66	0.61	8.46	4.34	4.12
1978	9955	11131	0.76	0.82	9.74	4.60	5.14

数据来源：联合国贸发会议数据库，依存度的数据根据《新中国六十五年统计资料汇编》有关数据整理、测算得到，—表示数据缺失。

从对外贸易商品结构来看，中国出口商品结构基本与国内相对落后的生产结构相一致，进口商品结构类型主要立足于满足发展国内生产的基本需要。改革开放前，我国出口商品结构随着经济结构的发展变化有表现出一定的结构变动特征，具体参见表 4－2 中数据。但是中国出口产品以农副和工矿等初级产品为主的基本格局一直未变，而以农副产品加工品为主的制成品出口的比重相对较小，虽然在新中国成立初至 1961 年间保持上升趋势，此后则基本呈现下滑趋势，这反映出我国出口商品结构相对比较落后。

表 4－2　中国改革开放前进出口贸易结构　　（%）

年份	不同类型产品出口占比			不同类型产品进口占比					
	农副产品	农副产品加工品	工矿产品	生产资料					生活资料
					机器设备	生产原料			
							工业原料	农业物资	
1950				83.4	22.5	60.9	59.2	1.7	16.6
1951				81.3	35.1	46.2	44.0	2.2	18.7
1952				89.4	55.7	33.7	31.2	2.5	10.6
1953	55.7	25.9	18.4	92.1	56.6	35.5	33.7	1.8	7.9
1954	48.3	27.7	24.0	92.3	54.2	38.1	35.0	3.1	7.7
1955	46.1	28.4	25.5	93.8	62.8	31.0	27.8	3.2	6.2

续表

年份	不同类型产品出口占比			不同类型产品进口占比					
	农副产品	农副产品加工品	工矿产品	生产资料					生活资料
					机器设备	生产原料			
							工业原料	农业物资	
1956	42.6	31.3	26.1	91.6	53.5	38.0	32.4	5.6	8.4
1957	40.1	31.5	28.4	92.0	52.5	39.5	34.6	4.9	8.0
1958	35.5	37.0	27.5	93.1	45.0	48.1	41.6	6.5	6.9
1959	37.6	38.7	23.7	95.7	52.8	42.9	38.2	4.7	4.3
1960	31.0	42.3	26.7	95.4	49.7	45.7	41.6	4.1	4.6
1961	20.7	45.9	33.4	61.9	22.8	39.1	34.5	4.6	38.1
1962	19.4	45.9	34.7	55.2	14.6	40.6	35.1	5.5	44.8
1963	24.2	42.9	32.9	56.0	9.6	46.4	37.6	8.8	44.0
1964	28.0	39.1	32.9	55.5	10.9	44.6	38.2	6.4	44.5
1965	33.1	36.0	30.9	66.5	17.6	48.9	40.1	8.8	33.5
1966	35.9	37.5	26.6	72.2	22.3	49.9	40.9	9.0	27.8
1967	39.3	36.3	24.4	76.0	20.1	55.9	46.0	9.9	24.0
1968	40.0	38.2	21.8	77.2	15.6	61.6	48.8	12.8	22.8
1969	37.4	39.0	23.5	82.4	11.9	70.5	57.2	13.3	17.6
1970	36.7	37.7	25.6	82.7	15.8	66.9	57.4	9.5	17.3
1971	36.2	34.9	28.9	83.9	21.9	62.0	52.8	9.2	16.1
1972	31.3	41.0	27.7	79.4	19.5	59.9	51.1	8.8	20.6
1973	35.8	39.5	24.7	76.4	15.3	61.1	54.8	6.3	23.6
1974	36.4	29.8	33.8	75.7	20.8	54.9	49.8	5.1	24.3
1975	29.6	31.1	39.3	85.4	32.1	53.3	45.7	7.6	14.6
1976	28.4	32.7	38.9	86.8	30.9	55.9	50.2	5.7	13.2
1977	27.6	33.9	38.5	76.1	17.7	58.4	51.6	6.8	23.9
1978	27.6	35.6	37.4	81.4	17.5	63.9	57.6	6.3	18.6

数据来源：中国对外经济贸易年鉴（1985），水利电力出版社。

就进口商品结构而言，早期进口商品主要分为生产资料和生活资料两大类，在这两种产品的进口中，生产资料的进口一直居于主导地位，新中国成立之初，生产资料进口比重就已高达83.4%，此后的十年间该比重保持持续上升（见表4-2中数据所示），1959年最高达到95.7%。由于三年经济困难因素的不利影响，国内生活资料出现严重短缺，所以1961年后的连续三年，我国生活资料的进口迅速增加，由1960年的4.6%的较低水平迅速增至1961年的38.1%，并在此后的连续三年保持在44%左右的较高比重水平，1964年之后，生活资料进口比重开始逐步下降，1976年达到了13.2%的水平。在生产资料的进口中，农业投入物资原料的进口基本上稳定在一个相对较低的水平，具体见表4-2中数据所示，多数年份的进口占比低于10%，而机器设备和工业原料的进口占比居于主导地位，新中国成立初的一段时期，机器设备进口比重上升较为迅速，这反映了我国当时落后经济发展所需的先进机器设备极为短缺，需求极为迫切的基本事实。而工业原料的进口占比一直比较高，这一定程度上与我国工业基础薄弱，工业化发展水平较为落后的基本状况有关。生产资料较高比重的进口，反映出国家迫切发展工业经济的愿望。

就进出口市场结构类型和贸易方式来看，新中国成立后至改革开放前的一段时期也发生了显著的变化。新中国成立初的较长时期内，受当时国际政治环境的影响，由于西方主要发达经济体对我国实施了较为严厉的经济封锁，我国对外贸易的开展主要与以苏联为首的计划经济国家间开展，我国与社会主义国家间贸易规模迅速攀升。1950年中国与苏联等计划经济体间贸易占我国对外贸易总量的26%，但到1952年这一比重增至72%，至50年代末一直都维持在70%以上的比重，其中与苏联的贸易占我国对外贸易总额的50%左右。在贸易方式上，中国当时与主要计划经济国家间的贸易主要是易货贸易，而现汇贸易的比重相对较低。20世纪60年代初，由于中苏关系的恶化，中国与苏联的贸易急剧萎缩，中国对外贸易开始转向发达国家和其他发展中国家，中国与这些国家间贸易规模逐渐攀升，至1965年，我国与西方资本主义国家间贸易占对外贸易的比重已上升至52.8%，至1978年则进一步上升至55.9%的水平，而与计划经济国家的贸易占对外贸易总量的比重则下降至14.1%的较低水平。虽然从贸易规模上来看，中国的整体进出口量都有了较大的提升，但是从中国进出口占世界进出口的比重，以及中国贸易世界排名来看，中国贸易地位则出现了一定程度下降。以出口为例，1950 年中国出口世界排名第 26 位，之后由于贸易量的攀升排名有所提高，1959 年最高升至第 12 名，此后则开始出现持续下滑，到 1978 年中国出口世界排名降至全球第 32 位的历史最低位置，这表明中国贸易效率相对低下，中国贸易增速远低于世界平均增速。改革开放以前，中国对外经济贸易发展片面强调独立自主、自力更生的基本原则，忽视了对外贸易发展对经济发展的重要性，错失了利用外部经济环境推动经济社会发展的大好机遇，整体经济在一个相对封闭的状态下向前缓慢发展推进。

4.1.2 改革开放以来中国贸易发展

改革开放以来，随着经济体制改革的不断推进，我国外贸体制发生了根本性的变化，政府完全垄断贸易经营的局面逐步被打破，外贸经营权不断下放，独立经营、自负盈亏的企业开始成为中国对外贸易的主体，市场机制在开放经济环境下逐渐发挥出对要素配置的主导作用。20 世纪 80 年代，我国对外贸易计划控制体系逐步解体，贸易自由化进程加快向前推进，到 90 年代末，政府对贸易的直接控制基本完全放弃，我国的贸易开放程度迅速提高，在世界贸易中的地位大大提升，对外贸易对我国经济发展的促进作用得到了充分释放。

从 20 世纪 70 年代末开始，中国改革开放事业的深入推进激发了我国经济发展潜能，对外贸易获得了前所未有的发展机遇，中国贸易发展开始引领世界，创造了贸易发展的世界奇迹。自 20 世纪 80 年代初，中国贸易增速一直维持在较高水平（见表 4 – 3 中数据），1980—2010 年间，中国出口与进口平均增速分别达到 16.7% 和 15.4%，远远超过了世界同期平均增速，也超过了其他各种类型经济体。尤其在 2001 年中国入世以后，中国贸易发展潜力进一步得到释放，进出口增速连续多年保持在 20% 以上。中国贸易规模急剧扩张（见表 4 – 4 中数据），出口与进口分别由 1978 年的 99.5 亿美元和 111.3 亿美元，迅速升至 2015 年的 26930 亿美元和 23624 亿美元，不仅扭转了改革开放初的贸易逆差趋势，并且连续多年保持了较大规模的贸易顺差。2009 年中国商品出口、进口总额分别为 12016 亿美元和 10059 亿美元，成为世界第一出口大国和第二进口大国，此后我国进出口贸易继续稳步增长，2013 年中国对外贸易总额达到 41600 亿美元，开始超过美国 39103 亿美元的水平，贸易总量排名世界第一。在中国贸易规模攀升的同时，中国进出口占世界贸易总量的比重也不断提高，至 2013 年，中国出口和进口占世界贸易总量的比重分别达到 11.65% 和 10.30%，中国已经成为名副其实的世界第一贸易大国。

表 4－3　中国不同时期贸易增速国际比　（%）

年份	出口平均增速					进口平均增速				
	中国	世界	发展中经济体	转型经济体	发达经济体	中国	世界	发展中经济体	转型经济体	发达经济体
1980—1985	7.6	-0.9	-3.9	3.0	0.1	13.8	-0.8	-2.1	2.2	-0.4
1980—1990	12.8	5.9	3.0	3.7	7.2	13.5	6.0	4.0	5.0	6.8
1980—2000	14.8	7.1	7.6	1.1	7.2	13.0	7.0	8.1	0.0	6.9
1980—2010	16.7	7.7	9.3	6.2	7.0	15.4	7.6	9.2	4.9	7.1
1985—1990	18.3	12.5	12.5	4.1	13.1	7.0	12.6	12.5	8.3	12.8
1985—2005	16.4	7.5	9.9	4.7	6.7	14.2	7.5	9.4	2.5	7.0
1990—1995	18.7	7.7	10.9	3.4	6.7	20.7	7.1	12.9	-2.3	5.5
1990—2000	14.5	6.7	9.1	6.4	5.8	13.1	6.6	8.6	2.1	6.1
1990—2010	18.2	8.1	10.9	12.3	6.6	17.5	8.1	10.1	10.2	7.1
1995—2000	10.0	3.7	5.8	1.8	2.8	9.5	4.0	3.1	-4.9	4.6
1995—2005	17.5	6.6	9.2	10.4	5.2	18.5	6.7	7.5	7.0	6.4
2000—2005	26.7	11.4	14.4	20.0	9.5	26.5	11.3	13.5	21.8	10.0
2000—2007	27.5	13.2	16.7	22.7	10.9	25.0	13.0	15.6	24.5	11.5
2000—2008	26.9	13.7	17.2	23.8	11.3	24.2	13.5	16.4	25.7	11.7
2000—2010	22.4	10.9	14.4	18.5	8.5	20.9	10.6	14.1	20.1	8.6
2005—2010	13.5	6.3	9.2	9.4	4.1	14.2	5.9	10.4	12.1	3.2
2010—2014	9.9	4.8	6.4	4.6	3.5	8.2	4.5	6.7	4.6	3.0

数据来源：联合国贸发会议数据库。

表 4 -4 中国改革开放以来进出口额及占世界比重

年份	出口		进口		年份	出口		进口	
	规模	占比	规模	占比		规模	占比	规模	占比
1978	99. 5	0. 76	111. 3	0. 82	1996	1510. 5	2. 79	1389. 4	2. 53
1979	136. 1	0. 82	156. 2	0. 92	1997	1827. 9	3. 26	1421. 9	2. 50
1980	181. 0	0. 88	199. 4	0. 95	1998	1837. 1	3. 33	1403. 1	2. 49
1981	220. 1	1. 09	220. 2	1. 06	1999	1949. 3	3. 41	1657. 9	2. 83
1982	223. 2	1. 18	192. 9	0. 99	2000	2492. 0	3. 86	2250. 2	3. 38
1983	222. 3	1. 20	213. 9	1. 13	2001	2661. 0	4. 30	2435. 5	3. 80
1984	261. 4	1. 33	274. 1	1. 35	2002	3256. 0	5. 01	2951. 7	4. 43
1985	273. 5	1. 39	422. 5	2. 08	2003	4382. 3	5. 77	4127. 6	5. 31
1986	309. 4	1. 45	429. 0	1. 94	2004	5933. 3	6. 43	5612. 3	5. 92
1987	394. 4	1. 56	432. 2	1. 67	2005	7619. 5	7. 25	6599. 5	6. 12
1988	475. 2	1. 65	552. 7	1. 86	2006	9689. 8	7. 99	7914. 6	6. 41
1989	525. 4	1. 69	591. 4	1. 84	2007	12204. 6	8. 70	9561. 2	6. 72
1990	620. 9	1. 78	533. 5	1. 48	2008	14306. 9	8. 86	11325. 7	6. 88
1991	719. 1	2. 04	637. 9	1. 75	2009	12016. 1	9. 57	10059. 2	7. 93
1992	849. 4	2. 24	806. 0	2. 06	2010	15777. 5	10. 31	13962. 5	9. 05
1993	917. 4	2. 43	1039. 6	2. 70	2011	18983. 8	10. 35	17434. 8	9. 47
1994	1210. 1	2. 80	1156. 4	2. 64	2012	20487. 1	11. 08	18184. 1	9. 76
1995	1487. 8	2. 87	1320. 8	2. 52	2013	22090. 0	11. 65	19499. 9	10. 30

数据来源：联合国贸发会议数据库。

注：进出口规模单位为亿美元，占比表示中国进口（出口）占世界总进口（总出口）的百分比。

从对外贸易商品结构类型来看，随着我国工业化的加速推进以及产业结构的快速升级，我国进出口商品结构得到了显著改善。初级产品在出口中的占比呈持续下降趋势，制成品的出口比重则不断提高，具体比值见表 4 -5 中数据，制成品出口在出口中居于绝对主导地位，并且高技术产品在制成品出口中所占比重也有了持续的提高，目前在总出口中所占比重已经达到 30% 左右。产品进口中，制成品的进口所占比重在改革开放初期的很长一段时期保持上升势头，自 1993 年开始，则出现下降趋势，而初级产品及原料的进口开始不断增加，这反映了我国经济发展过程中对于原料投入需求快速增加的基本状况。

表 4－5　改革开放以来中国进出口商品结构　（%）

年份	出口				进口			
	A_X	B_X	C_X	D_X	A_M	B_M	C_M	D_M
1981	53.4			46.6	63.5			36.5
1982	55.0			45.0	60.4			39.6
1983	56.7			43.3	72.8			27.2
1984	54.3			45.7	81.0			19.0
1985	49.3	1.9	3.9	50.7	87.5	11.2	12.8	12.5
1986	63.4	2.3	3.7	36.6	86.8	11.6	13.4	13.2
1987	66.4	2.3	3.5	33.6	84.0	12.5	14.9	16.0
1988	69.6	2.7	3.9	30.4	81.8	14.7	18.0	18.2
1989	71.4	3.5	4.9	28.6	80.1	11.6	14.5	19.9
1990	74.5	4.3	5.8	25.5	81.5	13.1	16.0	18.5
1991	77.5	4.0	5.2	22.5	83.0	14.8	17.8	17.0
1992	79.9	4.7	5.9	20.1	83.6	13.3	15.9	16.4
1993	81.8	5.1	6.2	18.2	86.3	15.3	17.7	13.7
1994	83.7	5.2	6.3	16.3	85.8	17.8	20.8	14.2
1995	85.6	6.8	7.9	14.4	81.5	16.5	20.3	18.5
1996	85.5	8.4	9.8	14.5	81.7	16.2	19.8	18.3
1997	86.9	8.9	10.3	13.1	79.9	16.8	21	20.1
1998	88.8	11.0	12.4	11.2	83.6	20.8	24.9	16.4
1999	89.8	12.7	14.1	10.2	83.8	22.7	27.1	16.2
2000	89.8	14.9	16.6	10.2	79.2	23.3	29.4	20.8
2001	90.1	17.5	19.4	9.9	81.2	26.3	32.4	18.8
2002	91.3	20.8	22.8	8.7	83.3	28.1	33.7	16.7
2003	92.1	25.2	27.3	7.9	82.4	28.9	35.1	17.6
2004	93.2	27.9	29.9	6.8	79.1	28.7	36.3	20.9
2005	93.6	28.6	30.6	6.4	77.6	30.0	38.6	22.4
2006	94.5	29.0	30.7	5.5	76.4	31.2	40.9	23.6
2007	95.0	28.6	30.1	5.0	74.6	30.0	40.3	25.4
2008	94.6	29.0	30.7	5.4	68.0	30.2	44.3	32.0

续表

年份	出口				进口			
	A_X	B_X	C_X	D_X	A_M	B_M	C_M	D_M
2009	94.7	31.4	33.1	5.3	71.2	30.8	43.3	28.8
2010	94.8	31.2	32.9	5.2	69.0	29.6	42.9	31.0
2011	94.7	28.9	30.5	5.3	65.3	26.6	40.7	34.7
2012	95.1	29.3	30.9	4.9	65.1	27.9	42.8	34.9
2013	95.1	29.9	31.4	4.9	66.3	28.6	43.2	33.7

数据来源：中国统计年鉴（历年），中国统计出版社。

注：A_X（A_M）表示工业制成品出口占出口（进口）总额比重，B_X（B_M）表示高技术产品出口占出口（进口）总额比重，C_X（C_M）表示高技术产品占制成品出口（进口）的比重，D_X（D_M）表示初级产品出口占出口（进口）总额的比重。

随着我国贸易规模的快速扩张和贸易结构的改善，我国的贸易依存度逐渐升高，国际贸易在我国经济发展中日益发挥出举足轻重的作用，其中出口也被学界视作拉动中国经济增长的“三驾马车”之一。改革开放初，我国贸易总量、出口和进口占 GDP 的比重分别为 9.74%、4.6% 和 5.14%，贸易发展对国内经济的影响相对没有得到充分发挥，此后，在开放战略的带动下，我国各项贸易依存度水平快速提升，至 2006 年贸易总量、出口和进口占 GDP 的比重分别达到 65.17%、35.87% 和 29.30% 的水平，虽然之后各项贸易依存度数值有所下降，但依然处于相对较高的水平，我国开放型经济发展的成就有目共睹，在新兴经济体中，中国也成为经济开放程度最高的国家之一。

4.1.3 劳动力配置对中国贸易发展的影响

劳动力市场结构非常重要，特定的市场结构在很大程度上可能导致劳动力配置调整的成本超过所创造的利益，从而会阻碍一国经济贸易的发展（Davidson，Matusz，2000）。改革开放前后，中国贸易发展绩效的差异很大程度上是由发展战略选择所内生出的不同经济体制导致的要素配置效率差异造成的，尤其是劳动力配置方式和配置效率的根本差异导致了不同的贸易发展和经济发展的结果。中国作为世界上劳动力资源最丰裕的国家，劳动力要素是我国经济社会发展最重要的资源之一，劳动力配置方式和配置效率会对经济和贸易的发展产生关键性影响。

改革开放之前，中国计划经济体制形成的逻辑起点是重工业优先发展的战略，传统的计划经济体制下重工业优先发展的战略选择内生出一系列扭曲性的政策选择（林毅夫、蔡昉、李周，1994），以宏观计划调节为主导的资源配置方式完全取代了以市场为主导的价格竞争机制对资源的引导与配置，造成了资源配置的低效率。因为新中国成立初，我国要素禀赋的基本特征是劳动要素丰富而资本稀缺，因此劳动力成本低廉而资本价格相对高昂。重工业的发展需要资本要素的密集投入，并且需要从世界市场进口大量的机器设备，在国内资本和外汇稀缺的背景下，这就带来了发展战略与要素禀赋特征的冲突，从而导致两方面的不利结果，一方面，如果是市场配置资源，则无法保证资本等要素顺利地流入资本密集型产业部门，实现重工业部门的优先发展；另一方面，即使资本要素流入重工业部门使资本密集型行业部门得到发展，那么由于资本价格昂贵，本国重工业部门也将是不具有自生能力，在开放市场条件下无法与国外同类产品和企业进行自由竞争。由此导致了两方面的政策选择来扭曲产品和要素的价格：对内实施扭曲的宏观经济政策、高度集中的资源计划调节模式和微观企业层面经营自主权的缺失（林毅夫、蔡昉、李周，1994）；对外则实施扭曲性的汇率政策、外汇管制以及对外贸易政府垄断。通过对内对外的政策扭曲，压低了重工业发展所投入的资本、劳动力和外汇的价格，降低了其发展的实际成本，很大程度上实现了重工业优先发展。

在重工业发展战略的主导下，通过一系列的计划政策调节，要素的配置实现了向工业行业尤其是重工业部门的倾斜，在基建投资中则一直存在向重工业部门严重倾斜的问题。如表4-6中数据所示，农业部门占基建投资的比例基本上维持在10%左右，在“六五”时期还出现了明显的下降，低至5.1%的水平；轻工业部门基建投资比例保持在6%左右的比例；而重工业部门基建投资基本上保持在40%以上的较高比例，表明当时经济发展的重工业化倾向极为明显。在重工业优先发展战略的影响下，改革开放以前的20多年中，工业部门的发展速度明显快于其他部门，基本上也领跑于总产值增速，具体的增长数据比较见表4-6。可以看出，即使在“二五”时期经济衰退的背景下，重工业部门也保持了1.1%的增长速度，而与之相对应，同期重工业部门基建投资的比重更是达到54%的最高水平。在扭曲性政策的支持下，虽然工业部门保持了较快的增长，但是从生产率的变化来看，工业部门劳动生产率的增速则相对较慢，除了1963—1965年期间，劳动生产率出现了较快的增长外（23%），其他时期均低于工业部门的增速，表明扭曲性的政策虽然实现了较快的工业产出增速，但是所伴随的要素产出效率并不容乐观。从劳动者的报酬来看，工业部门职工的平均实际工资增速更是慢于工业部门产出增速，并且在“二五”“三五”“四五”时期，还出现实际工资的下降，这有力证实了当时一系列扭曲性政策压低要素价格的基本特征和战略目标。

表4-6　不同经济指标年平均增速比较　（%）

年份	SA	AA	LA	HA	IA	IP	IW	AI	LI	HI
“一五”期	11.3	4.5	12.9	25.4	18.0	8.7	4.1	7.1	6.4	36.1
“二五”期	-0.4	-4.3	1.1	6.6	3.8	-5.4	-5.1	11.3	6.4	54.0
1963—1965年	16.5	11.1	21.2	14.9	17.9	23	7.7	17.7	3.9	45.9
“三五”期	9.3	3.9	8.4	14.7	11.7	2.5	-1.8	10.7	4.4	51.1
“四五”期	7.3	4.0	7.7	10.2	9.1	-0.3	-0.8	9.8	5.8	49.6
“五五”期	8.3	5.1	11.0	7.8	9.2	3.8	3.1	10.5	6.7	45.9
“六五”期	11.2	11.7	12.0	9.6	10.9	4.7	2.7	5.1	6.9	38.5

数据来源：国家统计局国民经济平衡统计司．国民收入统计资料汇编（1949—1985）[Z]．北京：中国统计出版社，1987.

注：工业劳动生产率按总产值计算。SA、AA、LA、HA、IA、IP、IW分别表示社会总产值、农业总产值、轻工业总产值、重工业总产值、工业总产值、工业劳动生产率、工业职工平均实际工资。、AI、LI、HI分别表示农业、轻工业、重工业占基建投资的比重。

与重工业发展战略相对应，产出结构的变化也表现出较高的一致性。如表4-7中数据所示，农业部门的产出在总产出中的比重开始呈现逐步下降趋势，由1952年的56.9%下降至1978年的27.8%；轻工业部门在总产值中的比值基本上维持在30%的水平上；而重工业部门的比重则保持了持续上升趋势，由1952年的16.3%上升至1960年的52.1%，虽然1961年出现了迅猛的下降，但依然保持了较高的比重，从1968年开始又重新出现稳速回升。但是与产出和投入结构变化不相一致的是劳动力就业结构的极度扭曲，在劳动力无限供给的基本背景下，为了保证重工业化战略的顺利实施，国家对劳动力的流动实行了严格的限制，1958年颁布的《中华人民共和国户口登记条例》以法规的形式确立了限制农村劳动力向城市流动的制度性规则，利用制度限制形成了典型的城乡二元劳动力就业格局。由于工业部门的发展主要集中在城市地区，城市劳动力就业的供给完全由政府根据经济战略实施的需要进行计划调节，劳动力在城市与乡村之间缺少自由流动的可能。因此从劳动力城乡分布上来看，我国城市就业增长相对缓慢，城市劳动力就业比重一直维持在较低的水平上，1952年我国城镇就业比重为11.99%，之后虽然城市就业比重有所上升，但依然处于比较低的水平，至1978年，我国城镇就业的比重才达到23.69%的水平，可见我国城乡就业结构扭曲得相对比较严重。与城乡就业结构的扭曲相一致，产业间的就业结构也明显表现出严重扭曲的特征。改革开放以前我国第一产业就业的比重一直处在较高的水平，第二、第三产业就业的比重相对较低，三大产业间的就业比重变化如图4-1所示。1952年我国第一产业就业比重占88%，虽然此后的劳动力就业开始向城市出现了部分转移，但是转移的规模相对较小、速度较慢，因此第一产业就业比重一直占了较高的比例，至1978年我国第一产业部门就业比重依然维持在70%以上。虽然这样的就业安排可以保证国家重工业发展战略的顺利实施和社会的稳定，但是无疑也造成了劳动力资源的巨大浪费，降低了经济主体参与经济活动的积极性，抑制了经济发展的活力，不利于整体经济的健康平稳快速发展。在贸易发展上，政府实行对贸易的垄断经营，贸易的发展服务于国家重工业优先发展的基本战略，贸易发展与企业的生产经营完全脱节，企业缺少参与外贸活动的独立性和有效的利益激励机制的驱动，要素价格和要素配置对于贸易结构和贸易规模的影响受到计划调节政策的不利影响，丰裕的劳动力资源没有成为发展经济和贸易的重要支撑，劳动力配置长期被限制在满足国家重工业优先发展的基本战略上，因此导致长期以来贸易发展受到抑制，没有充分发挥出调节余缺，引导国内生产和分工合理化的基本功能。

表4-7　农业、轻工业、重工业总产值所占比重　（%）

年份	占工农业总产值%			占工业总产值%		年份	占工农业总产值%			占工业总产值%	
	农业	轻工业	重工业	轻工业	重工业		农业	轻工业	重工业	轻工业	重工业
1952	56.9	27.8	16.3	64.5	35.5	1966	35.9	31.4	32.7	49.0	51.0
1953	53.1	29.4	17.5	62.7	37.3	1967	40.1	31.8	28.1	53.0	47.0
1954	50.9	30.2	18.9	61.6	38.4	1968	41.9	31.2	26.9	53.7	46.3
1955	51.8	28.5	19.7	59.2	40.8	1969	36.3	32.0	31.7	50.3	49.7
1956	48.7	29.6	21.7	57.6	42.4	1970	33.7	30.6	35.7	46.2	53.8
1957	43.3	31.2	25.5	55.0	45.0	1971	31.8	29.3	38.9	43.0	57.0
1958	34.3	30.5	35.2	46.5	53.3	1972	30.9	29.6	39.5	42.9	57.1
1959	25.1	31.1	43.8	41.5	58.5	1973	30.9	30.0	39.1	43.4	56.6
1960	21.8	26.1	52.1	33.4	66.6	1974	31.9	30.3	37.8	44.4	55.6
1961	34.5	27.8	37.7	42.5	57.5	1975	30.1	30.6	39.1	44.1	55.9
1962	38.8	28.9	32.3	47.2	52.8	1976	30.4	30.7	38.9	44.2	55.8
1963	39.3	27.2	33.5	44.8	55.2	1977	28.1	31.6	40.3	44.0	56.0
1964	38.2	27.4	34.4	44.3	55.7	1978	27.8	31.1	41.1	43.1	56.9
1965	37.3	32.3	30.4	41.6	58.4						

数据来源：国家统计局国民经济平衡统计司编：国民收入统计资料汇编（1949—1985）[Z]．中国统计出版社，1987。

中国的改革开放从根本上改变了传统计划经济体制下高度集中且低效的资源配置模式，通过引入市场机制和推动经济的对外开放，全面扭曲要素和产品价格的政策措施逐步得到校正，价格机制在要素配置中逐渐发挥主导作用，社会经济自由化程度稳步提升，理性而有效的利益激励机制得以充分的发挥。经过20世纪70年代末以来的农村和城市经济改革，企业作为市场主体的地位得到确立，要素所有者的权益得到更加有效的保障，参与经济活动的自由度大大提高，积极性逐步提升，创造性得到了充分释放，在开放政策的引导下，在优惠政策的鼓励下，在丰裕要素的支持下，中国贸易发展开始进入前所未有的黄金时期，创造了贸易和经济发展的奇迹。

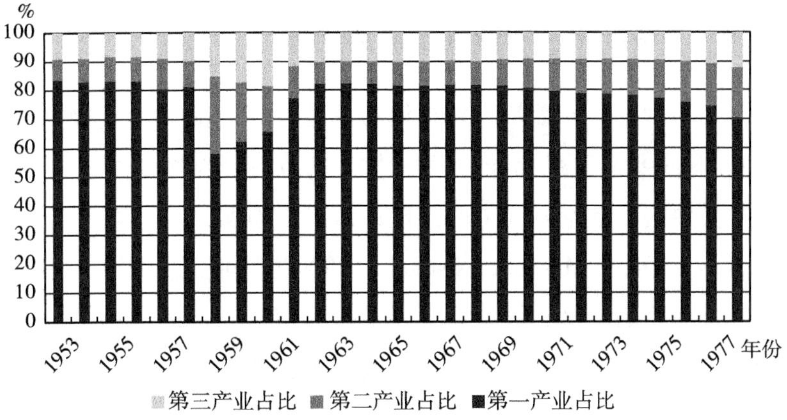

图 4 – 1　改革开放前就业结构变动

数据来源：国民收入统计资料汇编（1949—1985），中国统计出版社。

4.2　制度与贸易发展关系研究综述

一个经济体要素配置的效率很大程度上取决于其制度环境的状况（McMillan，Verduzco，2011；Haltiwanger，2011）。因为企业处于持续调整和适应不断变化的经济环境中，而运转良好的经济可以将稀缺的要素配置给最具竞争力的企业，从而提高其资源效率及经济竞争力。国际贸易理论对贸易模式和贸易利益的主流分析，主要关注于技术和要素禀赋差异的影响上，而实际上假设国家间的制度质量是同质的，并且市场经济运行的制度基础是完善的，从而把制度视作一个外生变量。但是大量实证研究的结果与经典贸易理论的预测存在巨大的偏差，似乎显示忽略制度因素分析所产生的消极影响，不仅会导致在贸易量的预测上表现出较大的偏误，也会导致对贸易利益分析上产生过分理想化的期待。大量的制度问题研究表明，经济开放伴随的资源配置效率的改变与一国制度质量间存在复杂的内生关系，理解影响贸易发展的现实因素需要考虑制度质量的影响，劳动力要素作为最活跃、最重要的投入要素之一，其配置效率及由此产生的对贸易发展的影响，同样会受到制度质量的影响。制度与劳动力、资本、技术等国家特质相结合的综合效应决定着一国贸易发展的基本状况。

4.2.1 制度质量对贸易发展的影响

传统贸易理论研究都是以理想化的模型世界为前提，分析考察国家间由于技术和/或要素禀赋差异，发生潜在贸易的可能性及贸易影响的，虽然自由贸易导向的结论得到了一致性的认可，但实证上的表现却不尽如人意（Maskus，1985；Maskus，Nishioka，2009）。制度因素的引入很大程度弥补了传统理论的不足，极大地扩展了国际贸易理论的应用空间。一国制度质量决定的交易成本是制约传统比较优势释放的重要因素，会对现实贸易流量产生直接的影响，因而受到了学者的重视。

一国制度质量作为决定交易成本的重要因素，会通过交易成本影响到该国的本地比较优势，完善的制度降低了从事商业的一般性成本，提高了资源配置的效率（Beck，Levine，2005），降低了进入的成本（Djankov et al.，2002），并将提高一个经济的绩效（Acemoglu，Johnson，Robinson，2005）。

制度质量对国际贸易的影响至少不会低于对国内贸易的影响，因为跨越国境的交易面临更高的机会主义风险，低质量制度将会增加交易成本，抑制贸易的开展，只有当潜在的贸易利益足以弥补低质量制度产生的更高交易成本时，理性的贸易商才可能进行互利的交易（Anderson，2005）。格罗特等（Groot et al.，2004）利用引力模型检验了制度对于贸易流的影响，发现制度同质性和制度质量会对双边贸易流产生直接影响，相似的制度框架平均来看能够促进双边贸易增加13%，更好的制度伴随着更多的贸易，为了降低制度约束产生的交易成本，一国可能更愿意选择与本国制度相似的国家开展贸易，因为它们可能对这些国家的制度有着更深的了解。在对制度质量参数赋值的基础上，列夫琴科（Levchenko，2007）利用美国四位码标准工业分类数据检验了制度对贸易的影响，结果表明制度差异确实是贸易流的重要决定因素。

巴特和莫什（Butter，Mosch，2003）把贸易成本视作贸易双方追求贸易利益所遭遇的摩擦成本，考察了非正式制度中的诚信问题对贸易的影响。在引力模型的基础上，巴特和莫什（Butter，Mosch，2003）引入了正式和非正式诚信变量，实证检验发现，两者都与贸易流之间存在显著的正相关性，较高的诚信可以降低交易成本，促进国际贸易量的扩张。贸易关系中的诚信建立具有正的外部性，国家间的诚信部分地具有公共产品的性质，现实国际贸易流远小于传统贸易理论预测，重要的原因在于贸易双方之间的诚信问题。在信息通信技术日益发展的全球化条件下，一国应注重信誉建设、学习了解贸易伙伴的文化，加强对贸易国语言的掌握，放松对留学生和外国工人的签证，以促进本国贸易的发展。

不完善的制度像税收一样，会限制贸易的发展，腐败和契约执行的不完全性会极大地减少国际贸易。安德森和马克勒（Anderson，Marcouiller，2002）利用一个进口需求结构模型，检验了不安全性（insecurity）作为一种隐性税收对贸易的影响，发现当存在很强的制度支持时，贸易扩张极为迅猛，不考虑制度质量变量，将导致代表性引力模型估计有偏，混淆人均收入与贸易品和贸易品支出份额之间的负相向关系。制度效率的不同和由此导致的贸易品价格差异，为高收入、资本丰裕国家间更大比例的相互贸易，提供了一个合理化解释，因为这些国家享有支持贸易发展的较强制度基础，而糟糕的制度质量则制约了拉美国家贸易的发展。梅翁和席卡特（Méon，Sekkat，2008）认为贸易商品并不是同质的，不同的出口商品对发展和经济增长的作用是不同的，对于制度质量的依赖也不一样，他们利用多国1920—2000年间的长期面板数据，实证分析发现，较好制度对于制造业出口具有正的影响，不完善的制度会对制造业产品的出口产生负面影响，因此制度质量改善将促进制造业产品的出口。梅翁和席卡特对制度影响制造业出口的多维度考察还发现，腐败因素似乎比其他维度的影响更显著。

不同性质特征的贸易商品对于制度的依赖度是存在差异的，与对低附加值简单商品的影响相比，制度质量对高附加值复杂产品的影响更大。对此，莫尼斯和伯科威茨（Moenius，Berkowitz，2004）考察了制度改进对于不同性质商品贸易的影响发现，制度改进会对一国贸易量和贸易结构变动产生影响，一方面会通过降低交易成本增加各种类型贸易品的出口，另一方面通过对不同性质商品生产成本的影响会使一国出口结构和生产结构向技术特征复杂商品转移。莫尼斯和伯科威茨的检验结果发现，制度质量对贸易的规模效应和结构效应同时存在，但是对低质量制度国家来说，制度对复杂产品的规模效应要小于简单产品，制度改革在低质量制度国家有效的原因在于它降低了国际交易成本，而对于发达国家来说，制度改革有效是因为它影响了比较优势。

4.2.2 制度质量对贸易模式的影响

与要素禀赋和技术相对差异的分析相似，越来越多的新近研究表明，制度质量差异作为一国比较优势新来源的重要性。一国的专业化和贸易不是外生于要素禀赋和技术差异的结果，而是内生于国家间制度差异的，制度环境的差异构成了比较优势的独立来源，会影响到一国的贸易模式（Belloc，Bowles，2011）。因为不同产品生产对制度质量的依赖程度是不同的，如果一国的制度环境支持特定技术的选择，从而降低了相应的交易和生产成本的话，则会产生基于制度质量差异的比较优势（Belloc，2006），从而决定该国的贸易模式。制度质量通过影响经济主体投资水平的选择，决定了生产专业化模式的差异。较好的制度环境有利于弱化特定关系投资中的套牢问题和道德风险，从而成为一国对外贸易比较优势的一个独立来源。

阿斯孟格鲁、安特思和赫尔普曼（Acemoglu，Antràs，Helpman，2007）分析了契约不完全性、技术互补性和技术选择之间的关系，证明不同的契约制度能够产生巨大的生产率差异，导致内生比较优势的不同。在他们的模型中，企业选择自己的技术，并确定契约活动中由中间产品提供商实现的投资水平，提供商可选择在非契约活动上的投资，并根据对未来讨价还价博弈中获得的预期报酬选择非契约性活动的投资水平。因为中间产品提供商不是产出利益剩余的索取者，因此倾向于减少投资，而更高的契约不完全性会减少提供者的投资，导致更先进的技术无利可图。此外，更高程度的技术互补性也会降低企业选择更先进技术的动力，虽然更高的技术互补性能够增加每一个提供商事后的均衡报酬，但是它使提供商的报酬对他们的非契约性投资更加不敏感，从而会减少投资，抑制更先进技术的获利性。这样，模型可产生源自契约制度质量差异的巨大生产率差异，契约制度的改进并未增加所有部门和企业的技术选择，相反，更先进的技术将在对契约依赖性更高的部门被采纳。开放条件下，这一特征将导致内生的比较优势结构，在技术机会等同的国家之间，具有更好契约制度的国家将会专业化于中间投入互补性更高的部门。

沃格尔（Vogel，2007）在一个劳动力异质性环境中，考察了制度质量对一国贸易发展产生的影响，个体劳动者选择他们的教育水平以最大化自身效用，制度通过使管理者更好地观察、证实劳动力的生产性努力，来弱化道德风险的影响，这样自由贸易使得制度成为决定一国贸易模式的独立因素。因为当国家规避道德风险和不确定性的能力也即制度质量上存在差异时，将会出现专业化的自选择行为。制度质量高的国家，团队参与生产的过程中工人工作上出现道德风险的概率较低，因而具有相应的比较优势，将专业化于团队生产（Team - production）行业；相反，低质量制度国家，工人生产中出现道德风险的概率较高，因而将会专业化于个体生产行业（Individual Production Industry）。

列夫琴科（Levchenko，2007）在一个不完全合同框架中模型化了制度比较优势，北方国家更好的制度代表了制度形式的比较优势，这有利于克服由制度依赖部门特定关系（Relation - ship Specific）投资产生的套牢（Holdup）问题。制度的作用体现在两个方面：第一，契约的不完全性导致了要素市场的扭曲，制度依赖部门中的要素将会获得更高的补偿；第二，制度差异是比较优势的来源：贸易存在的条件下，北方生产制度依赖型产品。列夫琴科（Levchenko，2011）对不同国家部门间数据的检验发现，外生的地理特征驱动下，有倾向出口制度密集部门的国家确实享有明显更高的制度质量。

纳恩（Nunn，2007）构建了一个测度商品中间投入比例的变量，这些中间投入品需要特定关系的投资，他考察了合约执行更好的国家，在特定关系投资相对重要的产业出口中是否相对更多，以检验合约执行能力作为决定贸易模式的重要性。实证检验发现，合约执行更好的国家，专业化于特定关系投资更重要商品的生产，并出口相对更多的这些商品。因为合约执行更好的国家，存在较少特定关系投资的不足，因此在需要特定关系投资商品的生产上具有成本优势，合约执行力比物质资本和熟练劳动更多地解释了贸易模式。

克斯提纳特（Costinot，2009）在一个单要素贸易模型中，分析了制度质量和人力资本的相互作用对于生产率差异和专业化模式的影响。模型中，产品生产的复杂性不同，复杂性越高意味着需进行的生产任务环节越多，生产任务的专业化分工具有报酬递增的特征，产品生产通过合同组织工人来完成，合同的执行具有不完全性，并受制度质量影响。这样，合同执行的不确定性产生的交易成本与专业化分工利益间的消长关系决定了一国分工模式，确定了一国部门之间生产组织的规模，生产中最优组织的内生差异决定了贸易模式。自由贸易条件下，生产组织规模较大的国家专业化于更复杂商品的生产，这些国家的制度质量和人均人力资本更高，更好的制度和更多的教育对于更复杂的产业来说，构成了比较优势的互补来源。科瑞斯纳和列夫琴科（Krishna，Levchenko，2009）考察了合约执行质量与人力资本对不同性质产品比较优势的影响。因为不发达国家具有较低水平的人力资本和较低质量的合约执行能力，因此会专业化于复杂性更低、产出波动性更高的产品。产品复杂性通过两个机制影响产出波动：一是合约的执行质量，生产过程越复杂，生产的参与方越多，所需要的合约数量就越多，制度较差的国家在复杂性较高的部门，由于合约的不完全执行所造成的损失就更大，从而产生比较劣势；二是依赖于国家间人力资本禀赋和生产中的最优劳动分工，生产中劳动分工的范围由产品复杂性内生地决定，人力资本更高国家的工人，在复杂性高的产品上具有比较优势。这样，贸易开放引致发展中国家的生产，转向复杂性更低、波动性更高的商品。科瑞斯纳和列夫琴科的实证结果也为理论预测提供了有力支持。

库纳特和梅勒茨（Cuñat，Melitz，2012）把产业波动性、劳动力市场灵活性与国际贸易相联系，分析了制度因素作为一国比较优势来源的重要性。收入水平相似国家之间，根据劳动力市场制度差异，可区分为灵活经济和刚性经济，劳动力市场调节的国际差异会影响企业对特定冲击的调整。产业间劳动再配置上的差异，反映了企业层面对特定需求和生产率冲击进行调整的差异：冲击在产业内更高的传播速度，必然要求产业内就业再配置在企业间做出更大的反应。劳动力市场制度差异与产业层面企业冲击扩散差异相互作用，产生了产业间相对生产率的差异，也即“李嘉图”式比较优势来源。企业层面冲击存在的情况下，劳动力市场灵活的国家，更容易在企业间再配置劳动力，从而产生相对于劳动力市场刚性国家更高的生产率，产业波动与劳动力市场制度差异相互作用导致产业间比较优势模式的产生。实证分析的结果对此给予了较强的支持：劳动力市场更灵活国家的出口偏向于高波动性的部门，如果国家间劳动力市场制度存在差异的话，比较优势可以在生产能力相同的国家之间出现。

4.2.3 制度影响下贸易发展的福利效应

与传统理论贸易互利性的结论不同，制度影响下贸易发展的福利效应分析显得更为复杂，在结论上具有更大的不确定性。

对于制度发达国家来说，制度比较优势不仅可以产生静态的比较优势利益，还将伴随巨大的动态增长利益和制度改进利益，从而达到更高的福利水平。大量的实证研究表明，贸易自由化使发达国家获益更大（Dowrick，Golley，2004；DeJong，Ripoll，2005）。英国、荷兰与西班牙、葡萄牙通过大西洋贸易，在长期经济增长绩效上表现出的显著差异，部分地归于这些国家间起始制度的差异（Acemoglu，Johnson，Robinson，2005），对于起始制度优良的英国和荷兰来说，较好的产权制度和对君主制的有效限制，确保了这些国家通过贸易实现了长期增长和进一步制度改良的目的，但制度相对落后的西班牙和葡萄牙却没有获得这些相对贸易利益和制度改善的红利。列夫琴科（Levchenko，2007）的模型分析表明，北方国家根据制度比较优势进行分工所实现的贸易利益增加，将超过传统要素禀赋差异产生的利益，北方国家的福利水平将获得更大提高。

与高质量制度国家所获的巨大贸易利益相比，低质量制度国家根据制度比较优势进行分工贸易，所实现的贸易利益则相对要小，甚至可能出现受损的情形，因为制度的路径依赖可能导致对社会不利的稳定政治经济均衡（Acemoglu，Johnson，Robinson，2005；Morck，Wolfenzon，Yeung，2005）。格罗特等（Groot et al.，2004）认为，动态地看，尽管存在潜在的比较优势、知识外溢和巨大的销售市场，但低质量制度国家未必能获得制度改进的利益，反而可能被锁定在低经济绩效情形当中。列夫琴科（Levchenko，2007）的模型分析发现，当制度成为影响一国比较优势的独立来源时，国家间贸易福利的分析可能会得出不同于传统贸易理论的结果，不发达国家未必能够获得贸易利益，要素报酬差距可能因为南北贸易，出现与发达国家差距的扩大，从而存在福利受损的可能。沃格尔（Vogel，2007）指出，足够低的制度质量将导致一国在贸易自由化后，专业化于简单商品生产，这样该国将无法获得制度改善的利益。霍克曼等（Hochman et al.，2011）对于贸易福利的估计则相对乐观，他们认为，虽然国际贸易可能导致低质量制度国家更多的腐败现象，但是它仍然能产生整体上的效率增进。

标准贸易理论中贸易利益的分析只是一种潜在的可能，而这些利益实现的程度是由每一个经济体的制度性质决定的，因此贸易增进福利的效应会受到一国制度门槛水平的制约。巴特查里亚等（Bhattacharyya et al.，2009）经验考察了贸易开放与经济发展之间的关系，发现贸易与制度之间具有互补性，一国为了从贸易中获益，该国的制度质量必须迈过一定的门槛水平，较高的制度质量意味着更低的交易成本，将促进贸易，并且保证贸易利益更好的分配，从而为进一步的贸易扩张和增长铺平道路。贝洛克（Belloc，2009）利用博弈论的方法，考察了两个只存在制度结构差异的国家一体化的影响，一个国家的制度会对一体化做出内生反应，一体化会改变一国的外部游戏规则，进而改变一个社会的激励机制，使一国已存在的制度安排做出妥协或被终止，如果一体化使一国原有的制度均衡瓦解，而最初均衡制度中内部合作的利益足够大的话，该国内部制度均衡的解体可能会对一国的整体福利造成损失。

4.2.4 总结

通过以上分析可发现，国际贸易研究开始越来越多地关注制度质量的影响，制度因素的引入是理解现实的贸易模式和贸易利益的重要基础，很大程度弥合了传统理论预测与经验发现之间的距离，为不断发展更新的国际经济现象提供了更加全面的解释。一国制度质量水平不仅会影响现实中的贸易流量，而且还构成了新比较优势的重要来源。随着对外贸易的发展，一国的制度状况可能发生相应的转变，但贸易改进制度以及贸易增进福利的实现似乎存在一个制度门槛，过于糟糕的制度质量可能无法保证一国获得贸易开放的福利增进。这方面理论和实证研究的政策启示非常明显，对于低质量制度的发展中国家来说，改革并完善本国的制度框架，提高本国制度质量，消除制度劣势是获得持续开放经济利益的重要保障。而劳动力市场运行的绩效很大程度上会受到相关制度规则的影响，不仅影响该国劳动力要素的就业状况，也会对该国贸易发展产生相应的影响，对此我们将在下一节中进行进一步的分析。

4.3 劳动力市场管制对贸易发展的影响

中国劳动力市场在发育和发展的过程中，还存在比较明显的劳动力管制政策，最突出的体现是在传统的户籍制度对城乡劳动力流动的管理所对应的福利待遇上的差异，这一定程度上增加了劳动力流动的额外成本，对于劳动力要素的配置会产生很大的消极影响。劳动力市场管制的存在导致了劳动力市场的刚性，使劳动力市场在配置劳动力资源的过程中缺少应有的灵活性，这无疑会阻碍就业的顺利扩张，增加社会的失业，造成劳动力要素配置效率的低下，进而对贸易扩张和经济发展产生不利影响 。劳动力市场管制作为限制性的制度规则，会通过对就业的影响决定该国的要素禀赋配置的整体效率，进而影响该国参与国际生产与分工过程中的贸易模式和贸易利益，对此我们这里在修正余和许（Yu，Xu，2010）、鲍莫尔（Boulhol，2011）模型的基础上加以证实。

4.3.1 模型环境及假设

假设存在一个生产两种产品（X，Y）的开放经济小国，该国劳动要素禀赋相对丰裕，两种产品中 X 为劳动密集型产品，Y 为资本密集型产品，X 与 Y 两个产业部门为完全竞争市场。[①] 每一种产品使用两种要素进行生产——资本（K）和劳动（L），并假设该国所拥有的资本和劳动的总量不变，分别为 K 和 L，$K = K_X + K_Y$，$L = L_X + L_Y$。资本在部门间可以自由移动，失业的劳动力可以选择任意一个部门就业，但是假设劳动力一旦确定就业部门将不会去另一个部门就业，因此两个部门将存在不同的失业率。其中两种产品的生产函数为 $Q_i = F(K_i, N_i)$，$i = X$ 或 Y，Q_i，K_i, N_i 分别表示产品 i 的产出和投入的资本与劳动的数量，生产函数 $F(\cdot)' > 0$ 是一次齐次凹函数，假设不存在技术进步，两种产品的相对供给量为 $Q_X/Q_Y = (f(k_X)N_X)/(f(k_Y)N_Y)$。人均劳动产出为 $q_i = Q_i/N_i$，也可以表示为 $q_i = f(k_i)$，其中 $k_i = K_i/N_i$ 表示 i 产品部门的资本劳动密集度，由于 X 部门为劳动密集型产品部门，Y 产品为资本密集型产品部门，因此存在 $k_Y > k_X$。

假设经济运行中存在工作搜寻匹配的经济摩擦以及就业配置的制度限制，且制度限制是外生的，因此在劳动力的配置过程中会出现相应市场的失业。在这样的条件下，劳动力寻找工作或企业为了填补工作岗位空缺需要花费时间和成本。假设在每一个部门都存在一个规模报酬不变的失业工人与岗位间匹配的函数 $m_i = \dfrac{m(v_i L_i, u_i L_i)}{\theta}$，其中 m_i 表示相应部门实现失

① 对于转型之初的中国来说，我们认为这样的假设是基本合理的。因为中国整体贸易规模比较小，中国贸易总量占世界的比重也相对比较低，中国进出口贸易量的变化基本上不会对国际市场产生明显影响。

业人数与空余岗位间匹配的数量，v_i、u_i 分别表示相应部门的岗位空缺率和搜寻失业率，岗位空缺率用该部门企业空缺的岗位数量除以该部门的劳动力总量表示，θ 表示劳动力市场管制的程度，它是一个外生的变量，源于该国劳动力市场改革所引发的政策变动，劳动力市场管制越高则 θ 越大。用 N_i 表示在相应部门实际就业的劳动力人数，则相应部门对应的失业人数为 u_iL_i，并且 $(1-u_i)L_i = N_i$。由于存在失业，因此实际就业总量为 $N_X + N_Y = N$。令 $\psi_i = \frac{v_i}{u_i}$ 表示相应部门劳动力市场紧密度，在一个紧密（tight）的劳动力市场，岗位空缺率与失业率比值较高，失业工人更容易找到新的工作机会。我们把一个空缺岗位被失业工人填补的速度定义为 $s(\psi_i) = \frac{m(1/\psi_i,1)}{\theta}$，$s(\psi)' < 0$，表明市场越紧密失业工人找到新工作的速度越快，由于劳动力市场管制程度越高则 θ 越大，工人找到工作的速度将越慢，甚至在严格的制度性限制的条件下是不可能实现就业的。随着劳动力市场改革，市场管制的放松意味着 θ 减小，失业工人找到工作的速度更快，劳动力市场配置效率更高。同理，失业工人找到工作的速度为 $\psi_i s(\psi_i) = \frac{m(1,\psi_i)}{\theta}$。

4.3.2 模型的构建

假设消费者从一个组合商品 Z 中进行选择来获得其需要的物品，效用函数表示为 $U(Z) = Z = \frac{(Q_X^d)^\alpha (Q_Y^d)^{1-\alpha}}{\alpha^\alpha (1-\alpha)^{1-\alpha}}$，$0 < \alpha < 1$，上标 d 表示对相应产品的需求，并令 Z 表示基准商品。根据消费者效用最大化条件，两种产品的相对需求可以表示为 $\frac{Q_X^d}{Q_Y^d} = \frac{\alpha P_Y}{(1-\alpha)P_X}$，$P_i$ 表示相应产品的价格，可以看出，两种产品的相对需求随着相对价格的增加而递减。

每一个部门的代表性企业都存在空缺的岗位，企业为了填补岗位空缺必须支付招募成本，假设以基准商品表示的招募成本为 γ_i。在招募的过程中，工人实现与空缺岗位匹配的速度为 $s(\psi_i)$，当一个企业与一个工人实现匹配，达成就业协议后，一个空缺岗位被填补。企业将会为每一个雇佣工人租用 k_i 数量的资本来进行生产。我们可以利用完全竞争市场的基本规则来分析相应部门的代表性企业的决策行为。用 V_i 和 J_i 分别表示企业从一个空缺岗位和被填补的岗位获得的期望利润的贴现现值。V_i 满足贝尔曼方程（Bellman Equation），$rV_i = -\gamma_i + s_i(\psi_i)(J_i - V_i)$。一个工作岗位可以视作企业拥有的资产，以资本市场无风险利率表示的价格为 r，它等于外生的贴现系数。一个空缺岗位的价值为 rV_i，它恰好等于资产的收益：表示它刚好等于拥有一个空缺岗位的招募成本 γ_i 加填补空缺岗位后的收益 $s_i(\psi_i)(J_i - V_i)$，而空缺岗位被填补的概率为 $s_i(\psi_i)$。均衡条件下，完全竞争市场上企业的自由进入和利润最大化的条件决定了不会存在创造一个工作岗位的超额利润，因此工作创造将会达到 $V_i = 0$ 的水平，这意味着有 $J_i = \frac{\gamma_i}{s_i(\psi_i)}$。

因为租用资本要支付利息成本，而空缺的岗位意味着企业无须租用资本。当一个工作岗位被失业工人填补以后，企业为新雇佣工人所租用的资本将会成为企业获取单位就业工人价值的一部分，它由 J_i 和 k_i 两部分组成。这样一个被填补的就业岗位对应的收益价值为 $r(J_i + k_i)$，在完全竞争的市场上，该收益满足贝尔曼方程：$r(J_i + k_i) = P_i f(k_i) - w_i - \eta_i J_i$，其中，$w_i$ 和 η_i 分别表示相应部门的工资率水平和工作破坏率。在资本价格和劳动力工资率给定的条件下，因为资本在企业间完全自由流动，且市场完全竞争，企业利润最大化的要求资本的边际产出满足以下条件：

$$P_i f'(k_i) = r \tag{4-1}$$

将 $P_i f'(k_i) = r$ 和均衡就业创造条件 $J_i = \frac{\gamma_i}{s_i(\psi_i)}$ 带入被填补岗位价值函数中将得到企业劳动力就业的均衡条件：

$$P_i f(k_i) - P_i f'(k_i) = w_i + \frac{(r + \eta_i)\gamma_i}{s(\psi_i)} \tag{4-2}$$

方程（4-2）表明，企业将会发布其空缺的岗位，一旦这些空缺的岗位被失业工人填补，企业将雇佣劳动力数量达到其最优状况的水平，此时，劳动力的边际产品恰好等于其产出减去资本的边际成本和雇佣的摩擦调整成本。如果企业的招募成本等于0，或者劳动力找到工作的速度极快，则意味着 $\frac{(r+\eta_i)\gamma_i}{s(\psi_i)}$ 项为0，此时方程（4-2）将体现为欧拉方程的形式 $P_i f(k_i) - P_i f'(k_i) = w_i$。因为我们这里劳动力市场管制程度是外生的，劳动力市场匹配速度与 θ 值呈反向变动关系，θ 值越高则意味着劳动力雇佣过程中调整成本越高，劳动资源配置效率将受到更大程度的抑制。

4.3.3 均衡工资和就业的决定

每一个部门的失业工人会搜寻工作机会，一旦被提供工作，就会做出接收工作或拒绝的决策。我们这里来解释工人的决策过程。令 U_i 和 E_i 分别表示代表性工人在相应部门失业时和获得就业时所获得的期望收入的贴现现值。失业工人实现与空缺岗位匹配的速度为 $\psi_i s(\psi_i)$，U_i 满足贝尔曼方程，$rU_i = b + \psi_i s(\psi_i)(E_i - U_i)$，它表示由失业工人在搜寻就业期间获得的失业补助 b 和由失业转为就业状态时的收入变化 $\psi_i s(\psi_i)(E_i - U_i)$ 组成。相似的方法可以得出一个就业工人的人力资本价值满足的贝尔曼方程为：$rE_i = w_i + \eta_i(U_i - E_i)$，它由固定工资 w_i 和由失业转为就业状态时的收入变化 $\eta_i(U_i - E_i)$ 的和组成。把两个贝尔曼方程结合起来，可以求解出失业工人与就业工人的永久收入的贴现现值为：$rU_i = \frac{(r+\gamma_i)b + \psi_i s(\psi_i)w_i}{r+\eta_i+\psi_i s(\psi_i)}$，$rE_i = \frac{\eta_i b + r + \psi_i s(\psi_i)w_i}{r+\eta_i+\psi_i s(\psi_i)}$。当一个就业岗位产生的收益超过了搜寻工人的企业和一个搜寻工作的工人的期望收益时，就意味着产生了纯经济租金，那么此租金将会在企业和工人之间进行分配。假设企业与工人间收入分配符合纳什讨价还价均衡解，则相应部门代表性工人的工资将会是 $(E_i - U_i)^{\beta}(J_i - V_i)^{1-\beta}$ 取最大时的值，威胁点为 U_i 和 V_i，表示工人不接受工作或处于失业状态，β 表示工人的讨价能力，$0<\beta<1$。一阶最大化问题的解满足 $E_i - U_i = \beta(J_i + E_i - V_i - U_i)$，表示工人获得威胁点 U_i 加上工

作匹配的一部分纯经济租金。利用均衡条件 $V_i = 0$ 和 $J_i = \frac{\gamma_i}{s_i(\psi_i)}$，经过处理，可得到下式：

$$w_i = (1-\beta)b + \beta\gamma_i\psi_i + \beta[P_i f(k_i) - rk_i] = rU_i + \frac{\beta}{1-\beta}\frac{(r+\eta_i)\gamma_i}{s(\psi_i)}$$

$$= rU_i + \frac{\beta}{1-\beta}\frac{(r+\eta_i)\gamma_i\theta}{m(1/\psi_i,1)} \qquad (4-3)$$

其中，$\gamma_i\psi_i$ 表示对于每一个失业工人的平均招募成本。招募成本与工人工资之间存在正相关关系，γ_i 值越大表明工资率水平越高，这可能意味着工作岗位越重要，满足条件的工人的人力资本的水平越高，因此企业愿意花费较高的成本去填补工作岗位的空缺，一旦工人填补了这样的岗位空缺将会创造较大的产值，从而也会分享更高的纯经济租金，对应了更高的工资报酬。而外生的劳动力市场管制也会使相应行业工资水平更高，因为 θ 值越大，失业工人实现就业的难度就越高，行业内已就业工人受到的竞争压力越小，从而使工资率水平保持在一个较高的水平。

在均衡时，工作创造必须等于工作破坏，每一个部门的失业率可以表示为：

$$u_i = \frac{\eta_i}{\eta_i + \psi_i s(\psi_i)} = \frac{\eta_i}{\eta_i + \frac{m(1,\psi_i)}{\theta}} \qquad (4-4)$$

这表明，相应部门的失业率随着工作破坏率 η_i 的上升而增加，但是随着市场紧密度 ψ_i 而下降，这与经济现实是相符的，工作破坏率高，表明工作稳定性较差，因此失业工人的规模相对较高，而劳动力市场上岗位空缺率与失业率比值越高，表明相对于失业工人来说，空缺的较多工作机会使失业工人更容易找到工作。而劳动力市场管制程度 θ 与失业之间明显呈现出正相关的关系，这表明劳动力的自由流动和配置受到了限制，因此即使存在岗位空缺和失业搜寻队伍，但是严格的市场管制也无法使失业工人实现与岗位空缺的匹配，从而产生了更多的失业。在我国劳动力市场制度性限制比较严重情形下，这解释了我国农村地区大量存在的剩余劳动力产生的原因。

如果加入要素市场均衡的条件，我们可以找出求解各相关变量达到整体均衡时的一般思路。要素市场出清条件意味着经济中的劳动力总量等于两部门就业的劳动总量与失业的劳动力数量之和：

$$\frac{N_X}{1-u_X}+\frac{N_Y}{1-u_Y}=L \tag{4-5}$$

经济系统中的资本存量将在两个部门分配，其均衡表达为：

$$k_X N_X + k_Y N_Y = K \tag{4-6}$$

非套利条件要求失业工人期望获得的终身收入ϖ 在每一个部门是相等的。要素市场一般均衡时，将会有$\varpi = rU_X = rU_Y$。一般均衡状态下，产品市场也将实现供求均衡，这要求两种产品的相对供给与相对需求相等。把方程（4－5）与方程（4－6）相结合，可以求出 X 产品相对于 Y 产品的相对供给：

$$\frac{Q_X}{Q_Y}=\frac{(1-u_X)f(k_X)(L(1-u_Y)k_Y-K)}{(1-u_Y)f(k_Y)(K-L(1-u_X)k_X)} \tag{4-7}$$

它是相对价格 p 的增函数。相对需求是相对价格 p 的减函数，将方程（4－7）与对两种产品的相对需求结合起来，在产品市场出清时，将可以求出相对价格 $p^* = \frac{P_X^*}{P_Y^*}$ 的唯一均衡解。失业存在条件下的两部门一般均衡可以定义成满足经济各主体经济最优化条件及市场出清条件的多维空间（$p^*, k_i^*, \psi_i^*, \varpi^*, w_i^*, r^*, u_i^*, N_i^*$），可以利用方程（4－1）、方程(4－2)、方程（4－3）、方程（4－4）、方程（4－5）、方程（4－6）与非套利条件 $\varpi = rU_X = rU_Y$ 求出该多维空间解。

4.3.4 劳动力市场管制的贸易效应分析

开放条件下，劳动力市场摩擦和管制会对各种产品生产的投入组合产生直接的影响，进而决定相应的产品要素密集度，导致摩擦、管制下的实际产品密集度与市场完全竞争条件下相应产品应有的最优投入组合状态的偏离。产品的密集度是指行业部门内产品实现最优生产时所使用的两种要素的比值，它由行业部门的实际使用要素的数量决定，$k_i = \frac{K_i}{N_i}$。由于存在失业劳动力就业匹配摩擦和劳动力市场就业管制，因此行业内拥有的劳动力总量无法实现充分就业，产生了部分失业工人。因此两个部门用资本劳动投入比值衡量的要素密集度可以表示为：

$$k_i^s = \frac{K_i}{L_i} = \frac{(1-u_i)K_i}{N_i} = k_i(1-u_i) \qquad (4-8)$$

每一个产业部门的劳动力市场的紧密度（ψ_i）和劳动力市场的管制程度 θ 是外生于企业生产的最优化决策的，并且对于失业工人的非套利条件成立，结合工资的表达式（4－3），因为市场是完全竞争的，产品生产成本等于市场价格，则可以把每一个部门企业实现最优生产时的单位产品生产成本表示为：

$$C_i(\varpi, r) = P_i = (\varpi + \frac{\beta\gamma_i(r+\eta_i)}{(1-\beta)s(\psi_i)})a_{iL} + ra_{iK} \qquad (4-9)$$

其中，$C_i(\varpi, r)$ 表示相应部门单位产品的生产成本，a_{iL} 和 a_{iK} 分别表示相应产品生产所需要投入的两种要素的数量，ϖ，r 表示失业工人期望的终身收入与租金率。式（4－9）表明，劳动力市场搜寻匹配摩擦和管制的引入，不仅会改变产品生产的成本，也会影响到两种要素的投入数量和要素密集度，从而对一国贸易发展产生相应的影响。

劳动力市场搜寻匹配摩擦和外生的劳动力市场管制对于生产和部门的要素密集度的影响可以用图4－2直观地解释。图中的弧线表示相应产品的等产量线，与等产量线相切的直线表示等成本线，等成本线的斜率值表示横轴要素（劳动）与纵轴要素（资本）价格之比，其中横轴表示生产所投入的劳动力数量，纵轴表示生产使用的资本数量。根据要素密集度的定义，企业要实现最优生产，必须满足既定成本下的产量最大或既定产量条件下的成本最小的约束条件，这就意味着相应产品的等产量线与等成本线相切在一起。如果不存在劳动力市场管制和摩擦，要素市场完善则可以实现要素充分就业，劳动与资本要素的相对价格为 w/r，产品 X、Y 要实现生产最优，在 Q_X^0、Q_Y^0 的产量水平，两种要素投入的组合分别为 A'、B' 点

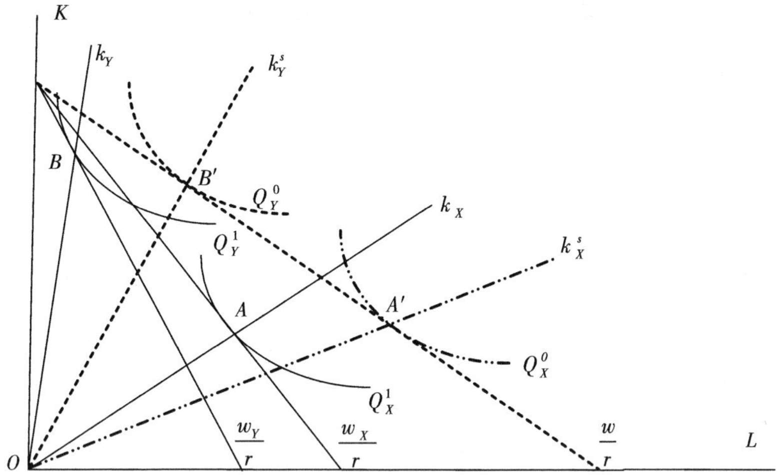

图 4－2 存在（无）劳动力市场摩擦下的要素密集度

所在位置对应的要素数量，此时两种产品的要素密集度分别为 k_X^s、k_Y^s。但是由于劳动力市场的现实不完善性，两个部门的劳动力市场均存在一定程度的失业，由此导致两种产品生产的实际要素密集度分别为 k_X、k_Y，由式（4－8）可知，$k_X > k_X^s$，$k_Y > k_Y^s$。因为劳动力市场摩擦增加了劳动要素投入的边际成本，导致劳动力相对于资本价格 w_i/r 的上升，因此相对成本线变得更陡峭，并且由于两个产品部门间劳动力市场摩擦对要素配置影响程度的差异，两个部门要素的相对价格可能出现差异，使得 $w_X/r \neq w_Y/r$，且高于了两部门要素充分就业时的要素相对价格水平。将式（4－8）与式（4－4）相结合可以得到下式：

$$k_i^s = k_i\left(1 - \frac{\eta_i}{\eta_i + \frac{m(1,\psi_i)}{\theta}}\right) \qquad (4-10)$$

通过式（4－10）可以看出，劳动力市场管制程度越高，部门内失业率就会越高，导致该部门实际的要素密集度偏离潜在要素密集度越多。可以看出劳动力市场摩擦成本与市场管制导致的劳动力失业在决定一国的比较优势方面发挥着重要的影响，这将不仅导致两种产品生产的实际要素密集度高于了其要素禀赋所对应的潜在要素密集度，甚至在一定情况下会导致该国产品生产投入要素的密集度逆转。具体的机制我们可以通过图4－3来直观地解释此影响。

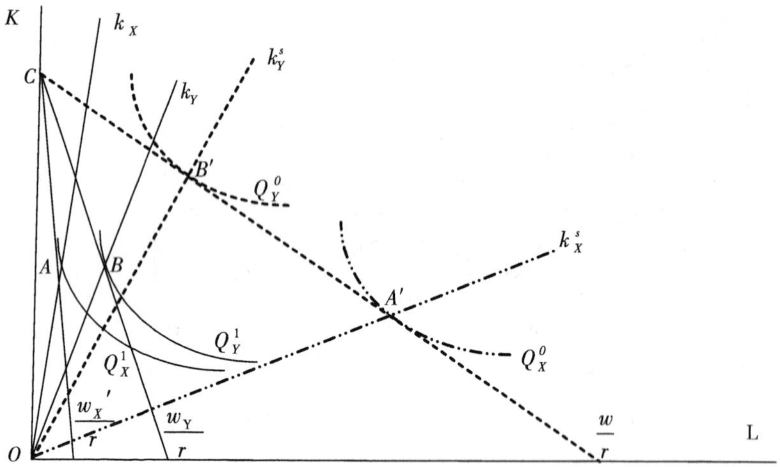

图4－3　要素密集度逆转

当劳动力市场管制和部门经济运行障碍引致的就业匹配摩擦造成过高的部门和社会失业时，两个部门的资本密集度都将不断提高，当社会失业达到一种充分高的程度，两个部门产品生产的要素密集度将会发生逆转。当X部门的劳动力就业工资上涨的速度超过Y部门后，可能出现$\frac{w_X'}{r} > \frac{w_Y'}{r}$，$X$产品最优生产的要素投入的组合点将在$A$点，$Y$产品最优生产的要素组合点将在$B$点，企业利润最大化的选择将导致两种产品生产的要素密集度发生逆转。根据该国为劳动丰裕型国家的假设，该国将可能出口原本资本密集型的产品Y，进口劳动密集型产品的产品X，从而修正了经典的赫克歇尔－俄林－萨缪尔森定理：在一个存在劳动力市场摩擦和劳动力市场管制导致失业的经济环境下，一国的要素禀赋和劳动力市场的摩擦状况将共同决定该国的比较优势模式，当劳动力市场摩擦对失业的影响较小，并不足以扭转该国原有部门的产品要素密集度的情况下，该国的要素禀赋将决定该国的比较优势，劳动丰裕型国家将生产并出口劳动密集型产品，资本丰裕型国家将出口资本密集型产品；但是当劳动力市场摩擦所导致的扭曲超越了要素禀赋的影响时，该国产品生产的要素密集度将会发生逆转，一个劳动丰裕型的国家可能出口资本密集型的产品，而一个资本丰裕型的国家将会出口劳动密集型产品。

我们由此可以做出反向的推论：当一国加快劳动力市场改革，不断降低对于劳动力市场管制的情况下，劳动力流动将会更加顺畅，劳动力搜寻匹配效率就会更高，部门与社会失业率将会降低，该国各部门生产的要素密集度将会与该国要素禀赋更加匹配，该国的比较优势将由要素禀赋主导，从而出现劳动丰裕型国家出口劳动密集型产品，资本丰裕型国家出口资本密集型产品的结果。体现在直观的图形中，X 产品生产的资本密集度将会由 k_X 向 k_X^s 接近，要素相对价格 $\frac{w_X'}{r}$ 向 $\frac{w}{r}$ 靠近，Y 产品同时也做出相应的调整。

根据式（4－4），随着劳动力市场管制的降低，θ 值逐渐变小，各部门和整个经济体内部的失业率降低，这相当于增加了该国实际使用的劳动力要素的供给数量。对于我们这里分析的贸易小国来说，在世界市场相对价格以及资本要素的数量固定不变的情况下，该国的生产结构将会发生调整，将会出现罗伯津斯基定理所对应的结果：该国密集使用丰裕要素——劳动的 X 生产部门将会扩张，该国密集使用稀缺要素——资本的 Y 部门的生产将会萎缩。在假设消费者偏好不发生改变的情况下，X 部门的扩张意味着有更大规模的出口，Y 部门萎缩的同时要保证该国的贸易均衡，进出口价格不变的情况下，出口规模上升的同时，意味着该国 Y 产品的进口也将增加。劳动力市场管制放松将会使该国贸易规模扩张，从而实现更自由贸易所带来的福利增进的结果。

中国改革开放以来，劳动力市场改革所伴随的劳动力跨地区和行业的更大规模的流动，实际上正是对劳动力市场管制放松所诱发的劳动力配置方式和配置绩效变化的结果，也即 θ 值的不断下降的过程，由此所带来的中国贸易状况的变化，基本上印证了我们这里的分析，对此，我们将利用中国贸易发展的基本数据来进一步加以证实，利用实证解释中国二元劳动力市场演进所伴随的劳动力市场配置效率改进对中国贸易发展的影响，一定程度上也论证了劳动力配置方式和配置效率演变对经济社会发展所产生的巨大推动作用。

4.4　劳动力市场演进中就业配置对贸易的影响

劳动力作为经济体系中最重要最活跃的要素之一，对于一国经济增长和参与国际分工与贸易，发挥着至关重要的作用。劳动力要素禀赋优势是中国改革开放以来迅速融入全球经济分工体系，实现经济发展伟大奇迹的重要基础，中国二元劳动力市场的快速演进是驱动中国巨大的劳动力资源潜力，迅速转化成现实动力的基本前提。在此演进过程中，劳动力要素配置方式和配置效率的变化，是推动中国出口贸易发展进而带动经济增长的重要原因。虽然劳动力就业与贸易间关系在理论和实证上，国内外已经涌现出了大量的研究成果，但是直接从二元劳动力市场演进视角，深入研究中国劳动力配置机制变化对出口贸易发展影响的文献还相对较少。中国劳动力市场演进的实践一定程度上是我国改革开放进程的一个缩影，劳动力市场的就业方式、规模和范围的变化反映了中国渐进式改革范式的不断尝试与突破，就业结构的深度调整与变迁反映了经济结构变化的基本轨迹和方向，劳动力市场的动态演进揭示了中国未来进一步改革与发展面临的约束和调整的思路。因此，在分解二元劳动力市场演进机制的基础上，构建反映相应演进机制的变量，并系统检验这些机制对中国出口贸易发展的影响性质和强度，是全面认识中国经济发展机理的重要窗口，可以为我国劳动力市场建设和政策调整提供重要借鉴。

4.4.1　相关研究文献综述

国外对于劳动力市场状况影响贸易发展的理论和实证研究成果相当丰硕。瑞万格（Revenga，1997）指出许多拉丁美洲发展中国家劳动力市场对贸易自由化的反应很小可能是由于劳动力市场严格的管制，表明劳动力市场对贸易的影响受到了抑制。赫克曼和佩格斯（Heckman，Pagés，2000）的研究得出了相似的结论。科瑞斯纳、穆霍帕迪亚和亚沃斯（Krishna，Mukhopadhyay，Yavas，2002）分析认为在贸易开放时，发展中国家普遍存在的劳动力市场扭曲可能降低该国可获得的福利，对于发展中大国来说更是如此。圣 - 保罗（Saint - Paul，1997）认为劳动力市场更灵活的国家，在一些相对更成熟的产业面临更高总需求波动的新产品上表现出比较优势。戴维德松等（Davidson et al.，1999）的研究证实，国家间劳动力市场摩擦的差异可能是比较优势和贸易开展的一个来源，其中拥有更灵活劳动力市场的国家在一些高失业或高岗位空缺的部门具有比较优势。凯姆保罗（Kambourov，2009）认为贸易自由化将导致劳动力向具有比较优势的部门配置，资源重新配置的数量和速度以及产出、生产率、福利的变化将取决于劳动力市场管制的状况，较高的工人解雇成本在贸易开放后减缓了劳动力在部门间的重新配置，如果一国贸易改革的同时没有放松对劳动力市场的管制和限制，部门间劳动力重新配置的速度将会减缓30%，实际产出和生产率方面的损失将高至30%。在凯姆保罗（Kambourov，2009）、赫尔普曼、伊特斯柯胡克和瑞丁（Helpman，Itskhoki，Redding，2010）的模型中，贸易自由化后劳动力的重新配置取决于该国的劳动力市场制度，例如解雇成本和搜寻摩擦，外部冲击虽然会对本国劳动力市场流动率产生负面影响，而国家间在决定劳动力市场基础性条件上的差异对于比较优势模式具有决定性的影响。赫尔普曼和伊特斯柯胡克（Helpman，Itskhoki，2010）研究了劳动力市场灵活性与贸易间相互关系，认为参与贸易的两国均可从国际贸易中获益，但是劳动力市场更灵活的国家所获贸易利益相对更高，并且两国间劳动力市场制度差异越大，两国产业间贸易流越大，产业内贸易的份额越低，一国通过劳动力市场改革降低劳动力市场摩擦而获益，却会伤害到贸易伙伴国的利益。迪克斯 - 卡内罗（Dix - Carneiro，2011）模型估测发现，劳动力市场对贸易自由化的反应巨大，但是转移可能需要几年时间，劳动力在部门间的转换持续的时间和强度对于物质资本的流动是非常敏感的，国际贸易带来的潜在总福利增进显著地被滞后的劳动力市场调节削弱，贸易导致的福利效应取决于最初的就业部门和工人的地域分布。唐（Tang，2012）的研究表明，劳动力市场保护程度越高，越有利于激励劳动者在特定技能上的投资，从而使一国在更依赖这些技能工作的行业获得相应比较优势。库纳特和梅勒茨（Cuñat，Melitz，2012）的研究同样支持，劳动力市场更灵活的国家将会在波动性更高的部门上具有比较优势。斯科（Seker，2012）、法杰格尔鲍姆（Fajgelbaum，2013）研究证实，劳动力市场管制会提高劳动力市场刚性，增加就业成本，降低企业利润，阻碍一些企业进入出口市场，从而限制了贸易规模的扩大。夸德拉（Cuadra，2014）研究认为，劳动力市场摩擦会增加出口商总可变成本，在金融摩擦存在的条件下劳动力市场摩擦对贸易外延边际和内涵边际产生了负面影响。谢和科莱诺（Hsieh，Klenow，2009；2014）的研究发现，资本和劳动力市场扭曲在企业间产生了资源的错配，将阻碍贸易的发展。卡恰托雷（Cacciatore，2014）考察了劳动力状况对贸易自由化的福利影响发现，当地劳动力市场的制度特征塑造了国家间的比较优势模式，决定了贸易一体化的长期福利结果，在贸易自由化引致调整的过渡期，生产会发生向劳动力市场灵活经济体的转移，劳动力市场比较僵硬的国家所获贸易利益将更小。

国内关于劳动力市场配置与贸易关系的研究，主要集中在贸易发展对劳动力就业、劳动力工资收入及收入差距、劳动力流动影响等问题上。例如周申、李春梅、谢娟娟（2007）在对国际贸易与劳动力市场关系文献的梳理中，主要从贸易影响劳动力市场的三个视角进行概括：国际贸易对工资的影响、国际贸易对就业的影响、国际贸易对劳动需求的影响。从劳动力市场状况出发，研究劳动力市场演进对贸易影响的文献相对较少。梁俊伟（2006）实证研究认为劳动力的比较优势和简单劳动力数量与我国贸易利益之间呈负相关关系。余官胜（2012）研究认为，劳动力市场刚性的强弱会影响贸易所产生的劳动力转移情况，当市场刚性强度低于特定门槛时，贸易发展会加速劳动力产业间转移，而当市场刚性超过一定的门槛时，贸易发展反而会阻碍劳动力产业间转移，因此提出，应加强劳动力市场改革，降低劳动力市场刚性，以促进劳动力产业间转移。张先锋、卢丹、陈琦（2013）研究了中国劳动力市场灵活性与贸易自由化之间的内生关系，发现劳动力市场灵活性的增强促进了中国的贸易自由化水平，而贸易自由化也能够提高中国劳动力市场的灵活性。马飒（2015）实证考察了中国劳动力成本上升对出口比较优势的影响，认为中国劳动力成本的上升会逐渐削弱出口优势，但在不同的贸易方式和地区间影响存在差异，各地区一般贸易受到的影响比较小，而东部地区加工贸易受到了显著消极影响，中西部地区加工贸易受到的影响并不显著。

王怀民（2005）的研究，是少有的直接从二元劳动力市场角度研究中国贸易发展动因的。他考察了中国城市二元劳动力市场与加工贸易发展间的关系，认为是中国城市二元劳动力市场结构产生了利用加工贸易参与国际分工的比较优势，并是造成外资企业在加工贸易中居主导地位，而国有企业逐渐淡出的主要原因。他认为中国劳动力市场经历了由城乡二元劳动力格局向城市主要劳动力市场和次要劳动力市场格局演变的过程，在此过程中，城市主要劳动力市场相对于次要劳动力市场工资差距的拉大，是中国劳动力要素禀赋优势发挥的原因，促进了中国加工贸易的发展。但是他所利用的时间序列数据由 1985 年截止到 2002 年，在此阶段内，可能以国有企业职工为代表的主要劳动力市场与以集体企业职工表示的农民工市场间工资差距，一定程度上反映了中国制度性扭曲所导致的劳动力市场扭曲，进而作为代表二元劳动力市场结构的变量。但是他们这样的变量选取本身反映了一种静态的认识，在劳动力无限供给条件下，次要劳动力市场工资水平增长缓慢甚至停滞，而国有企业工资上涨明显，将二元劳动力市场视为一种固定的扭曲市场结构，由于这种扭曲，导致了主要劳动力市场与次要劳动力市场间工资差距的扩大，产生了中国加工贸易居主导的发展格局。他这样的处理对于认识中国劳动力市场分割影响中国贸易发展的机制，具有较强的借鉴意义，但这样的假设和技术处理，实际上没有很好地反映出，中国二元劳动力市场动态演进的基本特征，因此对于中国二元劳动力市场演进影响贸易发展的机制和效应有待进一步的系统论证。

4.4.2 论证逻辑思路

中国二元劳动力市场演进的过程清晰地反映在劳动力市场分割的形式和动因的变化上，与传统的制度性原因导致的劳动力城乡二元分割不同，中国现有劳动力市场分割是一种基于市场性因素引发的多种形式并举的分割形态，也即广义的二元劳动力市场格局。从劳动力配置方式上来看，传统的计划调控方式的劳动力就业安排逐渐退出，市场机制主导作用日益强化，劳动力流动性逐渐增强，城乡之间、地区之间、行业之间、体制内外之间的大规模双向流动成为一种常态，劳动力市场制度建设日益完善，劳动者就业的主动性、自主性和灵活性逐渐提高，劳动力市场配置效率获得巨大提升。中国劳动力城乡之间二元体制分割的格局逐步弱化，市场因素主导所塑造的劳动力市场分割日益显现并开始居于主导，中国劳动力市场呈现出多元分割的基本形态，既表现出传统的城乡二元分割的基本事实，也体现出新型的城市一级劳动力市场和次级劳动力市场的显著特征，还表现出以国有企业、事业单位、政府部门就业为代表的体制内市场与体制外市场的差异。在不同的市场内部还存在劳动力特质性差异所导致的分层特征，这种多元市场分割态势及进一步演变既是我国劳动力市场建设和发展必经的阶段，也体现出我国劳动力市场演进的基本过程和趋势。

在我国二元劳动力市场演进的过程中，我国就业规模不断扩大，就业结构不断改善，社会隐性失业大大减少，劳动力要素在经济发展中的动力得到了充分释放。改革开放以来，我国国际贸易的迅猛发展与劳动要素作用的发挥不可分割，无论是从我国出口产品的类型来看，还是从贸易模式考察，劳动力要素禀赋优势都构成了我国参与国际分工，实现国际贸易发展的重要基础，对此国内外学术界已经取得了广泛共识。但是对于劳动力市场演进过程中，劳动力要素影响贸易发展具体机制的研究还相对匮乏，例如劳动力流动对贸易发展的影响性质和强度问题。正如陈昊（2011）的分析所指出的：国际贸易与劳动力流动关系的理论和实证研究，国内外都还相对比较少见，针对中国劳动流动影响贸易的研究相对就更少了。因此，我们这里试图分解出劳动力市场演进影响贸易发展的机制，构建相应的变量以反映不同机制的影响，并从实证上加以验证。

劳动力市场演进影响中国贸易发展的机制很多，至少以下机制我们认为是其中至关重要的部分：

第一种机制是劳动力就业规模的增加对贸易的促进作用，这在经济增长理论和经典贸易理论中都已得到了充分论证，劳动力是推动产出增长和贸易扩张的必要条件，劳动力市场影响贸易的这种机制我们选择就业规模变量（PAE）来进行考察。

第二种机制是劳动力在城乡间转移对贸易发展的影响，因为传统计划体制下城乡劳动力分割的基本格局和制度设计，使大量的剩余劳动力被限制在农村和农业经济活动当中就业，造成了事实上的巨大隐性失业，带来了劳动力资源的极大浪费。当市场机制自发地引导劳动力开始流动，生产要素向城市的集聚成为一种基本趋势，乡城间劳动力的流动创造了巨大的就业机会，是促进经济和贸易发展的重要途径，我们这里用城市劳动力就业占我国就业总量的百分比进行表示（CAE）。

第三种机制体现在劳动力市场管制的放松导致劳动力市场就业灵活性的上升所带来的劳动力配置效率的提高。如我们上一节的模型分析，当劳动力市场管制严格的情况下，社会失业将会上升，这不利于一国劳动力要素禀赋优势的发挥，会限制一国的贸易发展，甚至会逆转一国的贸易模式，劳动力市场的灵活性我们这里用国有企业就业占城市就业的百分比（SCE）来衡量，国有企业在城市就业中占比越低反映了劳动力市场越灵活。我们之所以这样处理是因为国有企业是传统计划经济体制下吸纳城市就业的主力军，也是政府计划控制主导城市劳动力就业配置的主要方式，虽然改革开放后随着我国劳动力就业市场化的改革和推进，国有企业就业的市场化程度在不断提高，但是相对于其他所有制企业的劳动力就业来说，国有企业内部劳动力权益受保护程度更为完善，相对较高的垄断地位导致的国有企业内部更高的收入对应了整体上更高的工资水平，且进入的市场门槛更高，很大程度上与传统的就业格局存在紧密联系，同时也反映了劳动力市场分割的一种特殊形态。

第四种我们考虑的机制是劳动力跨地区流动对贸易发展的影响。改革开放以来，地区经济发展水平差异和要素禀赋的不同导致劳动力跨地区大规模流动成为一道独特的景象，在此过程中，东部地区较早起步的优惠开放措施和优越的地理位置，吸引了大规模外商直接投资，极快地促进了我国东部地区的贸易发展尤其是加工贸易的发展，成为吸引中西部地区劳动力大规模流入的重要原因，所以我们这里通过构建劳动力流入指数，来考察劳动力流动对贸易发展的影响。鉴于目前，我国现有的统计数据体系中缺少劳动力跨省流动的详细数据，我们所构建的劳动力指数的思路是这样的，在各省劳动力家庭结构差异相对不大的基础上，我们用各省就业总量占全国的比重除以各省户籍人口占全国人口比重来作为衡量劳动力流动的指数，劳动力指数大于 1 表示该省市存在劳动力流入，如果小于 1 则表示该省市劳动力处于净流出状态，图 4 - 4、图 4 - 5、图 4 - 6 是我们计算出来的各省市劳动力流动指数的变化情况，通过比较东、中、西部地区劳动力流动指数可以发现，这样的指数构建基本符合我们地区间劳动力流动的基本情况，东部地区多数省市的劳动力指数在多数年份都是大于 1 的，表明存在劳动力的净流入，而中西部地区则相反。在此基础上我们构造一个表示劳动力流入或流出的虚拟变量（LFT），劳动力流入我们用 1 表示，劳动力流出我们用 0 表示。在实证处理过程中，我们认为劳动力流动机制影响贸易会通过和以上三种机制结合在一起发挥作用，例如，中西部地区劳动力向东部地区的流动会增加劳动力流入的总就业规模，提高劳动力流入省份城市就业人口比重，甚至可能影响当地劳动力市场灵活性的演变。对于劳动力流动机制与其他三种机制间的这种联系，我们通过引入交互项的方式进行验证。

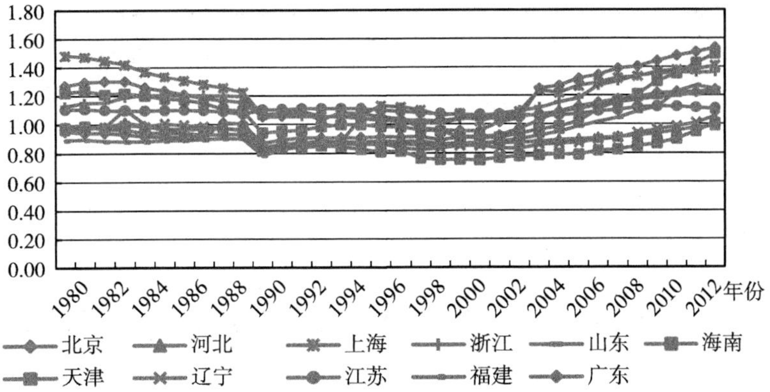

图 4－4　东部地区劳动力指数①

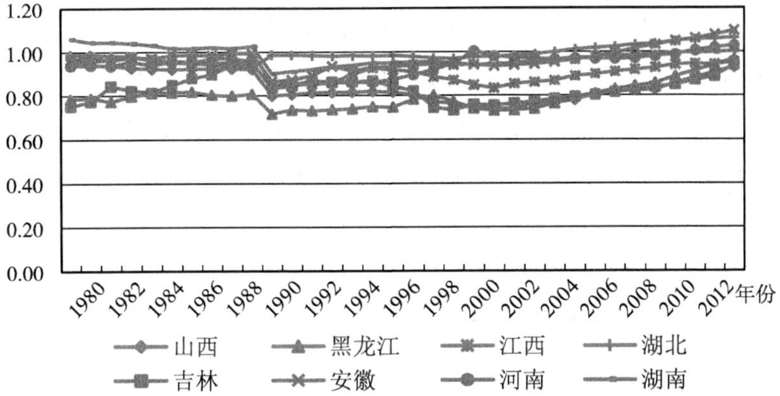

图 4－5　中部地区劳动力流动指数

① 数据来源：劳动力流动指数是我们根据相关数据计算得到，其中各省劳动力就业数据来源于各省市《统计年鉴（历年）》，各省户籍人口数据来源于《中华人民共和国人口统计资料汇编1949—1985》、《中国人口统计年鉴（1988—2006 各年）》、《中国人口和就业统计年鉴（2007—2014 各年）》。

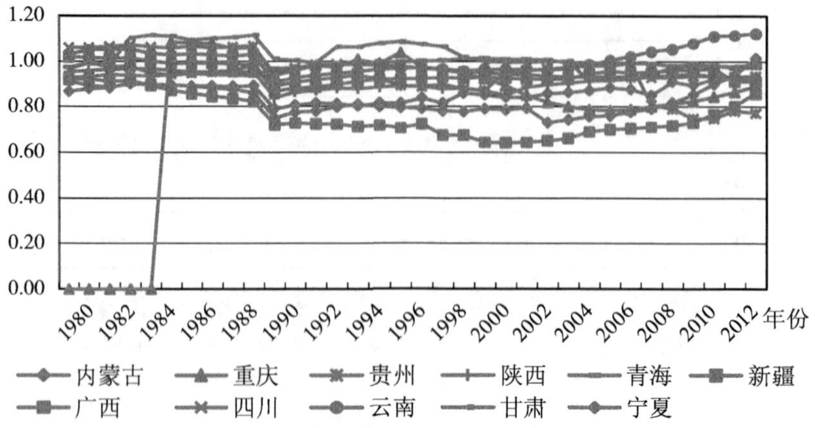

图 4-6　西部地区劳动力流动指数①

虽然可能还存在劳动力市场演进过程中劳动力配置影响中国贸易发展的其他机制，但是至少以上四个影响机制是其中最为重要的，并且我们所分离出来的这些机制还一定程度上反映了二元劳动力市场分割对贸易发展的基本影响，这样的分解对于全面认识中国贸易发展的原因和中国劳动力市场未来调整的方向和政策具有重要借鉴。

4.4.3　实证模型及数据来源

(1) 实证模型

我们这里建立的计量模型是基于面板数据构建的，面板数据包含了相对更丰富的信息，能够同时反映研究对象在时间和横截面两个维度的变化趋势及样本特性，面板数据模型能够更充分地利用样本包含的信息，减少多重共线性造成的影响，从而深化我们对相关问题的研究。

面板数据模型的一般形式如下：

$$y_{it} = \alpha_{it} + x_{it}\beta_{it} + u_{it} \qquad (i = 1,\cdots,N;t = 1,\cdots,T) \quad (4-11)$$

其中，y_{it} 表示被解释变量，我们这里用各省的出口贸易量 EXP 来表示；i 表示样本中特定的某一个研究对象，α_{it} 代表常数项，$x_{it} = (x_{1it},x_{2it},\cdots,x_{Kit})$ 为

① 重庆市 1985 年以前数据缺失，所以劳动力流动指数为 0。

$1 \times K$ 向量，K 表示解释变量的个数，$\beta_{it} = (\beta_{1it}, \beta_{2it}, \cdots, \beta_{Kit})'$ 表示解释变量的参数，u_{it} 表示 0 均值同方差的随机扰动项。这里的解释变量主要包括各省（市）就业总量（PAE）、各省（市）城市就业占本省（市）总就业的百分比（CAE）、劳动力流动指数（LFT）、各省（市）国有企业就业占城市就业的比重（SCE）。另外鉴于外商直接投资和产出水平与出口贸易间的紧密联系，我们这里同时考虑控制变量——各省（市）利用外商直接投资的存量（FDI）、各省（市）的人均产出（PGDP）的影响，因为 FDI 是我国加工贸易尤其是东部地区加工贸易发展壮大的重要原因，一个省（市）吸引外商直接投资的规模和存量一般会产生比较明显的影响。而引入人均产出水平则主要是出于以下原因：一方面，对于生产与贸易间的关系学界的一般认识在于生产很大程度上决定贸易，生产能力和生产结构决定了贸易水平和结构；另一方面，人均产出水平的变化很大程度上反映了一国或地区资本积累、技术进步和生产率水平的变化，这些因素都毫无疑问地会对贸易发展产生直接或间接的影响。本书的研究目的并非考察单个独立的因素可能产生的影响，但是又无法忽略这些因素的重要性，因此我们这里从技术手段上作出这样的综合处理。为了消除序列异方差，我们分别对 EXP、FDI、PGDP、CAE、PAE、SCE 取自然对数，这并不会改变各变量的变动趋势，我们构建的面板数据实证模型形式如下：

$$logEXP_{it} = C_{it} + \beta_1 \log FDI_{it} + \beta_2\, logPGDP_{it} + \beta_3\, logPAE_{it} + \beta_4\, logCAE_{it} + \beta_5\, logSCE_{it} + \beta_6(LFT)\, logPAE_{it} + \beta_7(LFT)\log CAE_{it} + \beta_8(LFT)\, logSCE_{it} + \varepsilon_{it} \tag{4-12}$$

在我们的模型设计中，各解释变量参数可能的符号我们的基本预期如下：由于 FDI 的发展对我国出口贸易既存在一定的促进，也会产生一定的挤压，因此 β_1 可能为正也可能为负，所反映的作用机制会随着经济环境的变化而不同。人均产出无论从资本积累、技术进步，还是从生产效率的提高来看，都将有利于出口贸易的发展，因此 β_2 的符号预期为正。总就业量的增加是我国劳动力要素比较优势发挥的基础，总就业量的增加预期会对出口产生促进作用，β_3 的符号预期为正。城市就业比重的上升能够为工业化推进和城市集聚效应的发挥提供充分的劳动力支持和智力保障，这将有利于出口贸易的发展，β_4 符号预期为正。国有企业就业占城市就业比重变化反映了我国劳动力就业由传统的计划调节向市场化配置的演变，也反映出劳动力市场管制的放松所导致的劳动力灵活性的提高，因此预期 β_5 符号为负。劳动力流动会改变不同地区的劳动力就业总量，同时会对流入和流出地区城市就业比重产生明显影响，推动流入地劳动力市场灵活性的上升，预期 β_6 、β_7 、β_8 的符号分别为正、正、负。

面板数据模型存在多种具体的形式，变截距模型是较常使用的应用类型，它同时对应了随机效应模型和固定效应模型。如果研究者只是利用样本自身效应为条件进行研究，适宜于使用固定效应模型，如果研究者的目的在于利用部分样本对总体效应进行推论，则应选用随机效应模型（易丹辉，2008）。由于数据可得性的局限，我们这里主要通过利用除西藏外大陆地区 30 个省市的样本数据来考察劳动力市场相应机制对贸易发展的影响，这是基于样本自身效应为基础进行的研究，因此我们倾向于选择固定效应模型，在具体的检验过程中，我们还将通过豪斯曼（Hausman）检验加以进一步验证，来确定选择随机效应模型还是固定效应模型。

我们的实证检验将分两步进行，首先，我们将对整体样本根据模型（4－12）进行验证，找出相应解释变量和控制变量对中国出口贸易产生的影响。其次，我们将整个样本考察期按照中国改革开放过程中的重要节点进行分段，分别考察在不同的时间段特定机制和变量的影响性质以及强度的变化。与前一章我们对中国二元劳动力市场演进的阶段划分相一致，我们第一个阶段从 1980 年至 1992 年，第二个阶段从 1993 年至 2002 年，第三个阶段从 2003 年至 2013 年。这样的阶段划分，也能反映出我国整体制度环境的变化对劳动力市场运行及贸易发展产生的明显影响，更为准确地证实特定机制在特定阶段影响作用的发挥及变化。

（2）数据来源及处理

本书这里的数据来源于各省（市）《统计年鉴（历年）》《中华人民共和国人口统计资料汇编（1949—1985）》《中国人口统计年鉴（1988—2006

各年)》《中国人口和就业统计年鉴（2007—2014 各年)》《中国统计年鉴(历年)》。本书的数据涵盖了 1980—2013 年相关省市的具体数据，由于重庆市 1997 年设置为直辖市，1985 年以前的部分数据缺失，因此我们对于 1985 年之前的数据设置为空值，并且对于 1997 年以前四川省与重庆市在相关变量统计数据的重合部分进行了相应的分解处理，对于相应的名义变量我们利用基于 1978 年的价格指数进行了平减处理。

4.4.4 模型估计及结果分析

基于上述实证模型和选取的指标，下面我们利用除西藏外 30 个省市的面板数据为样本，分两步来进行检验，第一步检验 1980—2013 年段相关影响因素或机制对于中国出口贸易发展产生的影响，第二步将整个考察时间段分为上述三个阶段进行考察。在模型具体形式的选择上，我们同时比较了随机效应和固定效应的检验结果，并进行了 Hausman 检验，从两种效应的比较结果来看，固定效应的结果明显好于随机效应。因此，我们以下计量结果主要基于固定效应模型进行分析。

（1）总体回归结果

表 4 - 8 中方程 1、方程 2、方程 3、方程 4 分别表示变量逐步回归的结果，在逐步增加解释变量的过程中，可决系数与调整可决系数的增加表明，新变量的引入是合理的，并且新引入的变量在统计上基本都是显著的，原有变量参数的符号和大小也没有表现出明显的变化，表明我们面板数据的回归是合适的。

表 4 - 8　总体样本回归结果：1980—2013 年

指标	方程 1		方程 2		方程 3		方程 4	
	RE	FE	RE	FE	RE	FE	RE	FE
C	-1.8654* (-2.6730)	-0.0609 (-0.0544)	-4.5284* (-5.8345)	-2.6854* (-2.3344)	-4.0947* (-3.3827)	-1.1278 (-0.7333)	-4.1002* (-3.382)	-0.300 (-0.1952)
β_1	-0.0873* (-6.6194)	-0.0835* (-6.1287)	-0.0823* (-6.3982)	-0.0794* (-5.9852)	-0.0817* (-6.3409)	-0.0775* (-5.8219)	-0.0822* (-6.0305)	-0.0743* (-5.225)

续表

指标	方程 1		方程 2		方程 3		方程 4	
	RE	FE	RE	FE	RE	FE	RE	FE
β_2	1.1186 * (32.438)	1.1489 * (29.945)	0.9711 * (25.254)	1.0128 * (24.112)	0.9521 * (18.412)	0.9602 * (17.678)	1.0241 * (18.78)	1.0554 * (18.39)
β_3	0.7665 * (7.2528)	0.4951 * (2.823)	0.9350 * (8.6459)	0.6789 * (3.9336)	0.9257 * (8.3963)	0.623 * (3.5332)	0.798 * (6.9631)	0.3479 * * (1.8957)
β_4			0.7086 * (8.0117)	0.6414 * (7.0646)	0.6884 * (6.9083)	0.5617 * (5.3637)	0.535 * (4.9961)	0.3993 * (3.5645)
β_5					-0.0420 (-0.5101)	-0.1295 *** (-1.624)	0.1943 * * (2.0279)	0.1263 (1.2863)
β_6							0.0579 *** (1.6877)	0.0551 *** (1.6838)
β_7							0.1635 * (2.6424)	0.1857 * (2.9205)
β_8							-0.2397 * (-4.247)	-0.2514 * (-4.4001)
R^2	0.8010	0.9400	0.8147	0.9433	0.8144	0.9435	0.8200	0.9452
$A-R^2$	0.8003	0.9378	0.8139	0.9411	0.8134	0.9413	0.8184	0.9429
Hausm	52.4418 *		36.5944 *		44.5264 *		46.1559 *	
样本数	895	895	895	895	895	895	895	895

注：RE 表示随机效应，FE 表示固定效应，括号里的数值为各变量对应的 T 值，*、* *、* * * 分别表示 1%、5% 和 10% 的显著水平。

从回归结果来看，我国劳动力市场的演进在提高劳动力配置效率的过程中，对出口贸易的发展产生了显著的影响。具体来看，β_3 的值在所有方程的回归中都显著为正，就业总规模的上升对出口具有明显的促进作用，我国作为劳动力资源丰裕的国家，充分利用劳动力禀赋优势是我国出口贸易崛起的重要因素之一。β_4 的值在方程 3、方程 4、方程 5 的回归中也均为正，且统计上较为显著，表明城市劳动力就业比重的上升，明显有利于促进出口贸易的发展，加快了城市经济集聚效应的发挥，不仅促进了劳动力由农村向城市的转移，而且有利于经济开放程度的提高。β_5 的值在表 4-8 中的方程 3 的回归中显著为负，但在方程 4 的回归中为正，但统计上并不显著，根据我们研究的预判，随着中国劳动力市场就业灵活性的提高，也即国有企业占城市就业比重的下降，这将有利于充分发挥我国劳动力要素比较优势，促进贸易的发展。在方程 4 的回归中，β_6 、β_7 、β_8 的值都完全符合我们的预期，表明劳动力在地区间的流动，从整体上优化了我国劳动力的配置效率，有利于促进贸易的发展，从 β_6 的值为正来看，表明在劳动力流入的情况下，就业总量的增加会对出口产生进一步的促进，这可能是因为外来劳动力更多地流入到了东部地区外向型经济部门，有利于出口贸易规模的持续扩大。β_7 的值为正，表明在劳动力跨地区流动的过程中，中西部劳动力向东部地区的城市流动比例较高，这进一步强化了城市地区劳动力的集聚，为东部地区城市劳动力市场提供了更充分的劳动力供给。β_8 的值为负，表明在劳动力市场更灵活的地区，劳动力的流入有利于促进贸易的发展，这可能是由于这些地区对于外来劳动力的限制较少，在有效劳动需求旺盛的条件下，外来劳动力可以进一步有效满足当地市场对劳动力的需求。考虑到方程 4 中 β_5 值为正且统计上不显著，但是 β_8 值为负，且 β_8 绝对值大于 β_5 ，所以当劳动力净流入的情况下，LFT 的值为 1，我们可以合并 $\beta_5\ logSCE_{it}$ 和 $\beta_8(LFT)\ logSCE_{it}$ ，一个整体上为负的系数（-0.1251），证实了劳动力市场灵活性的上升（也即国有企业占城市就业比重的降低），有利于得出促进出口贸易发展的基本结论。

在所有方程的回归中，β_1 、β_2 的估计结果在符号上都完全一致，且数值上也基本保持一致。FDI 存量的增加对出口贸易产生了微弱的抑制作用，FDI 存量增加一个百分点，大致会导致出口下降 0.08 个百分点，原因可能在于 FDI 的大量流入，虽然很大程度上促进了我国加工贸易的发展，但也对一般贸易的发展产生了一定的抑制，不利于整体出口规模的增加。人均产出的增加对出口产生了较强的拉动作用，产出增加 1 个百分点，会推动出口上升 1 个百分点左右。这在一定程度上支持了我们的预期，资本积累的增多、技术进步和生产率的提高，作为影响产出的重要因素，也会对出口产生很强的促进作用。

（2）分段回归结果

改革开放以来，我国经济社会变革不断向纵深推进，经济社会政策环境的变化会深刻地影响经济系统运行的机制和绩效，分阶段地考察劳动力市场变革与演进对出口贸易的影响，可以帮助我们深化对制度和体制层面影响劳动力市场运行的理解和认识，这样的分阶段考察可以揭示出更为丰富的信息。

在表4－9三阶段样本回归中，为了便于比较，我们只列出了对应方程4的参数估测数值及统计变量的情况。通过直观地比较三阶段的回归参数可以发现，反映劳动力市场上同一机制的参数在不同阶段的估测结果差异巨大，不仅在数值大小上存在较大不同，甚至在符号性质上也出现了根本变化。在表4－9中，阶段1的回归参数估测中，β_6、β_7、β_8的值在统计上均不显著，这表明在改革开放初的一段时期，虽然已经确立了改革开放的基本国策，但是我国劳动力市场政策尚没有作出充分的调整，劳动力市场制度环境还没有发生根本性变化，劳动力的流动性相对较弱，劳动力就业主要侧重于本地就业。实际上我们对第一阶段的回归中，依次剔除代表劳动力流动的交互项以后，根据固定效应模型会得到表4－10中方程1、方程2、方程3、方程4所表示的结果，通过比较四个方程中各变量可决系数的变化可以发现，实际上城市劳动力比重、国有企业就业占城市就业比重和总就业规模的参数在统计上也均不显著。这从一个侧面反映出此阶段，我国劳动力就业的一些显著特征。首先，从统计数据上来看就业总量的增加并未显著促进出口规模上升，这可能反映了我国改革开放以前的统计就业规模虽然较高，但是社会隐性失业比例也相对很高，在改革开放后的很长一段时间，我国劳动力市场的演进主要表现为原有的隐性失业向实际就业的转变，虽然在实际就业质量上体现了我国劳动力市场的进步，而且这样的转变也肯定有利于经济和出口贸易的发展，但是在统计上却无法直观地显现。其次，即使从省（市）内部来看，劳动力城乡间流动还比较缓慢，我国的城市化进程尚未快速展开，农村劳动力主要集中在农村地区就业，以乡镇企业为代表的农村地区实际就业规模虽然有了一定增长，但是这些企业生产可能更多的集中国内市场需求紧密相关的行业和部门，而与出口贸易关系相对较弱。再者，这一阶段我国国有企业改革步伐起步相对较晚，在就业体制上尚未发生根本性的调整，国有企业依然承担了增加城市社会就业，维护社会稳定的职能，这样的安排虽然有利于社会的平稳过渡，但是在效率上来看，并不利于经济的更快发展，也没有表现出对出口明显的促进作用。这充分表明，在劳动力市场城乡分割、制度性分割较为严重的情况下，劳动力市场演进相对缓慢，劳动力配置方式虽然在发生着渐进的调整，但是这样的调整尚未发挥出对经济社会应有的推动作用。

表 4-9　分阶段样本回归结果

指标	1980—1992 年		1993—2002 年		2003—2013 年	
	RE	FE	RE	FE	RE	FE
C	-12.3875* (-3.5833)	-22.6185* (-3.3706)	-12.414* (-6.9812)	12.2714* (2.9721)	-10.454* (-5.2094)	-9.986* (-2.8573)
β_1	-0.0621* (-4.1508)	-0.086* (-4.4232)	0.0796 (1.5209)	-0.1108*** (-1.7441)	0.5793* (7.7565)	0.5766* (6.9282)
β_2	1.3807* (10.2574)	1.3235* (8.0334)	1.1881* (7.7807)	0.7334* (3.2763)	0.3805* (4.5509)	0.3829* (4.1716)
β_3	1.1558* (6.9598)	1.8940* (3.9698)	0.9587* (8.8809)	-0.6117 (-1.2188)	0.6466* (3.8221)	0.6038*** (1.6773)
β_4	0.809* (2.9921)	1.174** (1.8735)	0.5373* (3.7813)	-0.4328** (-1.9151)	1.3011* (5.5161)	1.2974* (5.0123)
β_5	0.7391 (1.5282)	1.7316* (2.6814)	1.1785* (8.4101)	0.11164 (0.5559)	0.7411* (3.8053)	0.7127* (3.0713)
β_6	-0.0264 (-0.3139)	-0.0703 (-0.7828)	0.1976* (3.8527)	0.2377* (4.2964)	0.1473** (1.8272)	0.1356 (1.5144)
β_7	0.1829 (1.2641)	0.0714 (0.4671)	0.5534* (5.3445)	0.4715* (4.1586)	-0.1939*** (-1.7551)	-0.2229*** (-1.8754)
β_8	-0.0400 (-0.1776)	0.124 (0.5162)	-0.8434 (-6.6569)	-0.8232* (-5.9094)	-0.0957 (-0.6877)	-0.0482 (-0.3247)
R^2	0.6166	0.9734	0.5187	0.9773	0.7675	0.9767
$A-R^2$	0.6048	0.9694	0.5053	0.9741	0.7617	0.9737

续表

指标	1980—1992 年		1993—2002 年		2003—2013 年	
	RE	FE	RE	FE	RE	FE
Hausm	31. 7665 *		145. 3239 *		20. 4297 *	
样本数	269	269	296	296	330	330

注：RE 表示随机效应，FE 表示固定效应，括号里的数值为各变量对应的 T 值，*、**、***分别表示 1%、5%和 10%的显著水平。

表 4 -10　1980—1992 年样本回归结果

指标	方程 4	方程 3	方程 2	方程 1
C	-22. 6185 * (-3. 3706)	-16. 6018 * (-2. 6097)	-9. 5659 ** (-2. 2488)	-4. 4162 ** (-2. 1034)
β_1	-0. 086 * (-4. 4232)	-0. 0842 * (-4. 3248)	-0. 0741 * (-4. 0519)	-0. 0674 * (-3. 8133)
β_2	1. 3235 * (8. 0334)	1. 3350 * (7. 9819)	1. 4387 * (9. 4428)	1. 3780 * (9. 4212)
β_3	1. 8940 * (3. 9698)	1. 5007 * (3. 2162)	1. 1061 * (2. 8772)	
β_4	1. 174 ** (1. 8735)	0. 9043 (1. 4843)		
β_5	1. 7316 * (2. 6814)	1. 2080 *** (1. 9301)	0. 7696 (1. 3911)	
β_6	-0. 0703 (-0. 7828)			
β_7	0. 0714 (0. 4671)			
β_8	0. 124 (0. 5162)			
R^2	0. 9734	0. 9714	0. 9712	0. 9710
$A - R^2$	0. 9694	0. 9674	0. 9673	0. 9672
样本数	269	269	269	269

注：括号里的数值为各变量对应的 T 值，*、**、***分别表示 1%、5%和 10%的显著水平。

在表 4 -9 阶段 2 的回归中，劳动力市场流动与总就业量、城市就业比重和国有企业占城市就业比重的交互项的估计参数与我们的预期完全相同，这表明在此阶段，我国劳动力市场演进较为迅速，劳动力流动的限制性措施在快速减少，劳动力跨地区流动通过增加流入地劳动总量，提高流入地城市就业比重，增强劳动力流入地劳动力市场灵活性，均可以有效促进出口贸易的发展。通过将交互项的回归参数与 β_4 、β_5 的合并[①]，当存在劳动力净流入时，LFT 的值为 1，则 CAE、SCE 的系数分别为 0.0387 和 -0.7086，表明劳动力流动对于流入地城市劳动力市场的影响较为显著，较大的增加了当地城市劳动力供给，有利于出口规模的上升，且对劳动力市场灵活性的提高影响巨大，会进一步增强流入地劳动力市场的灵活性调整，刺激出口贸易发展。

在表 4 -9 对阶段 3 的回归中，FDI、SCE 以及三个交互项的参数估计结果要作出特别的解释。本阶段 FDI 的参数估计结果为正，且统计上显著，表明 FDI 存量的增加开始对我国出口贸易产生整体上的积极促进作用，这可能是由于对国外企业的学习和模仿，国内企业获得了较快的成长，在技术水平、生产效率和管理组织水平上都实现了持续的进步有关系，也预示了未来依然有必要重视吸引 FDI 的现实意义。SCE 以及三个交互项的参数估计结果要么在统计上不显著，要么与我们的预期不符，这可能是反映了我国劳动力市场演进的过程中，随着劳动力就业规模的上升、结构的改善和劳动力市场就业灵活性的不断提高，我国逐渐开始告别劳动力无限供给的状态，长期以来劳动力低工资、慢增长的格局开始发生变化，劳动力工资水平开始快速上升，地区间劳动力工资差距开始缩小，劳动力地区间流动开始放缓，甚至一定程度开始出现劳动力回流，所以在统计上造成交互项反映的劳动力流动变量影响强度甚至性质的变化。这实际上反映出我国劳动力市场一体化程度的不断提高，这导致了劳动力双向流动的增强，而不再仅仅主要局限于原有的主要由相对落后的中西部地区向东部地区的转移，也表现出劳动力由发达地区向中西部地区的回流，而在这样的劳动力双向流动趋势变化的背后，可能更根本性的因素在于地区间

① 这一阶段 β_3 在统计上不显著，所以我们不考虑交互项与 PAE 项的合并。

工资水平差距的不断缩小，使得劳动力根据市场供求和工资信号作出了理性的反应。这将有助于地区间收入差距的缩小，并且还有助于推动中西部地区出口贸易的发展，使我国劳动力市场整体配置效率进一步提升。

4.4.5 结论

我们这里在分解了劳动力市场演进过程中劳动力配置影响出口贸易的基本机制，通过两步面板回归，论证了不同劳动力配置机制对中国出口贸易的影响。中国劳动力市场发展是一个动态演进的过程，劳动力的就业规模效应、城市集聚效应和劳动力跨地区流动都表现出对出口贸易的促进作用，使我国劳动力要素禀赋的比较优势得到了充分发挥，使我国获得了开放条件下的巨大贸易利益。同时，中国吸引 FDI 存量的增加对出口表现出微弱的抑制作用，这主要可能源于我国早期利用外资在促进加工贸易扩张的同时，对国内一般贸易的发展产生了一定的挤压，随着 FDI 存量的上升和国内企业的成长，外资对出口扩张的拉动作用在增强。人均产出水平的提高对出口贸易的较强拉动作用，可能反映出我国资本积累、技术进步和生产率水平提高所产生的综合积极影响。分阶段的回归结果表明，在不同的时段，由于我国开放经济政策的调整时序安排和进度的差异，特定时期劳动力市场特定机制对出口贸易影响的性质和强度存在明显差异，基本的发现在于劳动力市场分割程度越严重，劳动力资源配置效率越低，这不仅会抑制我国出口贸易的发展，不利于我国贸易利益的创造和实现，也会造成劳动力资源的极大浪费，二元劳动力市场分割的弱化是我国劳动力资源配置效率提高的重要前提，是劳动力市场进步推动我国出口贸易和经济发展的重要基础。

5 二元劳动力市场演进过程中贸易的就业效应

5.1 出口贸易影响就业的机制

中国劳动力市场动态演进的过程中，劳动力就业方式的转变所伴随的就业量的增加、就业结构的改善和就业灵活性的上升，对中国贸易发展产生了明显积极的影响，使中国劳动力要素禀赋的比较优势逐步得到了释放，贸易利益得到了充分体现和提升，是中国改革开放以来，迅速崛起为全球第一出口贸易大国的重要原因，对此我们上一章的分析论证已经做出了充分的解释和论证。但是经济社会系统中变量间一般存在双向相互影响的因果关系，贸易与就业间同样也存在着这样双向的相互因果影响，尤其是对于转型经济体来说，二者间这种双向影响显得更加明显而重要，并且在对二者间关系的研究中，贸易的就业效应研究可能更加受到了学界的青睐。当然即使在对贸易就业效应的研究中，也可以清楚地体现出，劳动力市场运行对贸易发展的影响，反映出贸易与就业间广泛存在的内生关系，贸易的发展不仅对中国就业总量产生了巨大的积极影响，也使中国劳动力就业结构更趋合理，并使劳动力市场做出了相应的调整，促进了劳动力市场本身的深化与演进。在出口贸易发展影响就业的众多机制中，我们认为至少以下机制是不可忽略的几个重要方面。

5.1.1 就业扩张效应

与传统主流贸易标准模型完全竞争假设不同，基于劳动力市场分割及动态演进的分析更加切合客观实际。在完全竞争的市场理想化假设条件下，无论是封闭条件还是开放条件下的市场均衡都对应了劳动力充分就业的结果，因此贸易对就业的影响都无法体现在就业量的变化上，而在分割的劳动力市场上，贸易发展所引致的就业扩张成为一个长期存在的动态演进过程。首先，出口贸易的发展会通过增加对商品的需求对劳动力市场需求产生拉动作用，当劳动力要素存在闲置的情况下，更多的产品需求意味着与这些产品生产直接相关的行业部门会创造更多的劳动力就业，并会通过产业间上下游间的间接联系带动相关行业的生产和就业扩张。而当一国国内生产能力出现过剩的情况下，出口贸易发展能够为剩余产品提供良好的外部市场销路，从而为国内再生产甚至是扩大再生产提供支持，进而使劳动力就业维持在一个相对理想的状态。其次，出口贸易的发展还会通过乘数效应，对一国国内就业扩张产生放大效应，因为出口行业部门的发展会通过深化与该行业有关的前后向产业间的联系，对相关行业部门的劳动力就业产生相应影响。例如我国服装制造业产品的出口会对其上游的棉花种植、化纤生产、纺织印染等相关行业部门产生直接的影响，服装出口的增加能够直接带动棉花种植、化纤生产和纺织印染等部门的兴旺与扩张，在这些相关部门创造更多的劳动力就业机会。最后，出口贸易发展会通过增加资本积累和深化社会分工增加劳动力就业，因为出口企业的生产对资本投入的需求有助于储蓄顺利转化为投资，在此过程中，出口产品生产本身就是一个创造就业的过程，随着产品出口的扩大，企业的扩大再生产成为可能，进一步的资本积累会产生更大规模的就业，而在经济开放过程中，社会分工的深化也同样有助于财富生产能力的提升和资本积累的增多，这同样能够产生就业拉动效应。

5.1.2 就业结构效应

就业结构是决定劳动力市场配置效率和经济发展绩效的重要因素之一，贸易的就业结构效应是贸易影响就业的重要机制。无论是在传统贸易理论模型中，还是在最新的异质性企业贸易模型的分析框架中，贸易的就业结构效应都受到了高度重视。在古典和新古典贸易分析框架中，贸易将导致要素根据比较优势进行产业间的优化配置，要素由本国不具有比较优势的行业部门流向具有比较优势的行业部门，在此过程中要素配置效率的提高恰恰是一国贸易利益释放的过程，劳动力在出口导向型部门与国内进口竞争部门间的配置也会发生相应的结构性变化。从一个行业部门内部来看，出口贸易发展也会通过竞争效应导致劳动力要素在产业内企业间重新配置，劳动力由低生产率企业向高生产率企业的转移，通过这种产业内的转移，行业层面整体生产率的提高成为一国获取贸易利益的新渠道。当然标准的贸易理论模型都是在劳动力同质的假设前提下展开的分析，实际上也隐含了劳动力在一国内地区间均质分布的假设，而现实劳动力要素特质是存在差异的，劳动力在地区和城乡间的分布也是非均质的，这就使得贸易的就业结构效应更为复杂，劳动力跨地区、跨行业的流动也能够引发相应就业结构的变化。

从中国改革开放以来的经济发展实践来看，贸易发展至少还从以下几个方面引起了劳动力就业结构的变化：一是劳动力在地区间就业结构的变化。贸易的发达通过增加就业机会，创造更多就业岗位导致劳动力从中西部地区大规模向东部地区流动，从而改变两地区间的劳动力就业的比例关系。二是劳动力在城乡和产业之间就业结构的变化。由于二元经济结构和制度限制方面的原因，我国绝大多数劳动力长期滞留在农村地区并主要从事农业经济活动，造成了事实上严重的隐性失业和劳动力资源的低效使用，贸易的发展通过促进工业化和城市化的加快发展，有助于实现社会经济资源和经济活动向城市的空间集聚和第二、第三产业的转移，从而实现规模经济、专业化和经济资源配置效率的提高。三是劳动力在不同所有制企业间就业比例的变化。改革开放前的计划经济条件下城市劳动力主要集中在国有和集体所有制单位就业，劳动力就业配置主要依靠政府计划调节来实现，劳动力缺少就业选择的自主权，劳动力要素的整体配置效率较低。改革开放以来，随着利用外资规模的增加和经济活动管制领域和程度的不断放开和扩大，劳动力市场化配置范围持续扩大，外商投资企业、民营和个体性质的企业就业劳动力规模不断增加，开始成为吸纳我国城市劳动力就业的主力军。四是异质性劳动力之间就业比例的改变。劳动力的异质性是现实劳动力市场运行的典型特征，也是造成劳动力市场分割的根本性原因之一，具有不同特质的劳动力与特定工作岗位的顺利匹配是持续创造就业，维系劳动力市场运行的重要基础。出口贸易的发展通过影响特质性劳动力的供求，改变劳动力与工作岗位间的匹配关系，进而影响劳动力市场的运行效率。例如，贸易会对熟练技能劳动力和非熟练技能劳动力的相对需求产生明显的影响，导致两种类型劳动力间就业关系的变化，还有包括男性劳动力和女性劳动力之间也会体现出类似的差异化影响。

5.1.3 工资及收入分配效应①

市场机制配置资源的核心在于市场竞争价格机制的信号引导作用，充分竞争的市场价格信号引导稀缺要素实现最优配置效率，工资作为劳动力价格信号同样具有这样的功能，开放条件下，贸易对就业的影响很大程度上是通过影响劳动力工资水平和工资差距来实现的。经济开放所伴随的贸易发展，会通过改变地区与行业间劳动力工资水平，引导劳动力流向更高收入的地区和部门，与此同时，也会改变不同地区和行业间劳动力供求，对整体劳动力市场的工资水平产生系统的影响。根据新古典贸易理论中斯托尔珀－萨缪尔森（S－S）定理的论述，贸易会使一国丰裕要素的名义价格与实际报酬上升，使一国稀缺要素的价格和实际报酬下降。基于劳动力异质性假设的分析，发达国家一般被视作是熟练劳动力相对丰裕的国家，发展中国家为非熟练劳动力相对丰裕的国家。按照 S－S 定理的推论，贸易倾向于提高发达国家熟练劳动力的工资水平，扩大熟练劳动力与非熟练劳动力间的工资差距。相反，会提高发展中国家非熟练劳动力的工资，缩小熟练劳动力与非熟练劳动力间的工资水平。如同我们第 3 章对于贸易与

① 收入分配是一个更为宏大的研究主题，这里的收入效应主要指贸易通过影响劳动力市场配置对不同群体劳动力收入状况及收入差距的影响。

就业间内生关系研究文献的梳理中所揭示的，虽然在经验研究中，基于不同国家研究对象的分析，得出的结论上还存在一定的争议，但是贸易产生的影响基本上得到了认可。另外，贸易对不同性别劳动力工资的影响也越来越多受到了学界的关注，在研究结论上也得出了不少富有启发性的认识。

与新古典贸易理论基于静态一般均衡分析不同，异质性企业贸易模型对要素重新配置的动态考虑，所得出的贸易的工资效应的认识要相对更为乐观，因为行业内企业根据高生产率进行的自选择效应，使得行业内要素发生由低生产率企业向高生产率企业的转移，由此导致所有行业生产成本和价格的降低，无论是一国处于比较优势的行业部门还是比较劣势的行业部门，生产率的进步所导致的实际报酬的上升可能意味着所有要素均会从贸易中获益。

5.1.4 劳动力市场进步效应

理想化的贸易模型基本上是基于完善市场的假设，从而在分析上得出较为理想的分析结论。但是现实劳动力市场的不完善性却是无法忽略的，尤其对于转型经济体来说，市场的成长和演进是一个长期动态的发展过程，市场完善的过程中，要素配置效率的逐步提高是一个非常自然的结果。我们认为，经济开放和贸易发展能够对一国劳动力的市场完善与发展产生直接的影响，进而影响到一国的就业规模、就业结构、工资水平、工资差距以及最根本的问题——劳动力要素配置效率。在我国经济转型的过程中，贸易通过促进劳动力市场的延伸、整合、改革与完善，对中国劳动力市场进步产生了积极的影响，这是贸易影响就业的重要机制。因为开放经济条件下贸易利益的实现与放大，有赖于国内统一市场的建设。在市场高度分割的环境下，资源的配置效率受到了极大的限制，地区间分工的同质性和重复投资建设，限制了地区间分工的发展，降低了市场运行的效率，不利于经济社会的快速可持续发展，并会阻碍开放经济下贸易利益的实现。贸易开放的竞争压力和机制，要求不断打破地区间的壁垒和限制，扩展市场的边界，实现市场在地区和行业间的衔接，努力建设全国统一的大市场，并通过市场间的整合，不断提高市场运行的效率，降低市场不完善性所导致的资源浪费和错配。

虽然贸易会通过多种机制对就业产生这样或那样的影响，但是这些机制并非各自独立地发挥作用，而是在彼此相互影响中共同发挥着作用，在市场范围扩展、运行质量提高的过程中，贸易通过影响劳动力在地区和行业间的流动与调整，改变不同地区、行业劳动力供求，影响劳动力的工资水平和劳动力群体间的工资差距，进而使就业总量和就业结构不断发生着相应变化。

5.2 贸易与就业间内生关系——基于 VAR 模型的研究

2008 年，受全球金融危机的影响，中国经济发展的内外环境明显趋紧，外部市场增长乏力造成出口压力上升，内部经济增长动力不足和经济结构转型推进迟缓导致就业形势更加严峻。在日趋复杂的内外经济环境中，努力克服内外经济环境的不利影响，稳中求进，实现经济内外均衡发展成为我国宏观经济调控的基本目标。全球经济一体化空前发展的开放环境下，贸易发展成为影响内部经济均衡的重要因素，贸易规模和结构的变动对劳动力市场的就业规模和结构会产生直接影响，而劳动力市场通过对劳动力要素的配置也会对一国贸易结构和贸易利益的演变产生重要的影响，因此贸易与就业间存在双向影响的内生关系。目前，中国经济正处于承前启后，进行战略性结构调整的关键时期，在此进程中，实现贸易的稳步增长和贸易结构的升级，同时不断地扩大就业、改善就业结构，是我国经济实现持续快速发展的重要保障。考虑到中国劳动力市场的二元特征以及动态演进的基本趋势，从二元劳动力市场演进的历程和现状考察贸易与就业间的内生关系具有较强的理论和现实意义。

5.2.1 文献综述

关于贸易与就业的关系，国内相关文献主要集中于贸易发展对就业量影响的实证分析。俞会新、薛敬孝（2002）认为出口对工业行业就业产生了促进作用，而进口渗透的影响不显著。周申、李春梅（2006）研究发现，国际贸易发展对中国就业影响的净效应为正，但是不同类型产品表现出明显的差异，资源密集型产品贸易的影响较小，资本密集型产品出口带动就业的作用在增强，但是进口的劳动力替代效应更大，所以资源密集型产品和资本密集型产品贸易对就业量的净影响为负，劳动密集型产品贸易对就业的促进作用居于主导地位，但劳动密集型产品在贸易中的比重在下降，中国贸易结构的变化造成了就业量明显减少的现象。盛斌、马涛（2008）研究证实，中国中间产品出口增加了劳动力就业，但是进口则降低了对劳动力需求，并加大了制造业就业的风险和不稳定性。王燕飞、蒲勇健（2009）认为，贸易发展有利于增加就业，贸易结构的改善有利于促进劳动力在乡城间的转移，优化劳动力就业结构。盛斌、牛蕊（2009）认为贸易会通过替代效应和规模效应来对劳动力需求弹性产生影响，贸易整体上降低了就业的风险，不同类别劳动力需求弹性受到的影响存在差异，其中进口冲击对接受高等教育劳动力的影响最大，出口冲击对接受初等教育劳动力的影响最大。温怀德、谭晶荣（2010）省际面板数据研究发现，出口对就业产生了促进作用，但是作用在减弱，且不同地区间表现出明显的差异。明娟、邢孝兵、张建武（2010）研究表明，出口与国内需求一样能够促进制造业就业，且出口的影响高于国内需求，进口及出口引致的生产率变化会抑制就业，劳动力市场刚性通过提高劳动力调整成本，会抑制制造业就业的市场化调节。佟家栋、周燕（2011）的测算认为，中国农村剩余劳动力仍然有 1 亿名左右需要转移，中国二元经济转型依然要经历较长的过程，中国依托劳动密集型产业发展的基本格局未变，因为这是中国制造业出口的比较优势所在。魏浩（2011）实证考察了中国纺织品出口与就业间的关系，认为出口是影响行业长短期就业的重要因素。刘习平（2012）估测认为，中国出口贸易的就业需求弹性为正，出口增加 1 单位，就业将增加 0. 23 个单位。魏浩、金晓祺、项松林（2013）研究发现，贸易发展能够影响劳动力需求弹性，出口有利于降低劳动力需求弹性，进口则会提高劳动力需求弹性，资本密集型行业劳动力需求弹性受出口影响较大，劳动密集型行业劳动力需求弹性受进口影响较大。

在劳动力非同质的条件下，贸易对不同技能水平劳动力就业影响的性质也表现出明显的差异，对此国内学者也进行了较为细致的研究。潘士远（2007）的研究认为，贸易导致熟练劳动力与非熟练劳动力工资差距拉大的原因在于其有偏的学习效应，从而导致对熟练劳动力需求的上升，使之与非熟练劳动力工资差距扩大，与此同时，这种有偏的学习效应会使技术进步更加偏向于技能密集型产业部门，带来工资差距的进一步扩大。王云飞、朱钟棣（2010）认为，中国主要出口非熟练劳动力密集型产品，进口熟练劳动力密集型及资本密集型产品，这会对本国熟练劳动力不利，因为这样的贸易模式会减少熟练劳动力成本所占比重，还会减少就业中熟练劳动力的比重。唐东波（2011）分析指出，中国进出口贸易的发展并未提升高技能工人的就业比例，劳动密集型产品的进出口显著增加了低技能工人的就业比例，资本技术密集型行业的出口倾向于增加高技能工人的就业，中间品进口会对国内高技能劳动力产生替代效应。周申、李可爱、鞠然（2012）研究发现，中国贸易结构向资本密集型产品偏移会对就业产生不利影响，导致熟练劳动力和非熟练劳动力都出现就业下降，并使就业结构发生向熟练劳动力偏移的变化趋势。刘斌、李磊（2012）的研究表明，贸易从整体上拉大了性别工资差距，但是缩小了高技能劳动力中性别工资差异，扩大了低技能劳动力性别工资差距。魏浩（2013）认为，发展中国家贸易发展会对不同类型工人的就业产生不同影响，会增加对熟练工人的需求，降低对非熟练工人的需求，而这对非熟练劳动力相对丰裕的发展中国家来说，要适应就业结构的调整将会是个严峻的挑战。

不同层面的分析证实，出口贸易的发展对中国就业的增长产生了显著的促进作用；进口贸易自由化和进口的发展对就业产生了消极的影响或影响不显著。国际贸易对我国就业的净影响为正，但贸易结构的升级对就业产生了负向的影响，工业制成品贸易结构的变化对就业产生了不利的影响，中间产品贸易加大了中国制造业就业的风险和不稳定性，由于较高的劳动力重置成本和国企的影响，劳动力市场刚性对就业有显著的不利影响。整体来看，国内对贸易与就业间关系研究已取得相当进展，但是从二元劳动力市场结构和劳动力市场动态演进视角研究贸易与就业间关系的文献相对还较少，贸易与就业间内生关系研究还有待进一步深化，这不仅可以深化二者间双向影响关系的认识，还有助于理清二者间影响和作用的内在机制。

5.2.2 中国劳动力市场演进中的贸易发展与就业扩张

探究中国贸易发展与就业间内生关系，必须考虑中国经济转型过程中二元劳动力市场动态演进的影响，因为这不仅决定着资源配置的方式，也很大程度影响着资源配置的效率和经济发展的绩效。20 世纪 80 年代以来，随着我国改革开放事业的深入推进，政府对经济活动的直接计划调节逐步收缩，以宏观调控为主的间接管理成为政府影响经济运行的主要方式，市场自发运行的竞争价格机制逐渐发挥出对要素配置的主导作用，经济主体根据理性原则参与市场活动的机制不断得到强化，我国经济发展的巨大潜力逐步得到释放。

在改革开放政策的推动下，我国市场经济建设不断取得突破，市场运行机制不断健全，市场主导资源配置的范围和领域不断拓宽，市场运行的效率得到了持续提升。同样，作为市场组成部分的劳动力市场在劳动力要素配置中的主导作用也逐步得到确立，在劳动力就业配置中发挥出积极高效的功能。我国劳动力市场配置功能的发挥与强化主要体现在通过市场自发机制的运行，打破了传统城乡二元劳动力就业结构对城乡和地区劳动力就业的束缚，逐步消除了制度性分割对劳动力就业灵活调整的限制，创造了一个全国范围的统一市场，使劳动力就业灵活性不断提高，扩大了劳动力供求双方选择的范围，使劳动力要素发挥出对经济和社会发展的推动作用。在市场供求机制的引导下，劳动力在城乡、地区和不同所有制企业之间的流动成为常态，城市劳动力就业不再局限于国有和集体所有制部门，非公有制部门的扩大创造了更多的就业机会，成为拉动我国就业扩大的中间力量。随着劳动力市场运行制度保障建设的完善，我国劳动力市场运行效率持续提升，不仅有效扩大了城市劳动力就业，提高了劳动力就业的灵活性，而且使我国劳动力就业结构日趋合理，农村劳动力加快向城市地区转移，中西部地区劳动力出现向东部地区的大规模转移，劳动力由第一产业逐步向第二、第三产业转移，在就业结构改善的同时，我国整体劳动力素质也在不断得到提高，劳动力要素成为推动我国经济增长的重要动力，并且也成为我国融入世界分工体系，实现贸易发展和经济开放动态利益的重要基础。

中国开放经济的发展是从一个较低的基点起步的，劳动力要素禀赋优势成为中国经济成功融入世界分工体系，实现贸易持续快速扩张最坚实的支撑力量。改革开放初期，在计划经济体制的扭曲和限制下，我国劳动力要素的潜力和活力很长时期内没有得到充分释放，我国开放经济发展较为缓慢，出口规模较小，1978 年出口总量不到 100 亿美元，占世界出口总量的比重为 0. 76%，贸易发展没有充分发挥出推动经济增长和扩大就业的基本作用，贸易成为国内经济发展调节余缺的补充。随着我国开放条件下市场经济建设的不断深入，经济活动市场化程度快速提高，我国劳动力要素禀赋优势逐步得到释放，我国经济和贸易发展创造了前所未有的奇迹。2014 年中国出口达 2. 3 万亿美元，占世界出口总量的比重为 12. 3%，中国已经成为名副其实的第一出口贸易大国。经过 30 多年的发展，中国出口依存度由 1978 年的 4. 5% 迅速上升至 2006 年最高水平的 35. 7%，虽然此后我国出口依存度呈现下降趋势，但是至 2014 年底，出口依存度仍在 20% 以上，出口作为拉动我国经济增长的“三驾马车”之一，发挥出对推动经济增长的巨大作用。从出口产品结构来看，我国贸易结构的变化也极为显著，初级产品出口所占比重由改革开放初期的 50% 以上，降至 2014 年的不足 5% 的比例，与之相对应的工业制成品的比重则上升至 95% 以上，在工业制成品中，高科技产品出口的规模不断扩大、比重不断提高，占制成品出口比重已达到 30% 左右，中国正在加快由贸易大国向贸易强国转变。

与中国经济和贸易发展相对应，在劳动力市场快速演进的同时，我国就业量实现了快速扩张，就业结构也有了根本性的改善。改革开放初，传统的劳动力就业结构和严重的劳动力就业分割大大降低了我国劳动力资源的配置效率，即使不考虑广泛存在的隐性失业的影响，我国劳动力资源利用率也不足 80% 。在改革开放政策的带动下，市场机制开始主导劳动要素的配置，劳动力跨地区、城乡、行业和所有制部门间的流动成为市场调节的重要内容，使劳动力要素的利用效率获得了持续提升，至 2014 年我国劳动力利用率达 96.9% 以上，就业人员总量达 7.73 亿人。在就业量增长的同时，就业结构的调整也在持续的进行之中，农村劳动力加速向城镇转移，城乡间就业比重开始出现反转，农村就业所占比重由 1978 年的 80% 左右下降至 2014 年的不足 50% ，城市地区就业岗位的增加成为扩大就业的主要动力来源。从城市就业灵活性来看，所有制结构的多元化引发的劳动力需求竞争的加强，导致城市国有制企业就业比重持续下降，非公有制部门成为吸纳劳动力就业的主力。从地区就业格局来看，东部地区率先开启的经济腾飞，吸引了大量外来劳动力的持续流入，使以北京、上海、江苏、浙江、广东、福建等为代表的东部主要省市就业占全国的比重明显高于这些地区户籍人口所占比重，并且地区间差距呈扩大之势，反映出劳动力要素一直呈现的“孔雀东南飞”现象。从产业间的就业比例变化来看，乡城的就业转移、城市化和工业化的推进，加速了劳动力由第一产业向第二、三次产业的转移，并且产业间就业结构的演变呈现出与配第 - 克拉克定律相一致的基本特征：第一产业就业比重持续下降，第二、三产业的就业比重显著提高，至 2014 年第一产业就业比重下降至 29.5% ，第二产业就业比重 2012 年升至 30.3% 之后，开始略微下降，而第三产业就业比重一直处于上升趋势，2014 年已达 40.6% 的水平，具体如图 5 - 1 所示。

我们将中国出口贸易与反映就业变化的变量相结合，通过直观地观察，似乎也能够发现它们之间存在的内在紧密联系。图 5 - 2 反映了 1980—2012 年间出口贸易量、总就业量、国企就业占城镇就业比重、第二产业就业占比、利用外商直接投资存量及人均生产总值的发展变动趋势。其中 SLC 很大程度上能够反映出我国城市劳动力市场就业灵活性的基本特征，国有企业就业占比越高，我国劳动力市场就业灵活性越差，随着市场

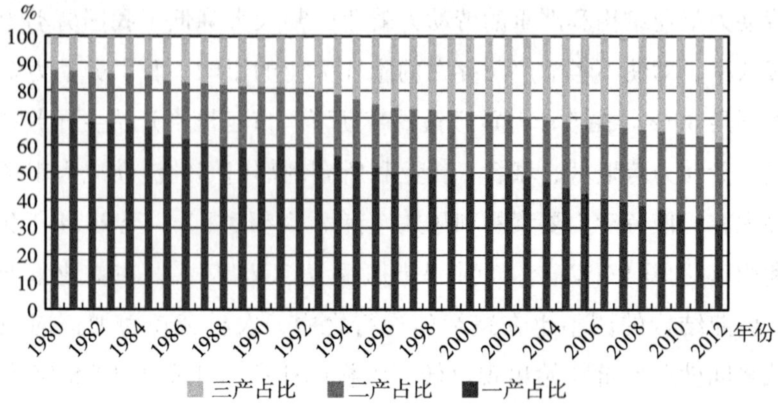

图 5－1　三次产业就业比重演变

化改革的不断深入和国有企业改革的持续推进，国有企业就业比重的下降恰恰是我国劳动力市场化程度提高，就业灵活性上升的基本反映。从各变量变动趋势看，出口贸易量、总就业量、第二产业就业占比、利用外商直接投资存量及人均生产总值之间保持了明显同向变动趋势，而国企就业占城镇就业比重则显现出反向变动的趋势，通过测算变量间的相关系数，具体数值参见表 5－1，可以发现这些变量间存在较高的相关性，在这些变量变动的背后，似乎隐含着复杂的影响关系，解析这些变量间关系有助于我们认识贸易与就业间存在的内生关系。

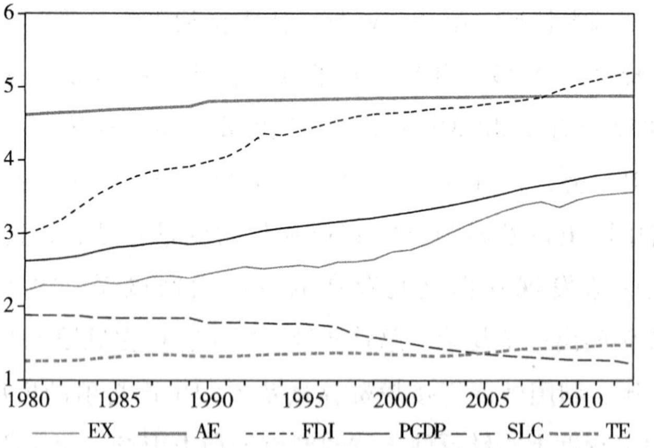

图 5－2　劳动力市场演进中的出口贸易发展与就业扩张

表 5-1 变量间相关系数

指标	出口	总就业	FDI	人均国内产值	国企就业占城镇就业比重	第二产业就业占比
EX	1	0.7934	0.8714	0.9793	-0.9789	0.8880
AE		1	0.9706	0.8744	-0.8131	0.7863
FDI			1	0.9457	-0.8819	0.8799
PGDP				1	-0.9728	0.9190
SLC					1	-0.8245
TE						1

基于劳动力市场演进过程中，中国贸易发展与就业间可能存在的复杂联系，我们选取出口、总就业、FDI、人均国内产值、国企就业占城镇就业比重、第二产业就业占比等六个变量，建立向量自回归模型，全面分析贸易与就业间可能存在的内生关系，并探析变量间相互影响的机制和性质，为进一步深入相关问题的研究奠定坚实的基础。

5.2.3 模型介绍与数据说明

(1) 模型介绍

向量自回归模型（VAR）在计量经济学上的应用和推广要归于西姆斯（Sims，1980）的贡献，常用于多变量时间序列相关问题的研究。VAR 模型的优势在于模型的建立不以经济理论为基础，不以变量间确定的结构关系作为研究的前提，而是基于数据的统计性质来建立模型，其建模思想是将每一个内生变量视作所有内生变量滞后值的函数来构建模型，该模型包含了与内生变量个数相同的方程形成的非结构化的模型，可以解决联立方程构建中的偏倚问题，在宏观经济问题研究中受到了广泛的应用。VAR 模型能够考察多个变量间的动态双向影响关系，它将研究系统内的每一个内生变量视作所有内生变量滞后项的函数，从而构造回归模型，其一般形式为：

$$Y_t = C + \sum_{1}^{N} A_i Y_{t-i} + \varepsilon_t \tag{5-1}$$

其中，Y_t 表示以内生变量数目为维度的内生变量向量，A 代表相应的系数矩阵，N 表示内生变量滞后阶数，ε_t 表示满足零均值、同方差、无自相关、且与解释变量不相关的随机扰动项。

（2）变量选取及数据说明

我们这里 VAR 模型的构建，拟从中国劳动力市场动态演进的视角，探究贸易发展与劳动力就业间的内生关系，因此我们这里首先选择代表中国出口贸易发展的变量（EX），代表劳动力市场就业量的变量（AE），代表劳动力就业结构变动的变量（TE），以及代表城市劳动力灵活性的变量（SLC）。考虑到改革开放以来，外资在我国经济、贸易发展中的重要作用，我们也引入了 FDI 变量。在经济增长的过程中，技术进步、资本积累等因素的影响不可忽略，很大程度上可以通过人均产值的变化反映出来，虽然技术进步和资本积累并非我们这里考虑的核心问题，但作为重要的影响因素，也放入我们考察的范围。

我们的实证分析样本数据跨度为 1980—2013 年间，FDI 存量数据来源于联合国贸发会议统计数据库（http：//unctad. org/en/Pages/Statistics. aspx）；出口统计数据来源于《中国统计年鉴（历年）》，为保持年度间数据的可比性，我们对不同年份数据利用 1978 年为基期的价格指数进行了平减；总就业、第二产业就业比重的数据来源于《中国统计年鉴（历年）》；国有企业就业占城镇就业比重根据《中国劳动统计年鉴（历年）》《中国人口与就业统计年鉴（历年）》相关数据计算。为了降低出现多重共线性、异方差和数据剧烈波动可能带来的相关问题，我们对各变量取自然对数，在实证分析中我们使用的计量软件为 Eviews 8. 0。

5. 2. 4 实证分析

我们这里建立 VAR 模型对出口贸易发展与就业间内生关系进行实证分析。首先，我们通过信息准则确定模型中内生变量的滞后阶数，并构建 VAR 回归模型，检验 AR 特征根的稳定性；其次，进行 Granger 因果检验，分析变量间内在因果联系；最后，进行脉冲函数分析，并进行方差分解，探究变量间作用的机制。

(1) 滞后阶数的确定

滞后阶数的确定对于VAR模型的估测非常重要，因为滞后阶数选择的不同会导致模型估测的结果出现显著差异。根据构建VAR模型的一般性做法，我们按照滞后结构中的滞后长度的相关标准来选择滞后期的阶数，具体检验的结果如表5-2所示。在多个检验指标中，有四个检验指标支持最优滞后期阶数为2的结果，因此我们这里选择建立滞后期阶数为2的VAR(2)模型。

表5-2 向量自回归模型最优滞后期的选择

Lag	LogL	LR	FPE	AIC	SC	HQ
0	294.0374	NA	3.43e-16	-18.58306	-18.30551	-18.49258
1	533.4551	370.7112	7.17e-22	-31.70678	-29.76396*	-31.07347
2	582.0527	56.43598*	4.22e-22*	-32.51953*	-28.91143	-31.34338*
3	616.0613	26.32923	1.15e-21	-32.39105	-27.11768	-30.67206

注：*表示根据相应检验方法选择确定的最优滞后阶数。

(2) VAR模型的建立

我们对VAR(2)模型的估测结果可以用如下回归方程组来表示。在我们的模型中，存在六个内生变量，实际上存在六个回归方程，鉴于我们这里重点考察贸易与就业间的关系，因此这里选择四个与我们分析最相关的目标方程进行分析。

$$EX = 0.507 \times EX(-1) + 0.018 \times EX(-2) + 1.101 \times AE(-1) - 0.607 \times AE(-2) + 0.252 \times FDI(-1) - 0.193FDI(-2) - 1.931 \times PGDP(-1) + 1.618 \times PGDP(-2) + 2.441 \times TE(-1) - 2.4 \times TE(-2) - 0.123 \times SLC(-1) - 1.10 \times SLC(-2) + 1.686$$

$$R^2 = 0.9961 \quad (5-2)$$

$$AE = 0.084 \times EX(-1) + 0.055 \times EX(-2) + 0.528 \times AE(-1) + 0.148 \times AE(-2) + 0.107 \times FDI(-1) + 0.0004 \times FDI(-2) - 0.607 \times PGDP(-1) + 0.339 \times PGDP(-2) - 0.156 \times TE(-1) + 0.112 \times TE(-2) + 0.0005 \times SLC(-1) - 0.004 \times SLC(-2) + 1.656$$

$$R^2 = 0.9922 \quad (5-3)$$

TE = 0.043 × EX (−1) + 0.033 × EX (−2) + 0.051 × AE (−1) − 0.157 × AE (−2) + 0.068 × FDI (−1) − 0.035 × FDI (−2) + 0.0970 × PGDP (−1) − 0.098 × PGDP (−2) + 1.015 × TE (−1) − 0.411 × TE (−2) + 0.149 × SLC (−1) − 0.056 × SLC (−2) + 0.541

$R^2 = 0.9863$ (5−4)

SLC = − 0.166 × EX (−1) + 0.139 × EX (−2) + 0.749 × AE (−1) − 0.687 × AE (−2) − 0.23 × FDI (−1) + 0.179 × FDI (−2) + 0.996 × PGDP (−1) − 1.053 × PGDP (−2) + 0.198 × TE (−1) + 0.191 × TE (−2) + 1.209 × SLC (−1) − 0.331 × SLC (−2) − 0.188

$R^2 = 0.9960$ (5−5)

从回归方程参数的估计值的 T 统计量来看，每一个方程中都存在部分变量的滞后期的估测参数统计上不显著的现象，但是 VAR 模型主要反映的是变量间的动态影响关系，并且从目标回归方程的可决系数的值看，各方程的拟合优度较高，各变量自身的变化能够得到其相关影响变量滞后期的较好解释，出口贸易发展与就业间存在显著的双向影响关系。为了保证 VAR 模型的稳定性，并保证 Granger 因果检验、脉冲响应分析和方差分解的可行性，需要对 VAR 模型进行稳定性检验。利用特征根对 VAR 模型检验的结果如图 5−3 和表 5−3 所示：

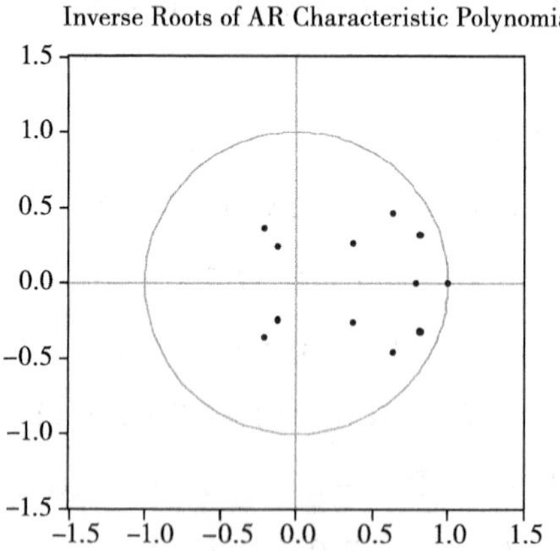

图 5−3 VAR 特征根

表 5 - 3 VAR 特征根

Root	Modulus
0.994122	0.994122
0.815648 - 0.322656i	0.877148
0.815648 + 0.322656i	0.877148
0.782747	0.782747
0.634106 - 0.457608i	0.781982
0.634106 + 0.457608i	0.781982
0.369798 - 0.262421i	0.453448
0.369798 + 0.262421i	0.453448
-0.215553 - 0.359191i	0.418905
-0.215553 + 0.359191i	0.418905
-0.125841 - 0.245182i	0.275590
-0.125841 + 0.245182i	0.275590

从检验结果来看，VAR 模型特征根倒数的所有模均小于 1，且这些特征根倒数的模均落在单位圆内，表明我们这里所构建的 VAR 模型是稳定的，所考察的变量间的内生关系是可靠的。

(3) Granger 因果检验

VAR 模型的一个重要应用体现在对时间序列变量之间因果关系的考察，这种考察分析可以借助 Granger 因果检验来实现，Granger 因果检验是一种考察特定序列是否导致另一序列发生原因的统计分析方法，其实质是借助 VAR 模型检验一组估测参数是否显著。如果一个变量的所有滞后项对另一个变量或几个变量的当期值产生了显著影响，则说明该变量是另一个或一些变量的 Granger 原因，它们之间存在 Granger 因果关系；否则，如果没有产生显著影响，则表明前一个变量不是后一个或一些变量的 Granger 原因，它们不存在 Granger 因果关系。

我们这里基于 VAR (2) 模型检验 EX、AE、PGDP、FDI、TE、SLC 之间是否存在显著的 Granger 因果关系，具体结果如表 5 - 4 所示：

表 5-4 Granger 因果检验结果

Dependent variable: EX				Dependent variable: AE			
Excluded	Chi - sq	df	Prob.	Excluded	Chi - sq	df	Prob.
AE	1.666418	2	0.4347	EX	5.952505	2	0.0510
FDI	1.030165	2	0.5975	FDI	7.120722	2	0.0284
PGDP	5.324733	2	0.0698	PGDP	12.99580	2	0.0015
TE	5.797976	2	0.0551	TE	0.291484	2	0.8644
SLC	10.38490	2	0.0056	SLC	0.001618	2	0.9992
All	37.06783	10	0.0001	All	29.52501	10	0.0010
Dependent variable: TE				Dependent variable: SLC			
Excluded	Chi - sq	df	Prob.	Excluded	Chi - sq	df	Prob.
EX	1.798407	2	0.4069	EX	2.121090	2	0.3463
AE	0.676990	2	0.7128	AE	2.797222	2	0.2469
FDI	1.373236	2	0.5033	FDI	2.964383	2	0.2271
PGDP	0.279541	2	0.8696	PGDP	6.049299	2	0.0486
SLC	2.855526	2	0.2398	TE	1.247181	2	0.5360
All	16.09986	10	0.0968	All	21.30890	10	0.0190

从 Granger 因果检验结果来看，人均产出、劳动力在产业间的流动、城市劳动力市场灵活性的提高分别是出口贸易发展的 Granger 原因，且 AE、FDI、PGDP、TE、SLC 整体上是 EX 的 Granger 原因，表明总就业的增加、吸引外商投资存量规模的上升、人均产出水平的不断提高、劳动力就业结构的改善以及劳动力就业灵活性的提高促进了我国出口贸易发展，这是一系列综合因素共同作用的结果。EX、FDI、PGDP 分别是总就业（AE）增加的 Granger 原因，EX、FDI、PGDP、TE、SLC 总体上是 AE 增长的 Granger 原因；EX、FDI、PGDP、AE、SLC 整体上是 TE 的 Granger 原因；PGDP 是 SLC 的 Granger 原因，且 EX、FDI、PGDP、AE、TE 总体上是 SLC 的 Granger 原因。这表明，经济系统是一个统一的整体，出口贸易的发展与劳动力市场演进及就业之间存在双向的影响，贸易发展既受到就业总量和就业结构的影响，又会反过来对劳动力市场演进、就业增长和就业结构变化产生重要影响。

(4) 脉冲响应分析

因为我们建立的 VAR (2) 模型是稳定的，因此可以做出脉冲响应分析，来比较全面地考察某种冲击发生对模型系统产生的动态影响。图 5-4 至图 5-7 分别表示 AE、EX、TE、SLC 对 AE、EX、PGDP、TE、SLC、FDI 单位标准差冲击的响应函数图，图中横轴表示冲击作用的滞后期间数（单位：年），各图中的实线表示脉冲响应函数，而虚线代表正负两倍标准差的偏离带，为了保持与研究样本区间的一致，滞后期区间设置为 34 年。

①由图 5-4 可知：总就业（AE）对自身一个标准差的冲击会迅速做出一定反应，导致当期总就业出现了一定增长，但是影响的强度在迅速减弱，在第三期之后影响的性质发生了逆转，开始显现为一种负向的影响，负向影响的强度在第四期达到最大后开始减弱，随后又经历一个周期正负相应交替出现后，表现出较长时期的正向影响，但是影响的强度逐步减弱。出口一单位的冲击对总就业的影响存在一定的滞后，并且最初表现出微弱的负向影响，在第三期滞后表现出显著增强的正向效应，并且会持续较长时期，在第十七期之后表现出负正效应交替出现的周期变动特征，且周期不断缩短，效应趋弱。人均产出一个标准差的冲击对总就业的影响存在一期的时间之后，表现出明显增强的负效应，在第五期之后表现为正向的影响，但是强度在减弱，这可能意味着技术进步对劳动力就业存在一定的短期替代，当技术进步产生的需求放大效应足够强时，才会表现出对整体就业的积极影响。TE 本期的冲击对总就业的影响存在一期的时间滞后，在第二期、第三期表现出一定的负效应之后，显现出持续的正效应，随后表现为不断减弱的负效应，这可能意味着，工业部门吸纳就业存在典型的“天花板”效应，当工业部门就业比重达到一定水平之后，可能工业部门就业比重不仅不会增加，反而会出现下降，从而对总就业产生不利影响。因此从长期来看，我国就业创造更多的还需要依靠第三产业部门的加快发展。SLC 冲击对总就业的影响经历了短暂的时滞后在较长的时期内表现出一定的负效应，但是在第十二期之后则一直体现出正向的影响，这表明国有企业改革推进较慢时，不利于我国整体就业的增长，国企就业比重的下

降在长期内有利于促进我国就业，同时城市劳动力市场灵活性的上升长期内有利于扩大就业。FDI 冲击自第二期开始对总就业产生了快速增强的正向影响，第六期之后虽然影响强度开始缓慢降低，但是始终表现出积极的正向影响。

②对图 5－5 的分析能够发现：本期给 AE 一个冲击，对出口的正向影响迅速体现出来，并在第二期短暂的上升之后开始减弱，直至第四期转变为负向的效应并持续到第八期后，重新表现出日益增强的正向影响，并持续到最后一期，就业增长整体上有利于促进出口贸易的发展。EX 对来自自身一个标准差的冲击会作出迅速反应，但是所产生的影响在一定的正负区间内上下波动中趋于减弱。PGDP 一个标准差新息的冲击从第二期开始对 EX 产生持续四期的负效应，随后表现出正向的影响并且影响的强度逐渐增强，在第十期影响达到最强，此后的影响极为微弱。这可能表明中国贸易的发展对于技术进步依赖的程度还比较弱，正向的技术进步对于贸易发展的影响作用相对较小，且存在明显的时滞。TE 的冲击对 EX 会在第二期产生明显较强的正效应，但是随后则逆转为一种长期的负效应。这可能意味着，劳动力就业由第一产业向第二产业转移的过程中，制造业就业比重的上升短期能够促进出口贸易的发展，但是当技术进步对出口影响较弱的情况下，依靠低技能劳动力优势的贸易发展长期来看，缺少发展的持久动力。来自 FDI 的正向冲击会迅速对 EX 产生积极的影响，经历短暂的波动后，这种影响表现出长期的正效应，表明我国利用外资很大程度上有利于促进我国出口贸易的发展。SLC 正向的冲击对 EX 产生了长期持续的负向影响，表明劳动力市场灵活性越高，劳动力市场运行效率越高，出口贸易发展越快，因为更灵活的市场劳动力意味着更高的配置效率，从而更有利于我国劳动力要素禀赋优势的发挥。

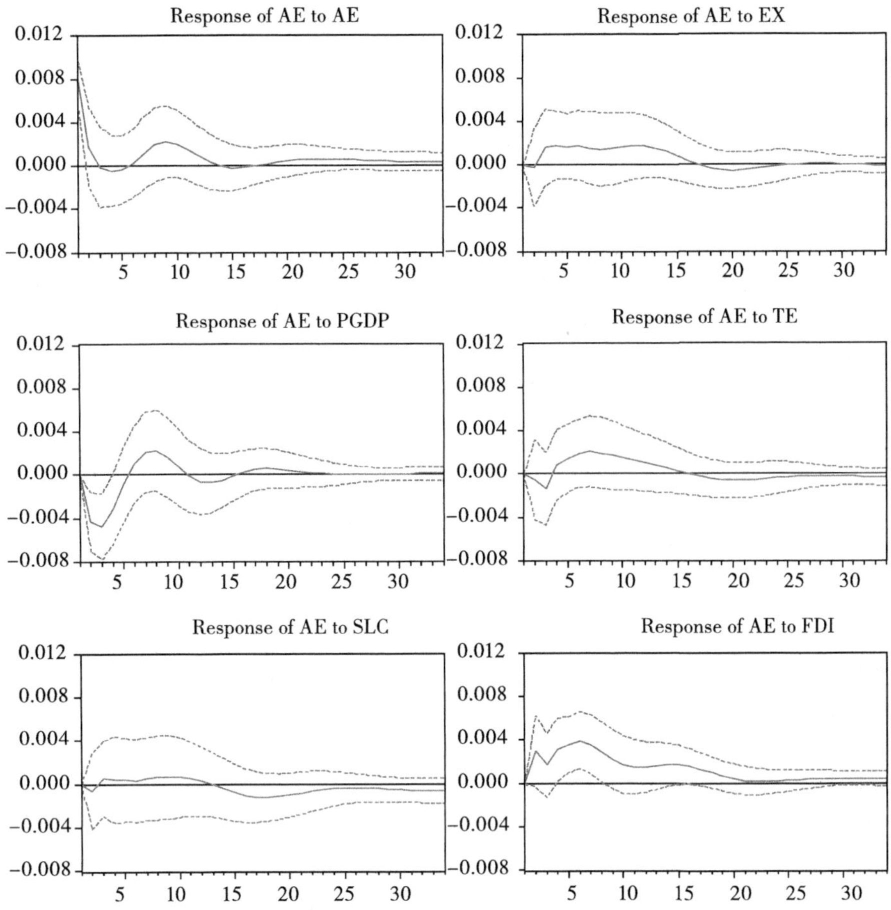

图 5－4　AE 对 AE、EX、PGDP、TE、SLC、FDI 的脉冲响应反应

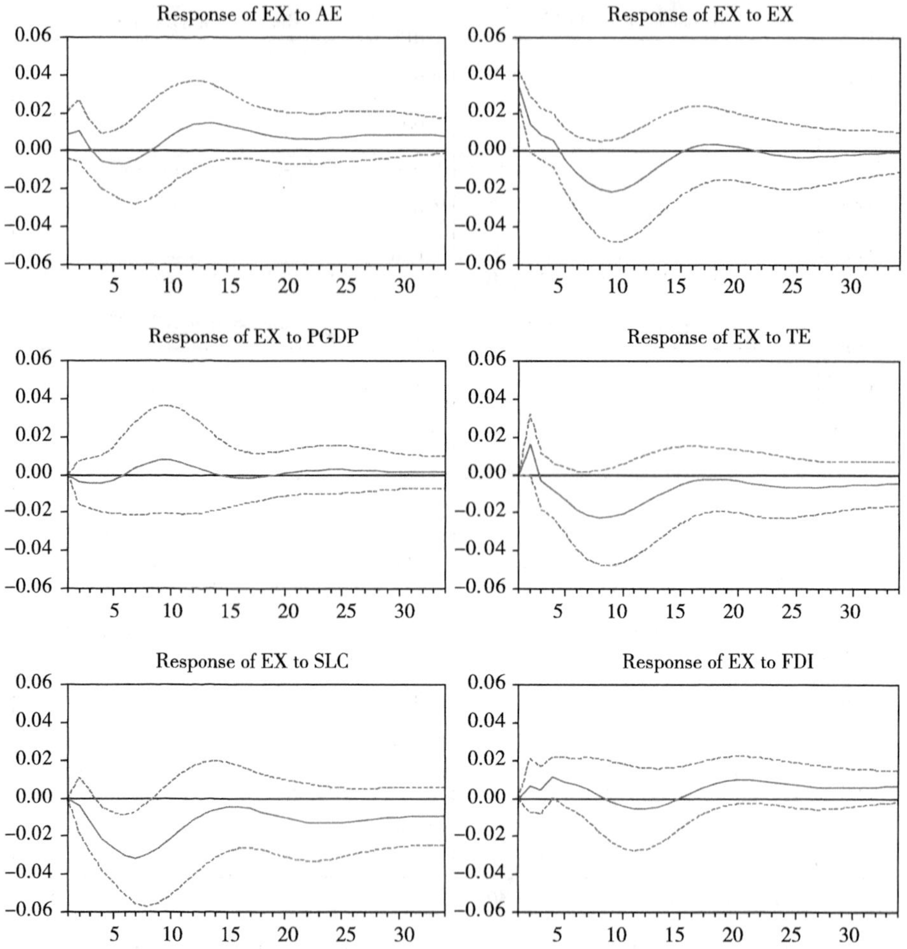

图 5-5　EX 对 AE、EX、PGDP、TE、SLC、FDI 的脉冲响应反应

③由图 5-6 可知：来自 AE、EX、TE、FDI、PGDP、SLC 的冲击对 TE 都会迅速产生积极的正向影响，并且影响的强度会在波动中不断减弱，这可能意味着第二产业就业比例的变化存在典型的“天花板”效应，当该产业部门的就业比重达到一定水平之后，其进一步增长的潜力减弱，甚至会开始下降。分开来看各变量的影响，中国总就业增加的过程中，第二产业就业的比重在不断增加，劳动力就业出现了由第一产业向第二产业的转移，经济发展的早期这种转移速度较快，但是随着工业部门扩张速度的放

缓，第二产业吸纳就业的潜力减弱，劳动力的转移更多地体现在由第一产业向第三产业的转移。出口的正向冲击会对第二产业就业比重产生积极影响，且这种影响持续时期较长，这主要因为制造业出口产品的增加会在制造业部门创造更多的就业岗位，吸引更多的劳动力流入，从而提升该行业就业比重。人均产出的冲击会对 TE 产生正向的影响，在持续五期后，其效应在波动中逐渐减弱，这可能意味着收入水平的提高对第二产业产品需求增加，导致了产业内劳动力需求的上升。FDI 的冲击基本上会对 TE 产生持续的正向影响，这可能是因为 FDI 主要流入我国制造业部门的缘故，为制造业部门创造了更多的就业，导致劳动力向制造业部门的一定规模的转移。

④图 5 －7 的分析发现：AE 的正向冲击本期会对 SLC 产生负向的影响，经历短期的影响性质的逆转后，产生长期持续的负向影响，表明就业总量的增加会对劳动力市场灵活性产生长期影响，导致劳动力市场建设加速推进。EX 的正向冲击会对 SLC 迅速产生明显的长期积极影响，表明出口扩张通过拉动就业也会对劳动力市场灵活性的提升产生明显促进作用。PGDP 冲击对 SLC 的影响为正，并在波动中迅速减弱，这可能表明技术进步和经济增长本身对于劳动力市场的动态演进的直接影响相对较弱。TE 的正向冲击未对 SLC 表现出长期的正效应，并且在短期内还导致了国有企业就业比重的上升，这可能和改革开放前期我国国有企业改革起步较迟，城市就业存在对国有经济较高程度的依赖有关系。但是随着国有企业的改革，第二产业就业比重的上升对劳动力市场灵活性提升的抑制开始逐渐弱化了。FDI 的正向冲击对 SLC 的负向影响较为明显，表明外资引入有利于我国劳动力市场灵活性的提升，这可能是由于外商投资企业规范的劳动力用工制度安排对于行业内劳动力市场调整的示范效应所致。

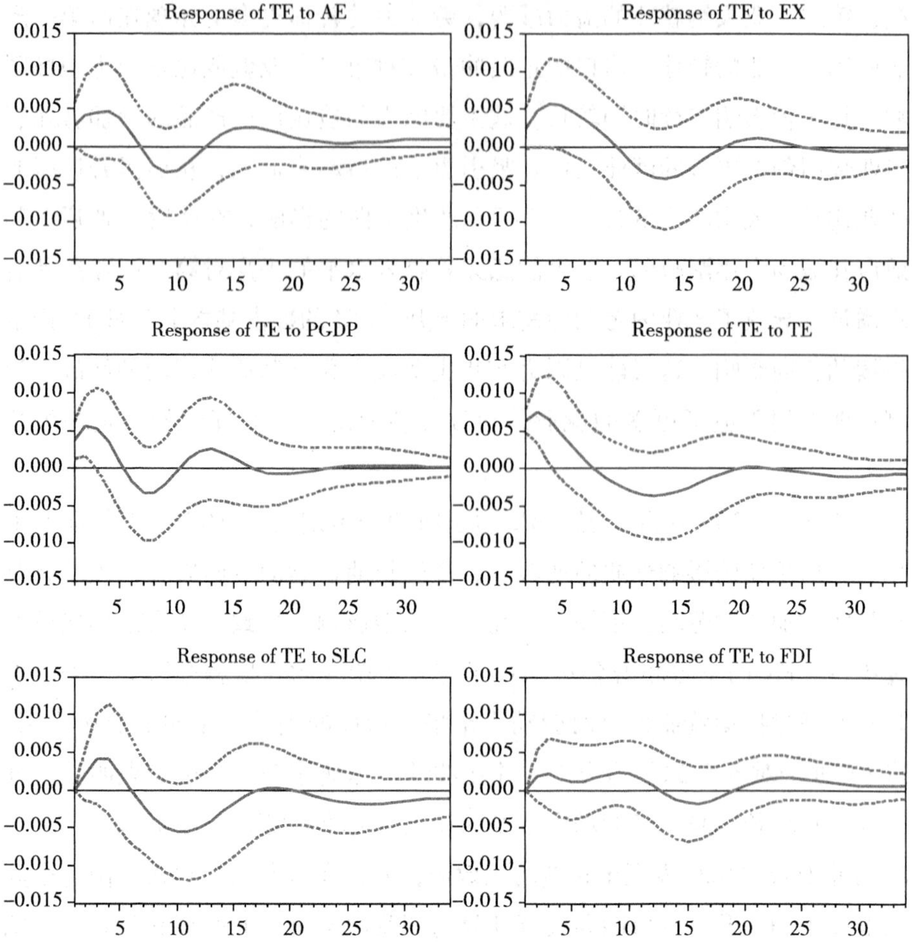

图 5－6　TE 对 AE、EX、PGDP、TE、SLC、FDI 的脉冲响应反应

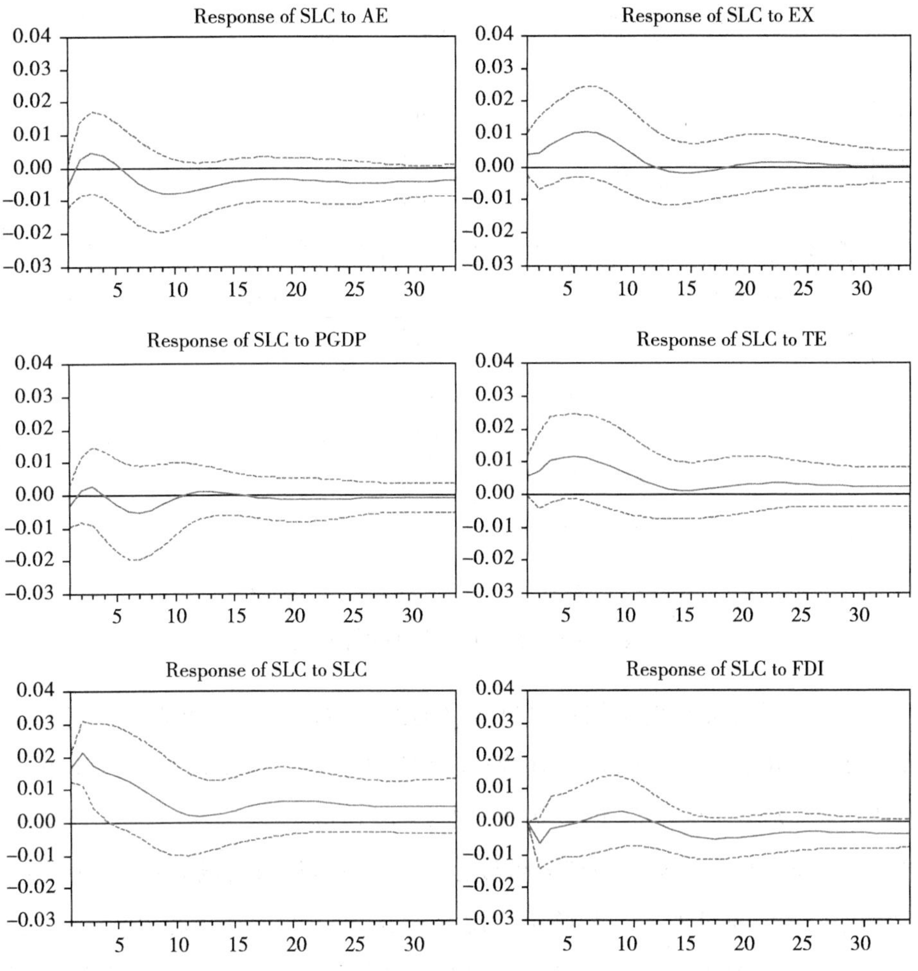

图 5-7 SLC 对 AE、EX、PGDP、TE、SLC、FDI 的脉冲响应反应

(5) *方差分解*

脉冲响应函数体现了 VAR 模型中一个内生变量对来自其他内生变量冲击影响的程度，而方差分解能够进一步考察每一个结构冲击对特定内生变量变化的贡献度，即通过将模型系统中特定内生变量的波动根据成因分解为与各个方程信息相联系的多个组成部分，以考察各信息对内生变量影响的相对重要性。我们这里选定 10 期作为方差分解的滞后期间，各目标变量的方差分解的具体情况如表图 5-8 所示。

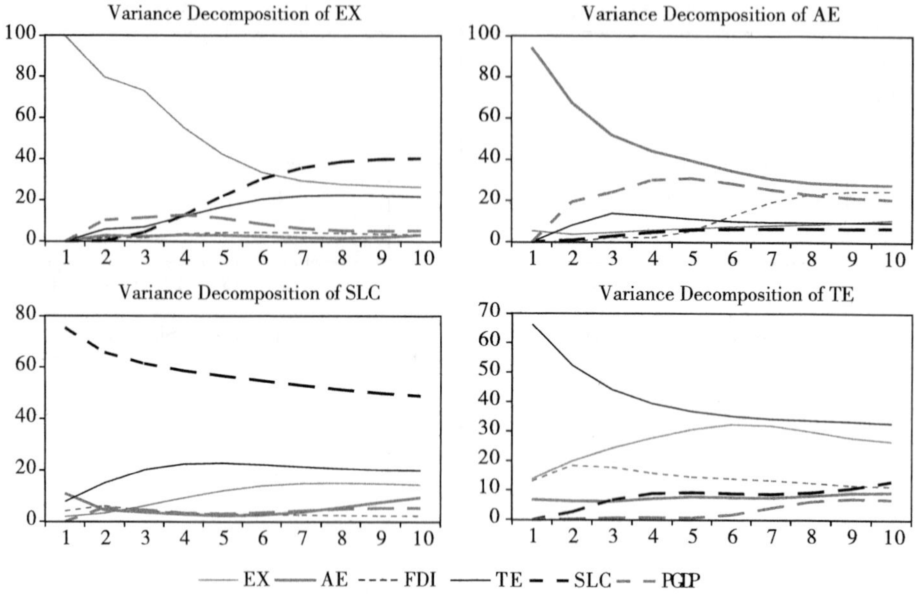

图 5－8　各目标变量的方差分解

由 EX 的方差分解可知：出口贸易的波动 26.6% 以上可以由自身来解释，0～3.01% 的部分可以由总就业来解释，0～3.2% 的部分可以由 FDI 来解释，0～9.68% 的部分可以由 PGDP 来解释，0～26.54% 的部分可以由 TE 来解释，0～39.06% 的部分可以由 SLC 来解释。在各影响出口波动的变量中，AE、FDI 和 PGDP 的贡献度相对较低，这反映出我国就业增长、利用外资存量增加及人均产出增速相对平稳的特征，因此来自这些因素影响较小。TE 和 SLC 的影响相对较高，这可能反映出我国劳动力市场快速发展和就业结构的剧烈变化产生了日益增强的影响。

从 AE 的方差分解可发现：总就业波动 27% 以上的可以由自身来解释，这种影响的重要性在不断下降，表明就业增长存在一定的惯性，本期增长受上一期就业的影响显著；AE 波动中 5.44% ～10.65% 的部分可由出口来解释，出口增长会对总就业增加产生直接影响，并且这种影响还表现增强的趋势，表明出口贸易的发展通过“乘数”效应促进了总就业；AE 波动 0～24.72% 的部分可以由 FDI 解释，且 FDI 的贡献度在不断增强，表明利用外资有效增加了我国劳动力就业；AE 波动 0 ~ 13.83% 的比例可由 TE 解释，在第三期影响达到最高之后略为出现下降，长期维持在 9% 左右的水平，表明劳动力由第一产业向第二产业转移过程中，第二产业就业的扩张，有效促进和带动了整体就业；AE 波动中，0 ~ 6.69% 的比例可以由 SLC 解释，表明我国劳动力市场灵活性的上升对整体就业产生了积极的影响，有助于总就业的扩张；PGDP 对 AE 波动的贡献相对也比较高，0 ~ 31% 的部分可由其解释，表明我国经济产出的增长对劳动力需求扩张产生了良性循环的积极影响。

SLC 方差分解可以看出：劳动力市场灵活性的波动 49% 以上可由自身波动解释，表明劳动力市场灵活性的调整存在惯性变化趋势，并且很大程度上还是外生于政策制度的调整，劳动力市场的动态演进是一个长期的过程，长期内变化幅度并不大。EX、AE 和 TE 对 SLC 波动的贡献度也相对较高，表明出口贸易发展和劳动力就业结构的变化很大程度上也推动了劳动力灵活性的上升，整体就业的增加也对劳动力灵活性的调整产生了较为显著积极的影响。

考察 TE 方差分解发现：不同时期 TE 波动中 32% 以上可由自身波动解释，13% ~ 32% 可由 EX 的波动解释，6.8% ~ 9.3% 可由 AE 的波动解释，13% ~ 18.4% 可由 FDI 的波动解释，0 ~ 13% 可由 SLC 波动解释，0 ~ 7.14% 可由 PGDP 的波动解释。在各影响因素中，出口影响的贡献度较高，出口作为拉动我国经济增长的“三驾马车”之一，为制造业的发展创造了大量的就业，对我国劳动力就业结构改善产生了巨大的促进作用；总就业增长能够对第二产业就业比重提升产生一定的积极影响，这也反映出伴随总就业所发生的显著就业结构的调整；由于中国利用外资的主要领域在第二产业，因此吸引直接投资存量的增加会对 TE 产生显著的促进，其影响随时间有所减弱，劳动力市场灵活性的提升，有助于实现劳动力要素供求间的匹配，也体现出对产业间劳动力流动的积极影响；产出增加对 TE 的影响会随时间增强，这反映出产出增长通过引致需求效应对劳动力就业结构的影响。

5.2.5 结论

我们利用中国1980—2013年的数据，构建VAR（2）模型，实证考察了出口贸易发展与中国劳动力就业间的关系，得到的基本结论如下：在中国劳动力市场的动态演进过程中，出口贸易的发展与劳动力就业之间存在双向的因果影响，贸易发展既受到就业规模、就业结构和劳动力市场灵活性变化的影响，又会反过来对劳动力市场演进，就业增长和就业结构变化产生重要影响。总就业增长整体上有利于促进出口贸易的发展，这是中国利用自身劳动力要素禀赋优势融入全球分工和贸易体系的重要基石。第二产业劳动力就业比重的提高很大程度是中国就业结构改善的重要体现，这有利于中国出口贸易的发展，劳动力就业由第一产业向第二产业转移的过程中，制造业就业比重的上升短期能够促进出口贸易的发展，但是当技术进步对出口影响较弱的情况下，依靠低技能劳动力优势的贸易发展长期看缺少发展的持久动力。劳动力市场就业灵活性的上升同样会对出口产生重要的积极影响，更灵活的市场劳动力更有利于我国劳动力要素禀赋优势的发挥。反过来，出口贸易发展也会对劳动力市场灵活性产生明显的长期正向影响，表明出口扩张通过拉动就业也会对劳动力市场灵活性的提升产生明显促进，出口的正向冲击会对第二产业就业比重产生积极影响，且这种影响持续时期较长。出口增长会对总就业增加产生直接影响，通过“乘数”效应促进了总就业，并且这种影响还表现出日益增强的趋势。

6 总结、政策建议及研究展望

6.1 总结

改革开放以来，中国改革开放的深入推进和经济发展战略的持续调整使中国经济深度融入全球经济系统当中，获得了前所未有的经济发展机遇，创造了经济发展的奇迹，迅速实现了由低收入国家向中等偏上收入水平国家的成功转型，使我国的国际经济地位和人民的物质文化生活水平得到了显著提升。随着我国经济开放程度的提升，外部经济波动和内部经济下行压力的叠加，我国开放经济发展面临严峻形势。受经济和出口下滑的影响，我国整体就业形势也变得更加复杂，同时出现就业市场农村剩余劳动力与市场旺盛需求间的矛盾及城市“民工荒”与高等学校毕业生就业难的错配局面，保持出口持续稳定增长和扩大有效就业成为政府宏观经济调节的重要目标。经济开放条件下，贸易发展是影响内部经济均衡的重要因素，贸易规模和结构的变动对劳动力市场的就业规模和结构会产生直接影响，而劳动力市场通过对劳动力要素的配置也会对一国贸易结构和贸易利益的演变产生重要的影响。目前中国经济正处于承前启后，进行战略性调整的关键时期，努力探究实现贸易的稳步增长和贸易结构的升级，同时不断地扩大就业、改善就业结构的发展路径成为当下各界共同面对的严峻课题。

开放环境下，出口贸易发展与就业间关系是学界研究关注的重要焦点。劳动力禀赋优势是中国改革开放以来快速融入全球经济一体化进程，实现发展奇迹的重要基础，劳动力市场的快速发展是驱动中国巨大的劳动力资源潜力，迅速转化成现实生产力的基本前提。中国开放型经济的发展是在计划经济体制深刻影响下的二元经济结构基础上起步的，经济与贸易发展的过程中伴随了市场的培育、进步及日渐成熟，在市场培育的进程中，我国现实的市场分割不仅会影响到劳动力要素的就业配置，也会对我国出口贸易本身产生重要影响，很大程度上制约了我国出口贸易规模的扩张和贸易结构的转型升级。分割劳动力市场问题的研究是劳动经济学研究劳动力相关问题的重要思路，其中将劳动力市场区分为主次或一级劳动力和次级劳动力市场的二元劳动力市场研究最具代表性，当然这里的“二元”处理是对劳动力市场分割状态的一种高度抽象和简化，实际上在每一个劳动力市场内部又可以根据具体特征区分为更多的细分市场，既体现出传统的城乡二元分割的基本事实，也体现出新型的城市一级劳动力市场和次级劳动力市场的显著特征，还表现出以国有企业、事业单位、政府部门就业为代表的体制内市场与体制外市场的差异。我们在对中国劳动力市场分割问题的研究中，二元劳动力市场是一种广义的理解和界定，它既反映了劳动力市场分割的一般性特征，又带有中国劳动力市场多元分割的特殊性，这既能够涵盖中国市场经济转型过程中制度性限制导致的城乡劳动力市场的传统分割特质，又能够反映改革开放以来市场性因素所导致劳动力市场多元分割的基本现实。

中国劳动力市场发育的过程一定程度上是我国市场经济发展历程的一个缩影，劳动力市场配置方式和配置绩效的转变代表了中国渐进式改革的不断尝试与突破，劳动力市场分割形态的演变历程反映了我国社会主义市场经济发展的基本轨迹，揭示了中国未来进一步改革与发展面临的约束和应当继续调整的思路。中国劳动力市场的发展是一个动态演进的过程，在渐进式体制变革的进程中，劳动力市场的演进主要体现在劳动力配置方式的转变，劳动力流动性的提升，劳动力配置效率的改善，劳动力素质水平的提高，以及劳动力市场运行的制度保障措施的日益完善等几个方面。具体来看，劳动力配置机制市场化的决定性作用日益凸显，劳动力在地区、乡城、产业和行业间的流动规模和范围空前扩展，劳动力市场就业的灵活性不断提高，行业内不同所有制企业劳动力报酬呈现明显收敛趋势，劳动力市场配置效率持续提升，以教育水平衡量的劳动力素质水平得到了明显改善，规范我国劳动力市场运行的法律、法规日益健全。经过30多年的发展与完善，中国劳动力市场体系基本形成，农村劳动力向城市的大规模流动，劳动力在地区间的持续流转，劳动者在行业间的流动与转移成为市场配置劳动力要素的基本形式。

中国劳动力市场演进是在多种影响因素的复杂影响下向前推进的，经济转型过程中，政策改革的实施激发了市场的活力，市场性力量的成长与壮大推动了劳动力市场的孕育与发展，但是制度性因素通过影响劳动力配置过程中的交易成本，依然对劳动力市场的运作产生着巨大的影响，构成劳动力市场演进中劳动力市场分异与分割以及多种形式劳动力市场分割的制度性根源。与竞争市场环境下劳动力同质性假设不同，劳动力的特质性差异对劳动力市场分割的影响也逐渐显现出来，成为导致劳动力市场分层和分异的重要影响因素，也是引发标准化理论分析模型与众多实证分析结果不一致的根本症结所在。供求之间的相互影响是决定劳动力配置的基本机制，我国劳动力市场上的相对供求状况也是影响劳动力市场发育的重要原因。从我国劳动力市场演进的机制来看，劳动力市场分割程度逐渐弱化，市场分割形式日益多元化，制度性因素与市场性因素此消彼长，城市次级劳动力市场日益发达。在多种因素的影响下，我国劳动力市场发展所取得的成就举世瞩目，是帮助实现中国经济发展奇迹的基本动力，为持续快速的经济增长作出了重要贡献。从劳动力市场演进的路径来看，中国劳动力市场的演进是一个动态的过程，我们可以根据经济发展过程中具有重大影响的标志性事件及其影响，将此演进过程划分为三个阶段进行考察：第一阶段是我国经济体制改革尝试、探索与实践的初始阶段，在此阶段，城市体制外劳动力市场开始萌发并得到初步发展，虽然城市体制内劳动力配置开始进行调整，但主要还是按照计划调节的手段进行配置，动力市场与体制外劳动力市场间的工资差距明显，但是受制度性因素的限制，城市体制内外之间难以自由流动，体制内外劳动力市场分割逐渐显现并有强化的趋势，劳动力在农村劳动力市场开始活跃起来，但就业主要局限于农村地区内部，并且城乡间工资差距巨大。第二阶段是中国劳动力市场化加速整合的阶段，本阶段整体劳动力市场依然可以区分为城市体制内劳动力市场、城市体制外劳动力市场和农村劳动力市场三个部分，各劳动力市场内部的运行机制日益市场化，不同劳动力市场间的联系也更加紧密，全国性的劳动力市场开始孕育，城市体制外劳动力市场的就业规模快速上升，国有经济部门就业比重显著下降，农村劳动力开始向城市加速转移，各市场劳动力工资出现明显的上升，并且市场间劳动力工资差距呈现缩小趋势。第三阶段中国劳动力市场一体化程度大大提升，我国劳动力市场体系建设不断取得突破，市场在劳动要素配置中开始逐渐发挥决定性作用，劳动力市场的制度分割逐渐被劳动力要素异质性分割所超越，劳动力市场分割的演变反映了我国劳动力市场发展进步的基本趋势。

贸易自由化和贸易发展对于就业的影响至关重要，对于任何类型的国家来说，就业水平是整体经济福利的关键决定因素，很大程度上决定着一国参与经济全球化的利益所得和政策取向，对于经济发展相对落后的发展中国家尤其如此，国际贸易发展对于发展中国家就业水平和就业结构的影响很大程度上决定了它对贫困、工资和收入分配以及就业质量的影响。关于贸易与就业间关系的研究，学界已经涌现出大量的研究成果，通过对相关研究成果间的分类梳理可以发现，在贸易理论的发展过程中，贸易对就业的影响始终是贸易理论家关注的核心问题之一。现代贸易理论关于贸易发展对一国就业影响的研究更为细致，虽然不同国家和不同研究方法在结论的认识上还存在不少的争议，但多数研究都支持贸易能够增加一国福利的基本结论。基于不同类型国家从不同视角展开的现有研究成果对本书的研究具有着重要借鉴意义。不同视角的分类综述揭示了出口贸易影响就业机制的复杂性，国家间实证研究结论的差异可能反映了经济发展阶段和发展水平的影响，并且这种影响的差异还与国内其他因素相伴存在，不同因素影响强度的差异可能导致实证研究结论的差异。贸易的发展不仅能够影响一国就业规模、就业结构及工资收入，一国劳动力市场的运行特征反过来也能够对一国贸易发展产生相应的影响，成为一国参与贸易比较优势的基础，从而对一国贸易规模和贸易福利的实现产生深刻的影响。贸易发展与劳动力之间的关系远比一般性贸易模型所描述的复杂，二者之间明显存在复杂的双向影响关系。在全球化加速推进的背景下，发展中国家通过扩大开放，深度融入世界经济的过程中，单纯地利用要素禀赋的优势基础可能不足以实现开放经济利益，一国开放经济政策的调整必须与国内要素市场制度的调整与建设结合起来，才可能实现更为有利的结果。

中国作为世界上劳动力资源最丰裕的国家，丰裕的劳动力资源是我国经济社会发展的重要支持，劳动力配置方式和配置效率会对经济和贸易的发展产生关键性影响。改革开放前后，中国贸易发展状况的差异很大程度上是发展战略选择所内生出的不同经济体制导致的，尤其是劳动力配置方式和配置效率的根本不同诱致了这种结果。大量的制度问题研究表明，经济开放伴随的资源配置效率的改变与一国制度质量间存在复杂的内生关系，理解影响贸易发展的现实因素需要考虑制度质量的影响。劳动力要素作为最活跃、最重要的投入要素之一，其配置效率及由此产生的对贸易发展的影响，同样会受到制度质量的影响，制度与劳动力、资本、技术等国家特质相结合的综合效应决定着一国贸易发展的基本状况。改革开放后体制转型所伴随的制度变革激发了中国要素禀赋所塑造的比较优势，中国贸易发展开始进入前所未有的黄金时期，创造了贸易和经济发展的奇迹。中国劳动力市场在发育发展的过程中，还存在一定的劳动力管制，这突出地体现在现有户籍制度对城乡劳动力所对应的福利待遇上的差异，这一定程度上增加了劳动力流动的额外成本，对于劳动力要素的配置会产生明显的消极影响。劳动力市场管制的存在导致了劳动力市场调整的刚性，使劳动力市场在配置劳动力资源的过程中缺少应有的灵活性，这无疑会阻碍就业的顺利扩张，增加社会的失业，造成劳动力要素配置效率的低下，进而对贸易扩张和经济发展产生不利影响 。劳动力市场管制作为限制性的制度规则，会通过对就业的影响决定该国的要素禀赋配置的整体效率，进而影响该国参与国际生产与分工过程中的贸易模式和贸易利益。中国改革开放以来，劳动力市场演进所伴随的劳动力跨地区和行业的大规模流动，实际上正是对劳动力市场管制放松所诱发的劳动力配置方式和配置绩效的变化，导致了中国贸易绩效的变化。我们通过分解中国劳动力市场演进过程中劳动力配置影响出口贸易发展的基本机制，利用两步面板回归，论证了不同劳动力配置机制对中国出口贸易的影响。中国劳动力市场发育是一个动态演进的过程，劳动力的就业规模效应、城市集聚效应和劳动力跨地区流动都表现出对出口贸易的促进作用，使我国劳动力要素禀赋的比较优势得到了充分发挥，是我国获得开放条件下巨大贸易利益的基础。同时，中国吸引 FDI 存量的增加对出口表现出微弱的抑制作用，这可能与我国早期利用外资在促进加工贸易扩张的同时，对国内一般贸易的发展产生了一定的挤压有关，随着 FDI 存量的上升和国内企业的成长，外资对出口扩张的拉动作用在增强。人均产出水平的提高对出口贸易的较强拉动作用，反映出资本积累、技术进步和生产率水平提高所产生的综合积极影响。分阶段的回归结果表明，在不同的时段，由于我国开放经济政策的调整时序安排和进度的差异，特定时期劳动力市场特定机制对出口贸易影响的性质和强度存在明显差异，基本的发现在于劳动力市场分割程度越严重，劳动力资源配置效率越低，不仅会抑制我国出口贸易的发展，不利于我国贸易利益的创造和实现，也会造成劳动力资源的极大浪费，二元劳动力市场分割的弱化是我国劳动力资源配置效率提高的重要前提，是劳动力市场进一步推动我国出口贸易和经济发展的重要基础。

在一个有机统一的经济社会系统中，宏观经济变量间一般存在相互影响的关系，作为影响宏观经济运行的重要变量，贸易与就业间同样存在双向的相互因果影响。在出口贸易发展影响就业的众多机制中，至少出口的就业规模效应、就业结构效应、劳动力工资效应和劳动力市场进步效应是不可忽略的。我们通过构建 VAR（2）模型论证了贸易与就业间的内生关系，在中国劳动力市场的动态演进过程中，出口贸易的发展与劳动力就业之间存在双向的因果影响，贸易发展既受到就业规模、就业结构和劳动力市场灵活性变化的影响，又会反过来对劳动力市场演进，就业增长和就业结构变化产生重要影响。劳动力就业规模的增长是中国出口贸易扩张的重要原因，这是我国改革开放以来利用要素禀赋优势实现贸易发展的关键，在就业规模扩张的同时，劳动力由第一产业向第二三产业的流动也对出口发展产生了积极影响，但是技术进步对出口贸易发展影响较弱的情况下，单纯地依靠低技能劳动力优势推动贸易发展缺乏持久动力。就业规模的变化和就业结构的调整都离不开劳动力市场运行灵活性的不断提高，益加灵活的劳动力市场有助于我国劳动力禀赋优势的发挥和出口贸易的发展，同时出口贸易发展也会对劳动力市场的灵活调整产生积极影响，更加灵活的市场有助于发挥出口对就业扩张的“乘数”效应。市场经济环境中，劳动力异质性是影响劳动力市场分割与演变的重要因素，出口贸易发展对非同质劳动力会产生差异性影响。

6.2 政策建议

本书立足中国劳动力市场演进的视角，考察了出口贸易发展与劳动力就业间的内生关系，研究证实二者间存在双向相互影响关系，劳动力要素的配置会通过多种机制影响导致贸易的发展，出口贸易的扩张同时也会对就业、工资和劳动力市场演进产生相应的影响。目前在我国开放经济运行的外部市场相对不景气，内部经济下行压力日益显现的背景下，本书的研究结论能够为我国就业和贸易政策的调整提供一定的借鉴。

6.2.1 以完善的制度和健全的机制推动劳动力市场建设

我国劳动力市场建设已经取得了巨大的成就，劳动力配置市场化程度在不断提高，但劳动力市场运行中还存在一些制度性限制和体制障碍，造成了劳动力市场体系一定程度的分割，对我国就业优化和配置效率的提升产生了明显不利影响。市场化是我国经济体制改革的基本目标和方向，灵活高效的统一劳动力市场是实现劳动力要素配置优化和促进就业的基本前提，未来进一步发挥市场在劳动力要素配置上的决定性作用，仍需加强劳动力市场一体化建设，努力营造公平、开放、透明的市场环境，强化市场的深度融合，提高劳动力资源的配置效率。但是应该充分认识到，劳动力市场分异与分化是受劳动力特质性和客观市场性因素决定的，劳动力市场的多元分割将会是未来演进的基本趋势。必须大力改善制度质量，努力消除劳动力自由流动、公平配置的体制性障碍和政策壁垒，降低劳动力配置的交易成本，必须加快户籍制度改革，消除城乡户籍差异对劳动力福利差异及劳动力乡城间转移的不利影响，逐步消除制度性限制对劳动力市场分割的影响。努力消除身份歧视和性别歧视，努力为低技能劳动力的自由流动和实现就业创造条件，充分保障低技能劳动力在城市就业的社会福利，减少劳动力市场摩擦，降低其在城乡、地区、行业及所有制部门间的流动成本。逐步完善由市场决定劳动力报酬的健全工资机制，更好地发挥政府监管与服务职能，完善人力资源市场建设，制定科学的劳动标准体系，健全劳动者—用人单位劳动关系协调机制，充分保障劳动者权益。

6.2.2 推动贸易多元平衡发展

我国开放型经济发展正处于由开放大国向开放强国转变的关键时期，在以积极主动的战略适应全球经济形势新变化，实现我国开放型经济治理体系和治理能力现代化的过程中，推动贸易的多元平衡发展对于应对外部经济波动、缓解内部经济下行压力、改善就业具有战略性影响。

第一，要保持出口规模稳定扩张与出口结构持续转型升级间的平衡。适度的规模扩张是带动生产、促进就业规模扩张的重要支持，要通过创造积极有力的市场条件促进各种类型企业出口的出口发展，在充分利用我国廉价低成本劳动力禀赋参与国际分工体系保持我国传统出口产品国际优势的同时，还须加快培育以核心技术、知名品牌和创新服务为支撑的出口竞争新优势，提高出口产品技术含量和附加值，提升我国在国际价值分配中的地位，并增强高学历、熟练技能劳动力向这些行业部门的集聚。应该充分重视出口贸易规模扩张对低技能劳动力创造就业的积极作用，在积极推动出口贸易结构优化和促进产业结构转型升级的进程中，努力增强出口贸易发展对低技能劳动力和低收入群体收入增长的促进效应，充分发挥贸易在缩小不同群体之间收入差距的作用。

第二，要促进中小企业与大企业间出口贸易的平衡发展，并实现企业出口与内销间的协调。挖掘并促进中小出口企业的就业吸纳能力将是未来解决就业问题和提升出口发展潜力和后劲的重要途径，并且有助于缓解就业性别歧视，应该通过制定诸如出口税收优惠、出口信贷支持等相应支持政策来保证中小出口企业发展，维持出口企业的持续出口意愿，尤其是维持并提升小规模出口企业的持续出口意愿。大企业具有参与国际经济活动在生产率、技术、生产规模和市场开拓方面的巨大优势，是吸纳高学历、高技能劳动力就业的重要力量，应充分发挥其在解决高素质劳动力就业和稳定出口方面的主力军作用，提升其技术创新能力和产品竞争力，发挥其在贸易与产业转型升级以及解决就业方面的龙头作用。另外，应该加快国内税收体制改革和产品流通体制改革，降低企业在国内运营的市场交易成本，消除企业的“生产率悖论”，引导出口企业重视国内市场销售。

第三，要推动多种贸易模式间的协调发展。实现我国贸易的可持续发展，充分发挥贸易在经济增长、经济结构调整和促进就业中的积极作用，必须保证各种形式贸易模式间发展的均衡，实现加工贸易与一般贸易、货物贸易与服务贸易的协调发展，推动进口与出口间的平衡发展。要提高我国一般贸易和服务贸易的比重，加快推进加工贸易的转型升级，提升加工贸易的附加值，并加强其余国内产业的联系，要加强货物贸易与服务贸易间联系，增加货物贸易中的服务要素投入。要加快缩小进出口间失衡的规模，努力推进进出口间的平衡发展，引导进口产品结构调整，保持贸易发展的持续性。

第四，将出口市场多元化与国内区域贸易均衡发展相协调。过度集中的出口市场导致国内经济发展更易受到外部经济波动的冲击，在我国出口贸易规模巨大、贸易依存度较高的基础上，加快推进出口市场多元化具有极强的现实意义。另外，贸易发展的不平衡性是导致地区间经济发展差异和收入差距扩大的重要原因，也是引发劳动力跨地区流动的重要因素，推进地区间出口贸易平衡发展不仅有助我国出口贸易的稳定发展，也会对地区间经济发展和就业产生积极影响。因此，应充分抓住“一带一路”战略实施的机遇，加快我国双边自由贸易区谈判和建设，加强我国与相关国家的经济合作往来，努力推进出口市场多元化，并带动我国相关省域出口贸易的更快发展，积极推进国内产业转移以促进地区间经济贸易发展的平衡。

6.2.3 加快教育体制改革和人才培训体系建设

高校毕业生就业难的现象是我国就业结构性错配的具体表现，在我国整体劳动力素质有待提升的背景下，解决高校毕业生就业和提升劳动力就业技能水平，促进我国就业规模的扩张和就业结构的改善，必须加快教育体制改革并强化人才培训体系建设。教育体制综合改革应立足于提高教育质量，启发学生的创新精神和实践能力，要使人才的培养与社会需要相衔接，应当创新人才培养方式，要及时根据经济社会发展及产业结构调整的现实需要调整高校学科与专业结构，坚持分层分类并结合区域特色的原则确立人才培养定位，积极探索需求导向和就业导向的人才培养机制。职业培训是提升劳动者技能水平、增强就业能力和就业稳定性的重要途径，强化劳动者就业培训体系建设是缓解结构性矛盾，加快农村剩余劳动力转移的重要战略，应加快建设覆盖全体劳动者的职业培训制度，增加职业培训方面的政府资金投入，积极探索政府、高校、企业共同参与的职业培训模式，加快提升劳动者人力资本水平和劳动者素质水平，增强其创业就业能力。

我们的研究发现劳动力受教育程度更高时，相对会更加关注于自身就业的整体规划，因此政府在鼓励企业加强对各种类型劳动者进行职业培训的过程中，也应关注对相对高学历和高技能劳动者在个人职业整体规划方面的培训，这将有助于提高高学历劳动力就业的稳定性，并且对于劳动力整体配置来说，也将更有助于降低劳动力资源的错配。应高度重视对低技能劳动力群体和农村待转移劳动力群体的职业技能培训，加强对低收入群体和低技能劳动力人力资本培训的资本和人力方面的投入，合理规划，提高投入的效率，积极为不同技能水平劳动力提升创造有利环境；同时应该加快推进我国高等教育体制改革，加强素质教育和能力培养，使我国高等教育人才培养与市场需求充分衔接。

6.2.4 推进产业结构深度调整和产业转型升级

产业结构是决定贸易结构并影响就业规模和就业结构的根本性因素。以加速的工业化为特征的第二产业的发展是我国出口贸易发展、就业规模和就业结构变化的重要基础，而第三产业的相对落后成为制约我国服务贸易发展以及第三产业就业比重相对较低的重要原因，由此导致了中国城乡二元经济结构和城乡二元就业结构的长期固化，并且第二产业在吸收就业面临着明显的“天花板”效应。因此未来促进贸易的稳定持续发展，实现贸易结构的转型升级和贸易模式的多元平衡发展，进一步增加就业，改善就业结构，必须深化产业结构调整，加快推进产业转型升级。必须进一步加大农村地区基础建设，调整农业产出结构，大力支持农村地区中小企业的发展，拓展农村地区劳动力就地就近实现就业的空间范围。应加快制造业的转型升级，积极培育战略性新兴产业部门，努力发展先进制造业，持续推进创新驱动发展战略的实施，强化企业的创新主体地位和创新体系建设，提高我国创新发展的能力，鼓励和支持企业提升核心竞争力和品牌建设能力，实现由“中国制造”向“中国创造”的转变，以产业结构的高级化助推就业结构的升级，以战略性产业的培育和发展带动社会就业，并促进贸易结构的转型升级。要加快促进服务业的发展，提升服务业扩大就业的能力，努力发展具有较大就业潜力的生产性服务业和生活性服务业以及公共服务业部门，消除制约服务业发展的体制性障碍。要加大对小微企业发展在融资、税收优惠、技术研发方面的支持力度，增强小微企业吸纳社会各类型就业，充分发挥就业促进主渠道的功能。积极发挥各种类型企业在促进就业中的主体作用，加快行政收费体制改革，降低企业的负担，增强企业的活力和吸纳就业的能力。

6.3 未来研究展望

正如我们的研究分析所展现的，贸易与就业间存在复杂的双向影响关系，这种影响的性质和强度会随着我国劳动力市场本身的演进而不断地发生相应的变化，因此这将是一个长期动态研究的主题，未来还将是中国经济问题研究中的重要热点问题，具有重大的理论和现实意义。对于中国这样一个转型经济体来说，劳动力市场的分割与演变对贸易与就业的影响在理论和实证上还有待进一步深化研究。受数据和我们项目团队成员知识水平的局限，本书在国内外研究成果的基础上，针对中国劳动力市场二元演进过程中的贸易与就业间内生关系进行了一定的扩展研究，得出了一些具有启示意义的结论，但也深刻地意识到仍然存在以下一些值得尚待深入拓展的研究方向：

第一，中国劳动力市场演进的过程中资本积累及资本深化对贸易和就业及二者间关系的影响。我国经济快速发展毫无疑问导致了资本的迅速积累，改变了我国整体的要素禀赋状况，这对于贸易发展和就业理论和实践当中都具有重要的影响，对此我们虽然进行了一些简化处理，但是尚缺少系统的论证。

第二，技术进步对于贸易与就业及二者间关系的影响。技术进步是现代经济增长的核心动力，也是影响贸易与就业的重要现实因素，尤其是针对中国快速发展的经济和就业变化来说，技术进步的影响性质和强度都有待系统的理论和实证考察。

第三，劳动力就业配置对我国贸易模式变化的影响。改革开放以来，我国贸易模式发生了显著变化，这与劳动力就业配置间应该也存在内在紧密联系，限于我国工业部门内部统计数据的局限，我们尚未作出系统的考察与论证，引以为憾。对此我们将在今后的研究中挖掘可资利用的数据资源，加以相应的深入研究，弥补现有研究的不足。

参考文献

中文文献

[1][法]Sylvie Démurger,[法]Martin Fournier,李实,魏众. 中国经济改革与城镇劳动力市场分割——不同地区职工工资收入差距的分析[J]. 中国人口科学,2008(2):2-12.

[2][法]Sylvie Démurger,[法]Martin Fournier,李实,魏众. 中国经济转型中城镇劳动力市场分割问题[J]. 管理世界,2009(3):55-62+71.

[3]包群,邵敏,侯维忠. 出口改善了员工收入[J]. 经济研究,2011(9):41-54.

[4]蔡承彬. 人力资本投资失衡的劳动力市场分割原因剖析[J]. 经济与管理,2007(6):37-41.

[5]蔡昉,都阳,王美艳. 户籍制度与劳动力市场保护[J]. 经济研究,2001(12):41-49+91.

[6]蔡昉,都阳,王美艳. 中国劳动力市场转型与发展[M]. 北京:商务印书馆,2005.

[7]蔡昉,都阳. 户籍制度与劳动力市场制度改革[J]. 经济研究,2001(12):41-49.

[8]蔡昉. 二元劳动力市场条件下的就业体制转换[J]. 中国社会科学,1998(2):1-9.

[9]蔡昉. 中国的劳动力市场发育与就业变化[J]. 经济研究,2007(7):1-13.

[10]蔡昉. 转轨时期的就业政策选择:矫正制度性扭曲[J]. 中国人口

科学,1999(2):1-6.

[11]陈昊,刘骞文. 中国出口贸易的女性就业效应:基于筛选—匹配模型的再检验[J]. 经济评论,2014(1):94-106+129.

[12]陈昊,谢超峰. 外贸顺差,贸易筛选与就业关系研究[J]. 经济评论,2012(2):127-131.

[13]陈昊. 出口贸易,收入波动与高学历劳动力集聚[J]. 国际贸易问题,2012(12):3-10.

[14]陈昊. 出口贸易与学历误配:缓解还是加剧?[J]. 财经研究,2014(3):42-51.

[15]陈昊. 出口是否加剧了就业性别歧视?[J]. 财经研究,2013(9):109-119.

[16]陈昊. 对外贸易与劳动力市场关系研究评述[J]. 西华大学学报(哲学社会科学版),2011(5):113-117.

[17]陈昊. 收入波动,风险规避与学历误配[J]. 南开经济研究,2011(6):109-127.

[18]陈维涛,王永进,毛劲松. 出口技术复杂度,劳动力市场分割与中国的人力资本投资[J]. 管理世界,2014(2):6-20.

[19]陈勇兵,李燕,周世民. 中国企业出口持续时间及其决定因素[J]. 经济研究,2012(7):48-61.

[20]陈钊,陆铭,佐藤弘. 谁进入了高收入行业——关系,户籍与生产率的作用[J]. 经济研究,2009(10):121-133.

[21]陈钊,陆铭. 从分割到融合:城乡经济增长与社会和谐的政治经济学[J]. 经济研究,2008(1):21-32.

[22]戴园晨,黎汉明. 双重体制下的劳动力流动与工资分配[J]. 中国社会科学,1991(5):93-108.

[23]都阳,蔡昉. 中国制造业工资的地区趋同性与劳动力市场一体化[J]. 世界经济,2004(8):42-49.

[24]高铁梅. 计量经济分析方法与建模[M]. 北京:清华大学出版

社,2006.

[25]葛玉好,曾湘泉. 市场歧视对城镇地区性别工资差距的影响[J]. 经济研究,2011(6):45-36+92.

[26]郭界秀. 比较优势理论的沿承,发展与创新[J]. 兰州商学院学报,2014(4):56-62.

[27]郭界秀. 比较优势理论研究新进展[J]. 国际贸易问题,2013(3):156-166.

[28]郭界秀. 异质性企业理论研究综述[J]. 兰州商学院学报,2012(3):113-119.

[29]郭界秀. 制度与贸易发展关系研究综述[J]. 国际经贸探索,2013(4):85-94.

[30]郭界秀. 中国工业技术进步的分解及影响因素研究[J]. 经济经纬,2015(5):79-84.

[31]何茵. 贸易自由化对中国城镇劳动力市场性别歧视的影响[J]. 国际贸易问题,2007(6):27-33.

[32]何芸. 二元分割与行业收入不平等. 经济问题探索[J]. 2015(1):179-185.

[33][美]吉利斯等. 发展经济学[M]. 北京:中国人民大学出版社,1998.

[34][美]加里·贝克尔. 人类行为的经济分析[M]. 上海:上海三联书店,1993.

[35]焦军普. 产业国际化的内涵与演进路径研究[J]. 经济纵横,2013(6):41-46.

[36]晋利珍,刘玥. 新一轮"用工荒"现象的经济学分析——基于劳动力市场双重二元分割的视角[J]. 云南社会科学,2011(3):41-45.

[37]晋利珍. 改革开放以来中国劳动力市场分割的制度变迁研究[J]. 经济与管理研究,2008(8):64-68.

[38]阚大学. 我国贸易结构与就业结构的动态关系研究[J]. 国际贸

易问题,2010(10):17－23.

[39]赖德胜,李长安,张琪. 中国就业60年[M]. 北京:中国劳动社会保障出版社,2010.

[40]赖德胜. 论劳动力市场的制度性分割[J]. 经济科学,1996(6):19－23.

[41]赖德胜主编. 2012中国劳动力市场报告[M]. 北京:北京师范大学出版社,2012.

[42]李汉君. 对外贸易与收入差距[J]. 国际贸易问题,2010(5):25－28.

[43]李宏兵,赵春明,文磊,张群. 市场潜能促进了制造业女性就业吗?[J]. 财经研究,2014(3):52－62.

[44]李宏兵,赵春明. 环境管制影响了我国中间品出口吗?[J]. 国际经贸探索,2013(6):36－48.

[45]李宏兵,蔡宏波. 出口开放扩大了技能工资差距吗?[J]. 经济管理,2013(11):13－23.

[46]李宏兵,赵春明,蔡宏波. 外资进入扩大了性别工资差距吗?[J]. 统计研究,2014(6):57－65.

[47]李建民. 中国劳动力市场多重分隔及其对劳动力供求的影响[J]. 中国人口科学,2002(2):1－7.

[48]李坤望,陈维涛,王永进. 对外贸易、劳动力市场分割与中国人力资本投资[J]. 世界经济,2014(3):56－79.

[49]李磊,刘斌,胡博,谢璐. 贸易开放对城镇居民收入及分配的影响[J]. 经济学(季刊),2011(1):309－326.

[50]李萍,刘灿. 论中国劳动力市场的体制性分割[J]. 经济学家,1999(6):18－22.

[51]李实,万海远. 劳动力市场培育与中等收入陷阱[J]. 经济研究,2014(4):187－191.

[52]李小平,卢现祥,朱钟棣. 国际贸易,技术进步和中国工业行业的

生产率增长[J]. 经济学季刊,2008(2):549 -564.

[53]李玉辉,邹建华. 经济开放影响我国收入分配的实证研究[J]. 国际商务,2011(4):73 -81.

[54]梁俊伟. 劳动力比较优势,贸易利益与经济增长[J]. 经济科学,2006(4):18 -28.

[55]林毅夫,蔡昉,李周. 中国的奇迹:发展战略与经济改革[M]. 上海:上海三联书店,1994.

[56]刘斌,李磊. 贸易开放与性别工资差距[J]. 经济学(季刊),2012(2):429 -460.

[57]刘精明. 市场化与国家规制转型期城镇劳动力市场中的收入分配[J]. 中国社会科学,2006(5):110 -124.

[58]刘习平. 中国出口贸易,经济增长与就业关系的实证研究[J]. 国际贸易问题,2012(11):32 -41.

[59]卢现祥. 新制度经济学[M]. 武汉:武汉大学出版社,2004.

[60]陆铭,陈钊. 城市化,城市倾向的经济政策与城乡收入差距[J]. 经济研究,2004(6).

[61]陆铭. 中国劳动经济学研究:从何处来,向何处去[J]. 世界经济文汇,2004(1):1 -3.

[62]罗润东. 也论二元劳动力市场条件下的就业体制转换[J]. 中国社会科学,1999(2):51 -60.

[63]马飒. 劳动力成本上升削弱了中国出口优势吗? [J]. 财贸经济,2015(4):47 -56.

[64]马双,张劼,朱喜. 最低工资对中国就业和工资水平的影响[J]. 经济研究,2012(5):132 -146.

[65]毛日昇. 出口,外商直接投资与中国制造业就业[J]. 经济研究,2009(11):105 -117.

[66]明娟,邢孝兵,张建武. 国际贸易对制造业行业就业的影响效应研究[J]. 财贸研究,2010(6):62 -69.

[67]潘士远. 贸易自由化,有偏的学习效应与发展中国家的工资差异[J]. 经济研究,2007(6):98 – 106.

[68]乔明睿,钱雪亚,姚先国. 劳动力市场分割,户口与城乡就业差异[J]. 中国人口科学,2009(1):32 – 41 + 111.

[69]任国良,蔡宏波,郭界秀. 政府 R&D 政策评价研究的实证沿革与最新进展[J]. 世界经济文汇,2013(6):55 – 88.

[70]沈琴琴,张艳华. 中国劳动力市场多重分割的制度经济学分析[J]. 西安交通大学学报(社会科学版),2010(2):65 – 69 + 98.

[71]盛斌,马涛. 中间产品贸易对中国劳动力需求变化的影响[J]. 世界经济,2008(3):12 – 20.

[72]盛斌,牛蕊. 贸易,劳动力需求弹性与就业风险[J]. 世界经济,2009(6):3 – 15.

[73]石莹. 就业歧视理论研究新进展[J]. 经济学动态,2009(10):81 – 86.

[74]孙文凯,白重恩,谢沛初. 户籍制度改革对中国农村劳动力流动的影响[J]. 经济研究,2011(1):28 – 41.

[75]唐东波. 全球化对中国就业结构的影响[J]. 世界经济,2011(9):95 – 117.

[76]滕瑜,朱晶. 中间产品贸易对我国熟练和非熟练劳动力收入分配的影响[J]. 国际贸易问题,2011(5):3 – 13.

[77]佟家栋,周燕. 二元经济,刘易斯拐点和中国对外贸易发展战略[J]. 经济理论与经济管理, 2011(1):18 – 26.

[78][英]托马斯·孟,尼古拉斯·巴尔本,达德利·诺斯. 贸易论[M]. 北京:商务印书馆,1982.

[79][英]托马斯·孟. 英国得自对外贸易的财富[M]. 北京:商务印书馆,1981.

[80]王海全. 我国农村剩余劳动力向城镇转移的制度约束研究[M]. 北京:经济管理出版社,2014.

[81]王怀民．市场分割,比较优势与加工贸易[J]．世界经济研究,2005(1):48－53.

[82]王美艳．城市劳动力市场上的就业机会与工资差异——外来劳动力就业与报酬研究[J]．中国社会科学,2005(5):36－46＋205.

[83]王美艳．城市劳动力市场上的就业机会与工资差异[J]．中国社会科学,2005a(5):36－47.

[84]王美艳．中国城市劳动力市场上的性别工资差异[J]．经济研究,2005b(12):35－44.

[85]王亚柯,罗楚亮．经济转轨背景下的中国劳动力市场发育[J]．中国人民大学学报,2012(3):75－82.

[86]王燕飞,蒲勇健．中国对外贸易的劳动就业效应:贸易结构视角[J]．国际贸易问题,2009(3):10－19.

[87]王云飞,朱钟棣．贸易发展对我国熟练及非熟练劳动力相对就业与工资差距的影响[J]．经济经纬,2010(4):87－92.

[88][美]卫·桑普斯特,泽弗里斯．劳动经济学前沿[M]．北京:中国税务出版社,2000.

[89]魏浩,金晓祺,项松林．对外贸易与我国的劳动力需求弹性[J]．国际贸易问题,2013(9):3－14.

[90]魏浩．对外贸易,国内就业和中国的战略选择[J]．经济学家,2013(1):67－76.

[91]魏浩．我国纺织品对外贸易出口的就业效应研究:1980—2007年[J]．国际贸易问题,2011(1):29－42.

[92]温怀德,谭晶荣．中国对外贸易,FDI对就业影响的实证研究[J]．国际贸易问题,2010(8):102－109.

[93]吴愈晓．劳动力市场分割,职业流动与城市劳动者经济地位获得的二元路径模式[J]．中国社会科学,2011(1):119－137＋222－223.

[94]武中哲．双重二元分割:单位制变革中的城市劳动力市场[J]．社会科学,2007(4):47－57.

[95]肖六艺．中美贸易中的就业转移和就业创造[M]．北京:人民出版社,2015.

[96]肖潇．积累的社会结构下中国劳动力市场分割的形成机制[J]．湘潭大学学报(哲学社会科学版),2015(2):42－45.

[97]辛怡,陈卫民．非正规就业:三元劳动力市场的理论解释[J]．理论与现代化,2011(5):51－56.

[98]邢春冰,李实．扩招“大跃进”,教育机会与大学毕业生就业[J]．经济学(季刊),2011(4):1187－1208.

[99]邢春冰,罗楚亮．农民工与城镇职工的收入差距[J]．数量经济技术经济研究,2009(10):74－86.

[100]邢春冰．农民工与城镇职工的收入差距[J]．管理世界,2008(5):55－65.

[101]徐林清．劳动力市场分割对农村劳动供给行为的影响分析[J]．经济体制改革,2008(3):36－39.

[102]徐伟,杨波．中国劳动力市场的分割与分异[M]．北京:科学出版社,2012.

[103]徐英康．歧视:劳动力市场分割的一种解释途径[J]．中国社会主义学院学报,2009(2):81－84.

[104]许和连,亓朋,李海峥．外商直接投资,劳动力市场与工资溢出效应[J]．管理世界,2009(9):53－68.

[105]严善平．城市劳动力市场中的人员流动及其决定机制——兼析大城市的新二元结构[J]．管理世界,2006(8):8－18.

[106]杨涛,盛柳刚．中国城市劳动力市场的一体化进程[J]．经济学(季刊),2007(4):817－840.

[107]姚先国,赖普清．中国劳资关系的城乡户籍差异[J]．经济研究,2004(7):82－90.

[108]易丹辉．数据分析与 Eviews 应用(第二版)[M]．北京:中国人民大学出版社,2014.

[109]余官胜. 贸易开放的劳动力效应——基于中国数据的实证研究[M]. 北京:中国社会科学出版社,2012.

[110]余官胜. 贸易增长,劳动力市场刚性与产业间劳动力转移[J]. 财经研究,2012(1):116-122.

[111]俞会新,薛敬孝. 中国贸易自由化对工业就业的影响[J]. 世界经济,2002(10):10-13.

[112]张杰,张建武. 中国垄断行业与竞争行业的工资差异[J]. 宏观经济研究,2015(4):98-104+159.

[113]张曙光,施贤文. 市场分割,资本深化和教育深化——关于就业问题的进一步思考[J]. 云南大学学报(社会科学版),2003(5):70-76+96.

[114]张先锋,卢丹,陈琦. 劳动力市场灵活性与贸易自由化[J]. 经济评论,2013(6):44-52.

[115]张展新. 劳动力市场的产业分割与劳动人口流动[J]. 中国人口科学,2004(2):45-33.

[116]张昭时,钱雪亚. 中国劳动力市场分割的两重“二元性”:理论与现实[J]. 学术月刊,2009(8):76-83.

[117]周申,李春梅,谢娟娟. 国际贸易与劳动力市场:研究述评[J]. 南开经济研究,2007(3):107-123.

[118]周申,李春梅. 工业贸易结构变化对我国就业的影响[J]. 数量经济技术经济研究,2006(7):3-14.

[119]周申,李可爱,鞠然. 贸易结构与就业结构:基于中国工业部门的分析[J]. 数量经济技术经济研究,2012(3):63-75.

[120]朱镜德. 中国三元劳动力市场格局下的两阶段乡—城迁移理论[J]. 中国人口科学,1999(1):7-12.

外文文献

[121]A. Kerem Coşşar, Nezih Guner, and James Tybout. Firm Dynamics, Job Turnover, and Wage Distributions in an Open Economy[R]. *NBER Working*

Paper, No. 16326, 2010.

[122] Abowd John M., Francis Kramarz and David N. Margolis. High Wage Workers and High Wage Firms[J]. *Econometrica*, 1999(2): 251 -333.

[123] Acemoglu Daron, David Autor, David Dorn, Gordon Hanson, and Brendan Price. Import Competition and the Great U. S. Employment Sag of the 2000s [J]. *Journal of Labor Economics*, forthcoming, 2014.

[124] Acemoglu Daron and Robert Shimer. Effcient Unemployment Insurance[J]. *Journal of Political Economy*, 1999(2): 893 -928.

[125] Adrian Wood. How Trade Hurt Unskilled Workers [J]. *The Journal of Economic Perspectives*, 1995(3): 57 -80.

[126] Agell Jonas and Per Lundborg. Fair Wages in the Open Economy [J]. *Economica*, 1995(62): 335 -351.

[127] Alejandro Cuñat and Marc J. Melitz. Volatility, Labor Market Flexibility, and the Pattern of Comparative Advantage[J]. *Journal of the European Economics Association*, 2012(2):225 -254.

[128] Alessandria George and Alain Delacroix. Trade and the (Dis) Incentive to Reform Labor Markets: The Case of Reform in the European Union[J]. *Journal of International Economics*, 2008(1):151 -166.

[129] Alessandro Turrini. International Trade and Labour Market Performance: Major Findings and Open Questions, Policy Issures [R]. International Trade Study Series No. 20, 2002.

[130] Alfonso, A. Mismatch in the Spanish Labor Market: Over education? [J]. *The Journal of Human Resources*, 1993(28):259 -278.

[131] Amiti, Mary and Donald R. Davis. Trade, Firms, and Wages: Theory and Evidence[R]. NBER Working Paper, No. 14106, 2008.

[132] Amiti, Mary and Freund, Caroline. The Anatomy of China's Export Growth[Z]. Robert C. Freenstra and Shang -Jin Wei, eds., China's Growing Role in Word Trade. Chicago: The University of Chicago Press, 2010.

[133] Anderson, J. E. Globalization and Income Distribution: A Specic Factors Continuum Approach[R]. *Globalization and Poverty*, NBER Working Paper, No. 14643, 2009.

[134] Arellano, M., Bond, S. Some Tests of Specification for Panel Data: Monte Carlo Evidence and an Application to Employment Equations[J]. *Review of Economic Studies*, 1991(58): 227 – 297.

[135] Arellano, M., Bovcr, O. Another Look at the Instrumental Variable Estimation of Error Components Model[J]. *Journal of Economics*, 1995(68): 29 – 51.

[136] Artuç Erhan, Intergenerational Effects of Trade Liberalization[R]. *TÜSİAD – Koç University Economic Research Forum Working Paper Series*, No. 0913, 2009.

[137] Artuç, E., Chaudhuri, S. and McLaren, J. Trade Shocks and Labor Adjustment: A Structural Empirical Approach[J]. *American Economic Review*, 2010(3): 1008 – 1045.

[138] Attanasio Orazio, Pinelopi Goldberg and Nina Pavcnik. Trade Reforms and Wage Inequality in Columbia[J]. *Journal of Development Economics*, 2004(2): 331 – 366.

[139] Autor, David H., David Dorn, and Gordon H. Hanson. The China Syndrome: Local Labor Market Effects of Import Competition in the United States [J]. *American Economic Review*, 2013(6): 2121 – 2168.

[140] Bergmann Barbara R. Effect on White Incomes of Discrimination in Employment[J]. *Journal of Political Economy*, 1971(2): 294 – 313.

[141] Bernard, A. B., Jensen, J. B. Exporters, Jobs, and Wages in U. S. Manufacturing: 1976 – 1987[J]. *Brookings Papers on Economic Activity: Microeconomics*, 1995(1): 67 – 112.

[142] Bernard, Andrew B. and J. Bradford Jensen. Exporters, Skill Upgrading and the Wage Gap[J]. *Journal of International Economics*, 1997(1 – 2): 3 – 31.

[143] Blanchard Olivier and Justin Wolfers. The Role of Shocks and Institu-

tions in the Rise of European Unemployment: The Aggregate Evidence[J]. *Economic Journal*, 2000(462):1 –33.

[144]Blundell, R. & J, Bond, S. Initial Conditions and Moment Restrictions in Dynamic Panel Data Models[J]. *Journal of Economics*, 1998(1):115 – 143.

[145]Boulhol, H. Unemployment and Interactions between Trade and Labour Market Institutions[R]. *University Paris Working Paper*, 2010.

[146]Brecher Richard. Minimum Wage Rates and the Pure Theory of International Trade[J]. *Quarterly Journal of Economics*, 1974(1): 98 –116.

[147]Buch, Claudia M. & Pierdzioch Christian. Low Skill but High Volatility? [R]. *CESifo Working Paper*, No. 2665, 2009.

[148]Cai Fang, Du Yang and Zhao Changbao. Regional Labour Market Integration Since China's WTO Entry: Evidence from Household – level Data[Z]. In R. Garnaut and Song Ligang (eds), China: Linking Markets for Growth, Canberra: Asia Pacific Press:(2007):133 –150.

[149]Chen Guifu and Shigeyuki Hanori. Solution to the Dilemma of the Migrant Labour Shortage and the Rural Labour Surplus in China[J]. *China and World Economy*, 2009(4): 53 –71.

[150]Copeland Brian. Efficiency Wages in a Ricardian Model of International Trade[J]. *Journal of International Economics*, 1989(3 –4): 221 –244.

[151]Cosar, A. Karem, Nezih Guner, and James Tybout. Firm Dynamics, Job Turnover, and Wage Distributions in an Open Economy[J]. *American Economic Review*, 2014, forthcoming.

[152] Cosar, A. Karem. Adjusting to Trade Liberalization: Reallocation and Labor Market Policies[R]. unpublished manuscript, University of Chicago Booth School of Business, 2013.

[153]Daniel Baumgarten. International Trade and Worker Flows: Empirical Evidence for Germany[J]. *Rev World Econ*, 2015(3): 589 –608.

[154]Danziger, E. Skill Acquisition and the Dynamics of Trade - Induced Inequality[R]. Unpublished manuscript, 2013.

[155] Daron Acemoglu, David Autor, David Dorn, Gordon H. Hanson, and Brendan Price. Import Competition and the Great U. S. Employment Sag of the 2000s[R]. NBER Working Paper No. 20395, 2014.

[156]David H. Autor, David Dorn, and Gordon H. Hanson. Untangling Trade and Technology: Evidence from Local Labor Markets[R]. NBER Working Paper No. 18938, 2013.

[157]Davidson Carl, Lawrence Martin and Steven Matusz. The Structure of Simple General Equilibrium Models with Frictional Unemployment[J]. *Journal of Political Economy*, 1988(6):1267 - 1293.

[158]Davidson Carl, Steven Matusz and Andrei Shevchenko. Globalization and Firm level Adjustment with Imperfect Labor Markets[J]. *Journal of International Economics*, 2008(2):295 - 309.

[159]Davidson, C. , L. Martin, and S. Matusz. Trade and Search Generated Unemployment[J]. *Journal of International Economics*, 1999(2): 271 - 299.

[160]Davidson, Carl and Steven Matusz. Trade Liberalization and Compensation[J]. *International Economic Review*, 2006(3):723 - 747.

[161]Davis Donald. Does European Unemployment Prop Up American Wages? National Labor Markets and Global Trade[J]. *American Economic Review*, 1998(3):478 - 494.

[162]Davis, D. R. , and J. Harrigan. Good Jobs, Bad Jobs, and Trade Liberalization[J]. *Journal of International Economics*, 2011(1): 26 - 36.

[163]Dix - Carneiro, Rafael. Trade Liberalization and Labor Market Dynamics[J]. *Econometrica*, 2014(3): 825 - 885.

[164]Dixit Avinash K. and Victor Norman. Theory of International Trade [M]. Cambridge: Cambridge University Press, 1980.

[165]Donald R. Davis and Prachi Mishra. Stolper - Samuelson Is Dead:

And Other Crimes of Both Theory and Data[Z]. Ann Harrison. Globalization and Poverty, University of Chicago Press, 2007.

[166]Dutt, P., Mitra, D., Ranjan, P. International Trade and Unemployment: Theory and Cross – National Evidence[J]. *Journal of International Economics*, 2009 (1): 32 – 44.

[167]Dvorkin, Maximiliano. Sectoral Shocks, Reallocation and Unemployment in Competitive Labor Markets[R]. Unpublished manuscript, Yale University, 2014.

[168]Egger, H., and U. Kreickemeier. Firm Heterogeneity and the Labor Market Effects of Trade Liberalization[J]. *International Economic Review*, 2009 (1): 187 – 216.

[169]Elhanan Helpman and Oleg Itskhoki. Labor Market Rigidities, Trade and Unemployment[J]. *Review of Economic Studies*, 2010(3): 1100 – 1137.

[170]Elhanan Helpman, Oleg Itskhoki, and Stephen Redding. Inequality and Unemployment in a Global Economy[J]. *Econometrica*, 2010 (4): 1239 – 1283.

[171]Elhanan Helpman, Oleg Itskhoki, Marc – Andreas Muendler, and Stephen J. Redding. Trade and Inequality: From Theory to Estimation[R]. NBER Working Paper No. 17991, 2012.

[172]Elhanan Helpman, Oleg Itskhoki, Stephen Redding. Trade and Labor Market Outcomes[R]. NBER Working Paper No. 16662, 2011.

[173]Elsby, M. W. L., and R. Michaels. Marginal Jobs, Heterogeneous Firms, and Unemployment Flows[J]. *American Economic Journal: Macroeconomics*, 2013(1): 1 – 48.

[174]Erhan Artu, Shubham Chaudhuri, John McLaren. Trade Shocks and Labor Adjustment: A Structural Empirical Approach[J]. *American Economic Review*, 2010(100):1008 – 1045.

[175]Fajgelbaum, P. D. Labor Market Frictions, Firm Growth, and International Trade[R]. NBER Working Paper No. 19492, 2013.

[176] Fajnzylber, P. & Fernandes, A. International Economic Activities and the Demand for Skilled Labor: Evidence from Brazil and China[R]. Policy Research Working Paper No. 3426, World Bank, 2004.

[177] Feenstra, R. C., and Hanson, H. G. Global Production Sharing and Rising Inequality: A Survey of Trade and Wages[M]. Handbook of International Trade, Eds. by E. Kwan Chio and J. Harrigan. Oxford: Blackwell, 2003.

[178] Feenstra, R. C., and Hanson, H. G. The Impact of Outsourcing and High - Technology Capital on Wages: Estimates for the U. S., 1979 - 1990 [J]. *Quarterly Journal of Economics*, 1999(114): 907 - 940.

[179] Felbermayr Gabriel, Julien Prat and Hans - Jörg Schmerer. Globalization and Labor Market Outcomes: Wage Bargaining, Search Frictions, and Firm Heterogeneity[J]. *Journal of Economic Theory*, 2011(1):39 - 73.

[180] Felbermayr, G. Prat, J. Schmerer, H. J. Globalization and Labor Market Outcomes: Wage Bargaining, Search Frictions, and Firm Heterogeneity [J]. *Journal Economic Theory*, 2011a(1):39 - 73.

[181] Felbermayr, G. Prat, J. Schmerer, H. J. Trade and Unemployment: What Do the Data Say? [J]. *European Economic Review*, 2011b(6):741 - 758.

[182] Frías, Judith A. and David S. Kaplan. Exports and Wage Premia: Evidence from Mexican Employer - Employee Data[R]. Columbia University, mimeograph, 2009.

[183] Gabriela Cuadra. The Impact of Labor Market Frictions on Exporting Firms[R]. Unpublished, 2014.

[184] Gordon H. Hanson, Ann Hairison. Trade, Technology, and Wage Inequality[R]. NBER Working Paper No. 5110, 1995.

[185] Grossman, G. M. Heterogeneous Workers and International Trade [R]. NBER Working Paper No. 18788, 2013.

[186] Gueorgui Kambourov. Labour Market Regulations and the Sectoral

Reallocation of Workers: The Case of Trade Reforms[J]. *Review of Economic Studies*, 2009 (4): 1321 - 1358.

[187]Halit Yanikkaya. Is Trade Liberalization a Solution to the Unemployment Problem? [J]. *Portuguese Economic Journal*, 2013(1): 57 - 85.

[188] Handley, Kyle, and Nuno Limão. Policy Uncertainty, Trade and Welfare: Theory and Evidence for China and the United States[R]. NBER Working Paper No. 19376, 2013.

[189]Harris J. and M. Todaro. Migration, Unemployment and Development: A Two Sector Analysis[J]. *American Economic Review*, 1970 (1): 126 - 142.

[190]Hasan R., Mitra D., Ranjan P., Ahsan R. N. Trade Liberalization and Unemployment: Theory and Evidence from India[J]. *Journal of Development Economics*, 2012(2):269 - 280.

[191]Heiwai Tang. Labor Market Institutions, Firm - specific Skills, and Trade Patterns[J]. *Journal of International Economics*, 2012(2): 337 - 351.

[192]Helpman, E. Labor Market Frictions as a Source of Comparative Advantage, with Implications for Unemployment and Inequality[R]. NBER Working Paper No. 15764, 2010.

[193]Helpman, E., Itskhoki, O., Redding, S. Inequality and Unemployment in a Global Economy[J]. *Econometrica*, 2010(78):1239 - 1283.

[194]Hering, L. and Poncet, S. Market Access and Individual Wages: Evidence from China[J]. *Review of Economics and Statistics*, 2010(92):145 - 159.

[195]Hersch, J. Education Match and Job Match[J]. *The Review of Economics and Statistics*, 1991(1):140 - 144.

[196]Hervé Boulhol. Unemployment and relative labor market institutions between trading partners[J]. *Journal of International Economics*, 2011 (1): 83 - 91.

[197] Hervé Boulhol. Unemployment and Relative Labor Market Institutions

Between Trading Partners [J] . *Journal of International Economics*, 2011 (1): 83 -91.

[198] Hosios Arthur J. Factor Market Search and the Structure of Simple General Equilibrium Models [J] . *Journal of Political Economy*, 1990 (2): 325 -355.

[199] Irene Brambilla, Daniel Lederman, and Guido Porto. Exports, Export Destinations, and Skills[R]. NBER Working Paper No. 15995, 2011.

[200] Jeffrey D. Sachs, Howard J. Shatz, Alan Deardorff, Robert E. Hall. Trade and Jobs in U. S. Manufacturing[J]. *Brookings Papers on Economic Activity*, 1994(1):1 -84.

[201] John Elliott Cairnes. Some Leading Principles of Political Economy: Newly Expounded(1874)[M]. CA:Kessinger Publishing, 2010.

[202] Kala Krishna, Abhiroop Mukhopadhyay and Cemile Yavas. Trade with Labor Market Distortions and Heterogeneous Labor: Why Trade Can Hurt [R]. NBER Working Paper No. 9086, 2002.

[203] Kamal F. , Mary E. Lovely and Puman Ouyang. Does Deeper Integration Enhance Spatial Advantages? Market Access and Wage Growth in China [J]. *International Review of Economics and Finance*, 2012 (23):59 -74.

[204] Kambourov, G. Labor Market Regulations and the Sectoral Reallocation of Workers: The Case of Trade Reforms[J]. *Review of Economic Studies*, 2009(4):1321 -1358.

[205] Kim, J. The Effects of Trade on Unemployment: Evidence from 20 OECD Countries[R]. Research Papers in Economics, Department of Economics, Stockholm University No. 2011:19, 2010.

[206] Knight, John and Li Shi. Wages, Profitability and Labour Market Segmentation in China[J]. *China Economic Review*, 2005(3): 205 -228.

[207] Knight, John and Lina Song. Towards a Labour Market in China [M]. Oxford: Oxford University Press, 2005.

[208] Knight, John and Linda Yueh. Segmentation or Competition in China's Urban Labour Market? [J]. *Cambridge Journal of Economics*, 2009 (1): 79 -94.

[209] Kondo Illenin. Trade Reforms, Foreign Competition, and Labor Market Adjustments in the U. S [R]. International Finance Discussion Papers No. 1095, Federal Reserve Board, 2013.

[210] Kreickemeier, Udo and Douglas Nelson. Fair Wages, Unemployment and Technological Change in a Global Economy [J]. *Journal of International Economics*, 2006(70):451 -469.

[211] Krugman Paul and Robert Z. Lawrence. Trade, Jobs, and wages [J]. *Scientific American*, 1994(4): 44 -39.

[212] Larch, M. and Lechthale, W. Comparative Advantage and Skill - Specific Unemployment [J]. *The B. E. Journal of Economic Analysis & Policy*, 2011(1):1635 -1682.

[213] Lawrence Edwards and Robert Z. Lawrence. US Trade and Wages: The Misleading Implications of Conventional Trade Theory [R]. NBER Working Paper No. 16106, 2010.

[214] Levinson, J. A. Employment Responses to International Liberalization in Chile [J]. *Journal of International Economics*, 1999(2):321 -344.

[215] Lorenzo Caliendo, Maximiliano Dvorkin, and Fernando Parro. The Impact of Trade on Labor Market Dynamics [R]. NBER Working Paper No. 21149, 2015.

[216] Lorenzo Caliendo, Maximiliano Dvorkin, Fernando Parro. Trade and Labor Market Dynamics [R]. Unpublished, 2015.

[217] Lourenço S. Paz. The Impacts of Trade Liberalization on Informal Labor Markets: A Theoretical and Empirical Evaluation of the Brazilian Case [J]. *Journal of International Economics*, 2014(92): 330 -348.

[218] Marco de Pinto and Jochen Michaelis. International Trade and Unem-

ployment – the Worker – Selection Effect[J]. *Joint Discussion Paper Series in Economics*, *No.* 27 –2011, 2011.

[219] Marianthi Leontaridi. Segmented Labour Markets: Theory and Evidence [J]. *Journal of Economic Sueveys*, 1998(1):103 – 109.

[220] Matteo Cacciatore. International Trade and Macroeconomic Dynamics with Labor Market Frictions[J]. *Journal of International Economics*, 2014(1): 17 –30.

[221] Matusz, Steven J. Implicit Contracts, Unemployment and International Trade[J]. *Economic Journal*, 1986(382) :71 –84.

[222] Melitz, Marc J. The Impact of Trade on Intra – Industry Reallocations and Aggregate Industry Productivity[J]. *Econometrica*, 2003(6):1695 – 1725.

[223] Menezes – Filho N. A. , MuendlerM – A. Labor Reallocation in Response to Trade Reform[R]. NBER Working Papers 17372, 2011.

[224] Michael Pflüger, Uwe Blien, Joachim Möler, Michael Moritz. Labor Market Effects of Trade and FDI: Recent Advances and Research Gaps[R]. IZA DP No. 5385, 2010.

[225] Michael Reich, David M Gordon, Richard C Edwards. A Theory of Labor Market Segmentation [J]. *The American Economic Review*, 1973 (7): 359 –365.

[226] Michael Reich, David M. Gordon and Richard C. Edwards. A Theory of Labor Market Segmentation[J]. *American Economic Review*, 1973(2): 359 –365.

[227] Michael W. Klein, Christoph Moser, and Dieter Urban, M. The Contribution of Trade to Wage Inequality: The Role of Skill, Gender, and Nationality [R]. NBER Working Paper No. 15985, 2010.

[228] Mill, John Stuart. Utilitarianism (Ninth Edition) [M]. London: Longmans, Green, And Co. , 1885.

[229] Minami, R. and Xinxin Ma. The Turning Point of Chinese Economy: Compared with Japanese Experience[R]. Conference Paper, ADBI, Tokyo, 2009.

[230] Mitra Devashish and Priya Ranjan. Offshoring and Unemployment: The Role of Search Frictions and Labor Mobility[J]. *Journal of International Economics*, 2010(2): 219 - 229.

[231] Mortensen Dale T. and Randall Wright. Competitive Pricing and Efficiency in Search Equilibrium[J]. *International Economic Review*, 2002(1): 1 - 20.

[232] Murat Seker. Rigidities in Employment Protection and Exporting[J]. *World Development*, 2012(2): 238 - 250.

[233] Naércio Aquino Menezes - Filho and Marc - Andreas Muendler. Labor Reallocation in Response to Trade Reform[R]. NBER Working Paper No. 17372, 2011.

[234] Nicholas Bloom, Paul Romer, Stephen Terry and John Van Reenen. A Trapped Factors Model of Innovation [R]. CEP Discussion Paper No 1189, 2013.

[235] Nicholas Bosanquet, Do eringer Peter. Is There a Dual Labor Market in Great Britain? [J]. *The Economic Journal*, 1973 (330): 421 - 435.

[236] Nicholas Sly. International Trade and The Composition of Labour Market Turnover[J]. *Economic Inquiry*, 2013(1): 122 - 137.

[237] Nickell Steven. Unemployment and Labor Market Rigidities: Europe Versus North - America[J]. *Journal of Economic Perspectives*, 1997(3):55 - 74.

[238] Nordin, M., Persson, I., Rooth, D. Education - occupation Mismatch: Is There An Income Penalty? [J]. *Economics of Educational Review*, 2010(29): 1047 - 1059.

[239] Oleg Itskhoki, Elhanan Helpman. Trade Liberalization and Labor Market Dynamics with Heterogeneous Firms[R]. Unpublished, 2015.

[240] Oleg Itskhoki. International Trade and Labor Markets: Unemployment, Inequality and Redistribution [R]. Harvard University PhD Dissertation, 2009.

[241] Pablo D. Fajgelbaum. Labor Market Frictions, Firm Growth, and International Trade[R]. NBER Working Paper No. 19492, 2013.

[242] Pierce Justin, and Peter Schott. The Surprisingly Swift Decline of U. S. Manufacturing Employment[R]. NBER Working Paper No. 18655, 2012.

[243] Pravin Krishna, Jennifer P. Poole, Mine Zeynep Senses. Wage Effects of Trade Reform with Endogenous Worker Mobility[J]. *Journal of International Economics*, 2014(2): 239 –252.

[244] Rafael Dix – Carneiro and Brian K. Kovak. Trade Liberalization and the Skill Premium: A Local Labor Markets Approach[R]. NBER Working Paper No. 20912, 2015.

[245] Rana Hasan, Devashish Mitra, Priya Ranjan, Reshad N. Ahsan. Trade Liberalization and Unemployment: Theory and Evidence from India[J]. *Journal of Development Economics*, 2012(2): 269 –280.

[246] Redding Stephen. Goods Trade, Factor Mobility and Welfare[R]. NBER Working Paper No. 18008, 2012.

[247] Robert C. Feenstra and Gordon H. Hanson. Global Production Sharing and Rising Inequality: A Survey of Trade and Wages[R]. NBER Working Paper No. 8372, 2001.

[248] Robert E. Baldwin. The Effect of Trade and Foreign Direct Investment on Employment And Relative Wages[R]. NBER Working Paper No. 5037, 1995.

[249] Robertson, R. Wage Shocks and North American Labor Market Integration [J] . The American Economic Review, 2000 (4) : 742 –764.

[250] Ronald W. Jones, Roy J. Ruffin. Trade and Wages: a Deeper Investigation[J]. Review of International Economics, 2008(2): 234 –349.

[251] Schuster, P. Employment Protection, Labor Market Turnover and the Effects of Globalization[R]. University of Groningen Working Paper, 2011.

[252] Seker, M. Rigidities in Employment Protection and Exporting[J].

World Development, 2011(2): 238 -250.

[253] Shubham Chaudhuri and John McLaren. Some Simple Analytics of Trade and Labor Mobility[R]. NBER Working Paper No. 13464, 2007.

[254] Suqin Gea. Labor Market Developments in China: A Neoclassical View[J]. China Economic Review, 2011(4):611 -625.

[255] Susan Stone, Patricia Sourdin, Clarisse Legendre. Trade and Labour Market Adjustment[R]. OECD Trade Policy Papers, No. 143, OECD Publishing, 2013.

[256] Theodore W. Schultz. Investment in Human Capital[J]. *The American Economic Review*, 1961(1): 1 -17.

[257] Tobin, J. Inflation and Unemployment [J]. *American Economic Review*, 1972(3): 1 -18.

[258] Vogel, J. Institutions and Moral Hazard in Open Economies[J]. *Journal of International Economics*, 2007(2): 495 -314.

[259] William T. Dickens and Kevin Lang. A Test o f Dual Labor Market Theory [J]. *The American Economic Review*, 1985(4):792 -805.

[260] William T. Dickens and Kevin Lang. The Reemergence of Segmented Labor Market Theory [J]. *The American Economic Review*, 1988 (2):129 -134.

[261] Xin Meng. Labor Market Outcomes and Reforms in China[J]. *The Journal of Economic Perspectives*, 2012(4):75 -101

[262] Xu, B. and W. Li. Trade, Technology, and China's Rising Skill Demand[J]. *Economics of Transition*, 2008 (1):59 -84.

[263] Yu Sheng, Xinpeng Xu. Trade Theorems with Search Unemployment [J]. *Canadian Journal of Economics*, 2010(3):795 -815.

[264] Zhihao Yu. Division of Labor and Endogenous Comparative Advantage: A Smith-Ricardian Model of International Trade[J]. *Review of International Economics*,2011(2): 313 -324.